编辑小组 陈红彦
谢冬荣
萨仁高娃
赵大莹
曹菁菁
孟 化
戴 季
责任编辑 许海燕
封面设计 程言工作室

讲座丛书

第一编

文津演讲录

WEN JIN YAN JIANG LU

之十五

◎韩永进 主编

國家圖書館出版社

图书在版编目(CIP)数据

文津演讲录之十五 / 韩永进主编. --北京:国家图书馆出版社,2017.10

(讲座丛书. 第一编)

ISBN 978-7-5013-6212-7

Ⅰ. ①文… Ⅱ. ①韩… Ⅲ. ①社会科学-文集 Ⅳ. ①C53

中国版本图书馆 CIP 数据核字(2017)第 218552 号

书　　名　文津演讲录之十五
著　　者　韩永进　主编
编辑小组　陈红彦　谢冬荣　萨仁高娃　赵大莹　曹菁菁
　　　　　孟　化　戴　季
责任编辑　许海燕

出　　版　国家图书馆出版社(100034　北京市西城区文津街 7 号)
　　　　　(原书目文献出版社　北京图书馆出版社)
发　　行　010-66114536　66126153　66151313　66175620
　　　　　66121706(传真)　66126156(门市部)
E-mail　nlcpress@ nlc. cn(邮购)
Website　www. nlcpress. com→投稿中心
经　　销　新华书店
印　　装　河北三河弘翰印务有限公司
版　　次　2017 年 10 月第 1 版　2017 年 10 月第 1 次印刷

开　　本　880×1230(毫米)　1/32
印　　张　11
字　　数　270 千字

书　　号　ISBN 978-7-5013-6212-7
定　　价　48.00 元

前　言

国家图书馆古籍馆，曾经被众多的读者亲切地称为“老北图”，在20世纪50年代，就因成功地举办学术讲座而为社会各界人士所称道，老舍等一代文化巨匠都曾作为这里的主讲人传道授业、答疑解惑。2001年新年伊始，国家图书馆分馆（现古籍馆）为继承“老北图”的优良传统，为适应知识经济时代对图书馆扩展文化功能，全方位、多角度传播文化信息的客观要求，举办了以传播中华传统文化为主旨的名人系列讲座。昔日曾亲耳聆听老一辈学界泰斗教诲的莘莘学子，如今也作为各学界的骄子走上这神圣而庄重的讲坛。

数年来，我们举办了文史、政经、音乐、美术等系列讲座数百场，听众数万人次。从他们渴望的目光里，我们感到了肩上的重任；从他们满意的笑容中，我们感到了由衷的欣慰。许多专家学者和读者通过讲座，成了图书馆的朋友，他们对我们的工作提供了可贵的指导和无私的帮助，而更多的人则经此渠道记住了国家图书馆，记住了国家图书馆古籍馆。这是对我们工作的最大的褒奖。

为了感谢各界朋友的支持，我们选出部分讲座内容，汇集成册，系列出版，给主讲人和听讲者一个留念，给不巧未曾听讲者一份补偿，也给我们的工作一个小小的总结。

所选讲稿，主讲人多为年近古稀的学界名流、文坛泰斗。

他们用毕生心血，焚膏继晷，皓首穷经，故而成绩斐然，蜚声士林。当然，这里所选的部分，并不能代表更不能涵括讲座的全部内容，而且我们自己所做的努力，在全面提高中华民族的文化水平这一宏伟大业面前，也显得微不足道。但我们坚信，只要我们锲而不舍、矢志不渝，在中国文化事业的发展史上，将会留下我们探索的足迹。

编者

目录

李明滨

中国传统文化在俄罗斯的传播

李明滨，1933年12月生，台北人。北京大学俄罗斯语言文学系教授、博士生导师，俄罗斯学研究所所长、中俄比较文学研究会会长、普希金研究会会长。曾任北大俄文系系主任、教育部高校外语专业教材编审委员会委员、教学指导委员会委员。享受国务院政府特殊津贴专家，荣获俄罗斯联邦政府颁授的“普希金奖章”，被俄罗斯科学院远东研究所授予荣誉博士学位。

长期从事俄罗斯语言文学、俄罗斯国情学与中俄比较文学的教学和研究。主要著作有《俄罗斯文学史》《俄罗斯文化史》《俄罗斯文学的灵魂托尔斯泰》《中国文学俄罗斯传播史》等，主编高校教材《世界文学简史》《苏联概况》等，译著有《陀思妥耶夫斯基夫人回忆录》等。

今天是2012年1月8日，我来“文津讲坛”讲一讲中国传统文化在俄罗斯的传播。为什么要讲这个问题呢？就是深感20世纪50年代以来，我们翻译了大批苏联、俄罗斯的文学作品，造成一种印象，以为我们引进他们的东西多，而俄国人有没有引进中国文化？有的老作家感叹说“寥寥无几”，这个责任在于懂俄文的人没有及时介绍，以至于造成印象不好。所以我觉得责无旁贷，应当介绍一下，并不仅仅是因为现在讲中国文化要走出去，就好像赶潮流似的来讲一讲，而是确实需要讲。

其实中国文化走进俄罗斯，远比俄罗斯文化走进中国要早得多。如果从正式的有官方协议开始算，到现在为止大概400年了，跨越5个世纪，就是从17世纪到现在21世纪，历史悠久，内容丰富。中国文化在俄罗斯传播的方式也是多样的，不仅有物质文化，还有精神文化、制度文化。现根据传播历史，按照时间顺序分成五段来讲。

一、17世纪以前中俄的间接交流和罕有的使臣接触

中国和俄罗斯的文化交往在17世纪以前就有了。但因为俄罗斯立国比较晚，5世纪才立国，9世纪才有文字，而9世纪是我国的唐朝末年。我们汉唐盛世的时候有一条重要的文化交流贸易通道，就是丝绸之路。丝绸之路从新疆出发，经过中亚的草原，一直到里海边上，甚至直接到君士坦丁

堡。那时还没有俄国，所以我们只能说有间接接触，中国各种各样的丰富物产已经通过丝绸之路沿着伏尔加河辐射到未来的俄罗斯的有关地区。

再晚一点，到了我国的宋元时期，中俄接触就多了。举个例子，成吉思汗入主中原以后，已经率领蒙古大军数次西征，到13世纪忽必烈时期，甚至打到俄罗斯古代的首都基辅，就是今天乌克兰的首都，占领基辅后，再一直打到多瑙河畔。元朝建立了一个横跨欧亚的大帝国，被称作金帐汗国，那时候俄罗斯已经是个封建国家，蒙古军一到，使他们倒退了整整一个历史阶段，进入了游牧民族时代，经济与文化受到严重摧毁。列宁讲"东方亚细亚的枷锁"或者"亚洲野蛮的文明"就是指俄国人不堪重负，有250年左右都在蒙古的铁蹄下生活。到了20世纪列宁讲这个话的时候还非常恨亚洲的野蛮制度，说这是从中国传过去的封建专制制度，跟欧洲文明不一样。因为欧洲立国以后从10世纪末引进接纳基督教文化，跟汉文化完全不一样。

1480年，蒙古军退出，俄罗斯由基辅迁都到莫斯科，建立新的封建统一国家，但这时已经带有很多东方的国家制度，甚至都有了保甲制度。物质文化方面，当年中国的火药、指南针，俄罗斯都受用了，包括饮茶这个习惯，也是成吉思汗时期传过去的。蒙古人先接受了中原文化饮茶的习惯，后来带到俄罗斯。到了有使臣往来的时候，蒙古汗通过哥萨克送给俄国沙皇200大包茶叶。他们当时不懂，回去经过御医化验，说这个茶叶不错，可以治疗伤风感冒，所以就从宫廷传开来了。当时交通很困难，使者带回200大包树叶还觉得很麻烦，没想到开启了俄罗斯全国饮茶的开端。到了19世纪末全俄罗斯都有了饮茶的习惯，茶叶销量达到1000多吨，其中三分之二来自中国。后来他们觉得这么远还这么贵不如自己种，就在高加索移植茶树，还聘请一位广东高要人刘兆彭到那里去指导，这个人就是今天很有名的《俄汉大辞典》的主编刘泽荣先生的父亲，他在南高加索住了23年，到1924年才回国。他给当地留下了“老茶”品茗，广东话“刘”音“老”，故实为“刘茶”。那个时候已经是苏联时代了，苏联政府在1924年11月13日给他颁发了一枚劳动红旗勋章，就是社会主义劳动英雄了。中国人不但送出了茶叶，连俄罗斯种植茶树都是从中国人开始的。刘兆彭当年赴俄时带去了一双子女，有的就留在了高加索，如今繁衍出一个刘氏家族，住在东格鲁吉亚，成了“刘茶”的传人。

17世纪初叶的明朝万历年间，中国已经有俄罗斯使者往来，两国开始互相试探建立联系的可能性。中国物产在俄国人的生活中逐渐增多，不但有丝绸、花布、家具和生活器皿，还有诸多农作物品种，不光是茶叶，还有大米、小米、高粱，有的物产的俄文名称直接来自于中国物品的译音，如гаолян即高粱。今天俄文的“中国”也是从中国传过去的。过去西夏有个契丹民族——元代的《马可·波罗游记》里面也写到这个——有一个时期，就用“契丹”作为中国的代称。今天“中国”的俄文叫作“КИТАЙ”，就是从“契丹”音译来的，跟英文的“China”不一样。

二、18世纪俄国引进中国文化初具规模，侧重文物和古籍

（一）开端于俄国社会“迷恋中国”的热潮

18世纪，中国文化在俄罗斯的传播已经初具规模了，比较侧重于中国的文物和古籍，有些文物并不是从中国过去的，而是仿做的。古代丝绸之路到了宋元以后就慢慢没落，

兴起了海上丝绸之路。西欧的天主教、基督教这些教士、神职人员由此到中国来,写了很多关于中国的通讯、游记,引起西方对中国的广泛兴趣,尤其是法国、德国这些国家已经兴起迷恋中国的热潮,今天我们叫"中国热"。俄国本来是属于欧洲基督教文化圈的,跟西欧的联络更多,这个迷恋中国的热潮通过法文、德文也传到俄国。加上俄国本来和中国也有陆路交通来往,海路和陆路的结合,更引起他们对中国的广泛兴趣。

最早打通俄国和中国之间陆路交通的是哥萨克。哥萨克其实是沙皇时代一些不服专制农奴制束缚的自由民成立的部落,沙皇采取怀柔政策把他们收编,变成一种军事跟生产、社会三结合的团体,慢慢成为沙皇政府向东向南进行殖民主义扩张的工具。整个军团向东移民,逐步扩展到乌拉尔、西伯利亚,直至远东。中国有形的东西像丝绸、瓷器、茶叶等各种各样的物产,是他们要进口并学习的,另外就是仿造中国景物的风气迅速形成。俄国城市彼得堡内,从彼得大帝(1682—1725 年执政)起便陆续仿建了中国的许多景致。彼得大帝的夏宫始建于 1704 年,毗连有占地 8 顷的夏花园,与夏花园毗连的谢列梅捷夫喷泉楼,楼内不但有按中国格调装饰的厅堂,花园中的水池边还建有一座中国亭。

18 世纪 50 年代,彼得大帝的女儿伊丽莎白女皇(1741—1761 年执政)接任,她也很重视采购中国物品。有史料记载,一辆辆大车装满从中国采购的屏风、漆雕桌子、餐具、大红灯笼,直至丝绸、木器等,穿过遥远的西伯利亚,连绵不断地驶向彼得堡。人们用"伊丽莎白的中国格调"来形容当年的盛况。无论是彼得堡郊外的沙皇行宫彼得宫,还是叶卡捷琳娜宫,都设有"中国室"。我们没有看到有什么日本室、美国室、英国室,就只有中国室,可见当时对中国的重视。

叶卡捷琳娜二世女皇(1762—1796 年执政)时期受中国

文化的影响最为明显，中国的影响直接到达文化思想层面，因而也比较深广。她即位之初，便做出姿态接受“启蒙思想”，标榜自己是“开明君主”，甚至允许杂志登载各种各样讽刺时弊的文章。她给法国启蒙主义学者伏尔泰写信，说在她的统治下，俄国农民没有人想吃鸡肉而吃不到的。叶卡捷琳娜女皇在醉心于中国方面以身示范，不但引进中国的物质文化，还有精神文化，形成叶卡捷琳娜朝代的“中国气派”：她一方面广为收集中国瓷器、漆器、丝绸织物，按中国风格装饰皇宫里的房间并仿造中国园林；一方面在致伏尔泰等人的书简中经常谈到中国。

她甚至把当年中国皇帝统治的政绩理想化，带头在杂志上写诗夸赞中国皇帝，而且满载感情，所以当时的文人顺势翻译一些中国歌颂吏治的文章。最著名的有两个：一个是雍正帝的传子遗诏，雍正是一个比较勤勉的皇帝，他对未来的接班人有很多严格的规定，这个被翻译成俄文在杂志上发表，说中国皇帝这么好这么严格要求后代；另一个是北宋理学家程颐（1033—1107）的《为太中上皇帝应诏书》。这两篇文章在俄国很有影响，在俄国社会里形成一股把中国皇帝理想化的潮流，认为中国的皇帝比沙皇要好，以致后来很多文坛的名人拿这个来批评俄国沙皇政府，如俄国政坛舞弊、贪污、鱼肉百姓等，都被杂志披露。后来叶卡捷琳娜二世禁止了这些杂志，但这些作家们还是不甘示弱，一直到19世纪，大作家托尔斯泰在批评俄国沙皇政府的时候还说中国皇帝自己下田耕种云云。

这就是俄国18世纪迷恋中国的热潮，三个皇帝起了推波助澜的作用。这些景物现在俄国的圣彼得堡保留着，成为圣彼得堡街头的风景。比如当年彼得大帝指挥建造圣彼得堡城时的指挥部前有一对石狮，这对石狮就是从中国的吉林市运到俄罗斯的，运送的人是当年日俄战争时俄军驻中国东北的一位步兵上将尼古拉·伊凡诺维奇·格罗杰科夫，他还专门在底座上写了1907年时从满洲的吉林运来，要献给沙皇作为礼品。该指挥部今天是一个纪念馆，石狮就摆在小屋通向甬道的地方，取镇宅之宝的意思。不仅在圣彼得堡街头，在皇宫内部、花园里都有中国的景物。在郊区的叶卡捷琳娜宫、亚历山大宫里面都有中国桥、中国亭、中国室。所以圣彼得堡是一个万国都会，因为它是人工设计建设的，广揽东西方风景，里边中国风景特别多，跟18世纪开始的中国热有很大关系。

（二）中俄双方进一步互动

（1）中方官员首次访俄——图理琛出使俄国带去的文化信息

18世纪，中国方面也开始跟俄国产生互动。康熙五十一年（1712），内阁侍读阿颜觉罗·图理琛（1667—1740）一行四人出使俄国，经西伯利亚前往伏尔加河下游慰问土尔扈特阿玉奇汗，于康熙五十四年（1715）回京，历时近三载。他是中国官方派遣的第一个到达俄国境内的人。土尔扈特本来是蒙古族的一支，向西游牧，一直延伸到南俄草原才定居下来。康熙认为那是中国人的子孙，派近臣去慰问。有一个电影《东归英雄传》写的就是那个蒙古族部落土尔扈特部。有些人回归了，清朝便把他们安扎在宁夏、甘肃这一带，现在叫作额济纳旗。但也有一大部分留在南俄草原上繁衍生息了，按照当地的名称叫作卡尔梅克族。蒙古游牧民族进入俄国，有三个部落是蒙古人后裔，东边贝加尔湖一带的布里亚特人，再向西一点中亚南部，过去叫唐努乌梁海的图瓦人，以及卡尔梅克人。普希金写《纪念碑》一诗，还提到“草原上的朋友——卡尔梅克人”，他也知道这不是俄罗斯族，而是卡尔梅克族，其实就是我们的蒙古族。

图理琛是很有教养的官员，他是满族人，通汉满语，在进入俄罗斯国境后，他一路上很重视宣扬中国文化，中国的典章制度、民族、社会生活、宫廷官员，他都认真介绍。哥萨克部族听起来觉得很新鲜，原来中国这么发达。哥萨克头领向沙皇报告说来人知识高明，果然是一个天朝大国的使臣。为什么中国的传统文化这么早就能流向俄罗斯？当然是中华古代文明吸引人，不仅仅是物产，精神文明也很吸引人。当然物产丰富也是重要原因，比如现在圣彼得堡、冬宫还有各种民族博物馆都有中国的许许多多藏品，这都是当年国家或民间来往送给他们的。图理琛就是个例子，他到了俄国就送他们丝织品等各种各样的物品。有一个例子，他随身携带的一把刀，很小很精巧，哥萨克打开一看，眼睛一亮，说中国人居然有这么精细的东西，因为他们的物品很粗糙。我们常讲"杀鸡焉用牛刀"，他们就没有杀鸡的刀，一把牛刀，既可以杀鸡，也可以杀牛、杀羊、杀骆驼。所以图理琛看到他们觉得新奇，就赶快送给他们，当然为展示中国的物品多好，物质文明果然高人一筹。这就说明古代中华文明对外国人很有吸引力。

中国民间把俄罗斯人叫作"老毛子"，古代传下来的称谓带有藐视人家的意思，今天不要这么叫了。但是"老毛子"叫习惯了，为什么？因为民间认为他们是未开化的"化外之民"。北方民族送礼讲究实惠，他们送图理琛的往往是二十匹马，五十条猎枪，几十张貂皮。图理琛回来向皇帝写了一个报告，三万字不到，叫作《异域录》，全文收在《四库全书》里面。这是中国最早的一部记录俄罗斯风物的著作。书里面讲，图理琛将第一站哥萨克头领送的马匹，带到第二站转送给下一站的哥萨克。他说这是前一站的哥萨克送给我们的，我现在转送给你们。为什么？这些东西中国都有，中国物华天宝，万物俱备，不用带回去，显出天朝官员的气量大度。他们都很高兴。

图理琛访俄对中国文化起了很好的宣传作用。后来这部《异域录》被三个时代的俄罗斯人翻译了三遍，就是讲中国人怎么看我们的，中国人是怎么样的，中国的官员是怎么样的。他树立了一个很好的使者形象，叫作文明的威力。包括坐下来的礼仪、座位都有讲究，左右前后，宴会都那么讲究，果然是礼仪之邦。可是他们俄国没有，所以我们叫他们"老毛子"。当然近代不一样了，近代的"老毛子"有点贬义。到了19、20世纪俄国逐步往外扩张，割掉了中国东北这一块，黑龙江以北、乌苏里江以东大概有将近100万平方公里的土地，新疆以西大概60万平方公里，合起来大概150万平方公里。实际上，割占中国领土最多的是俄国，因为领土靠近，再凭借哥萨克的勇猛，所以后来"老毛子"带有贬义。

当然这都是讲历史，现在世界上讲和谐，要各方面友好来往，中国跟俄国的关系是有起伏的，经历了四个阶段，民间都有很好的形容词。第一个阶段叫"老毛子"；第二阶段到了20世纪50年代叫苏联"老大哥"；后来赫鲁晓夫搞修正主义，第三个阶段就叫"老修"，后来看也不大像是修正主义，可能还有点社会主义的因素，他们慢慢地也改正，我们也改口了；现在叫战略伙伴关系。我想，第四个阶段可以叫"老伙伴"，因为跟任何国家关系都没有这么完整的历史延续性。现在翻开新的一章，邓小平同志说"结束过去，开辟未来"，现在好多国家都跟中国称"战略伙伴关系"，但是真正叫得起"老伙伴"的，还是俄国人。跟日本我们很难叫"老伙伴"。所以我们跟俄罗斯的来往是很有渊源的。

(2)俄方派遣东正教使团长驻北京，学习中国文化呈常态化

图理琛回国时，彼得大帝派人跟着清朝使者来到中国，向康熙皇帝正式提出要求，希望派东正教使团常驻中国。东正教是宗教使团，我们国内把它翻译为“俄国的基督教传教士团”，这是错的，东正教的宗教使团不传教。北京有没有东正教徒？我认识的只有一个半，就是我的俄文老师。一个女老师，算半个，她的母亲是俄国人，跟中国人结婚后在中国住，她是完整的东正教教徒。基督教有三个分支：天主教、耶稣教、东正教，东正教是其中一个。北京的东正教教堂只接受俄国人或者俄国人的家属去祈祷，不大传教，在北京很难找到东正教教徒。

彼得大帝派使团来就是为了调查、了解中国的国情。外国宗教在中国首都派驻宗教使团，这是唯一一个，连马克思都夸赞，在广州的葡萄牙、西班牙、意大利神父连见总督都很困难的时候，俄国人居然在中国首都驻有使团，可以进出宫廷，这个很少见。当年东正教使团在北京建立南馆和北馆，北馆就在今天的雍和宫旁边，它有一部分还在今天俄罗斯大使馆内，南馆在今东交民巷。东正教驻北京使团从康熙准许进来以后，每 10 年换届，每届都有 4 个神父人员，4 个留学生，专门学汉、满、蒙、藏 4 种语言，在华活动近 250 年(1715—1956)，换届 20 次，没有中断过，一直到十月革命以后，其作用兼有传教、外交和文化交流三种功能。所以俄国对中国文化的了解最为系统。不要说《史记》，从诸子百家到《大清一统志》都由历届宗教使团系统地调查、研究、翻译、介绍出去了。所以中国的传统文化在俄罗斯的传播有很多还可以讲，可以写成一部文化交流史。

(3)开办学校，互学语文

俄罗斯东正教使团到北京设立了俄罗斯馆，康熙皇帝也顺带说，我们也要设一个俄文馆，培养懂俄文的中国人。因为通过西欧宗教神职人员的帮助进行翻译，交流不大方便。

康熙四十七年(1708)下诏设立俄罗斯文馆,请俄国宗教使团或者商人、官员来教俄文,这是中国历史上第一所俄语学校。学员哪里来？由八旗子弟选派。起初选派一百多人,而且每个人只要进入俄文馆学俄文,就是初级官吏了,每月要发给薪俸,这样他们一毕业就有一官半职可以做,以此来调动他们的积极性。中国人学俄文是为了外事翻译,才设俄罗斯文馆,并没有像俄国人一样要展开对于对方国情的研究而要翻译,所以俄文馆在清朝从1708年至1862年共经办了154年,到底有多少出名的人物,现在查不出来。到了清末民初,由京师大学堂译学馆接纳转下来的那些关系,才开始受到重视,要按照现代的规格培养俄文人才。中国人开始认真翻译俄国文学作品是19世纪末才开始的,真正大规模的翻译是20世纪时大量翻译普希金、托尔斯泰的作品。

三、19世纪两国文化交流扩及精神和物质各个领域

(一)双方交换文化古籍

官方正式的文化往来中重要的一项是相互赠书。19世纪中叶,先是由清政府应俄国政府之要求,于道光二十五年(1845)将北京雍和宫所藏佛教重要经典《丹珠尔经》800余册赠送对方。不久,俄政府回赠一批书籍,送交清政府理藩院。

(二)俄方产生几项重大成果

(1)萌生研究中国的学科——俄国汉学

19世纪开始,俄国人开始有规模有计划地翻译中国的一些重要文化典籍。因为要研究中国,产生了一门学科叫作俄罗斯汉学。代表人物是当时到北京来的宗教使团团长,当年叫作领班——比丘林,一般把他称作俄罗斯汉学学科的奠基人,从他的身上可以看出俄国人是怎么研究中国的。比如

《史记》的翻译，他不是按照《史记》的体例，而是把《史记》里面有多少是写帝王将相的，有多少是写少数民族的，都归纳在一起，编成《中国的西北边疆民族》一书再翻译出来，而且说明内容来自中国的《史记》。还有中国的居民和社会状况资料统计，从哪里来？从《大清一统志》里翻译出来。甚至研究中国的首都北京，比如城墙的修建等等。现在俄国人很骄傲，说我们根据比丘林的报告就可以恢复中国的城墙，为什么？因为他目测、步量，连城墙的古砖包括原料、设计、多长多高多厚都写出来，很细致。他用西方近代科学研究的眼光去调研，胡同一条一条地去走，用步子测量，所以他画了北京平面图。使团10个人当中，有1个是医生，还有1个是军官，保护他们的安全。其中有一个乌克兰籍的人，不但接受了中医，而且能够行医，甚至写成中医药典。中国政府给他授匾，上书“鹊仙妙术”。比丘林是百科全书式的学者，对于国家、社会、民族、政治、经济、文化，他都有研究。所以说俄国的汉学研究一开始就带有综合国情的样子，带有百科全书的性质。

图一　比丘林像

话又说回来，因为俄国的东正教是政教结合的，它的经费由宗教院、沙皇的外交部甚至是军事部门拨发，这是一种国家行为，所以今天要来描述俄国汉学成就的话，它一开始就是综合统一的：统一规划、统一派遣、统一资助。因为看到了东方文明的力量，所以比丘林讲过："看来基督并不比孔夫子高明。"这个话可不得了，被认为亵渎了宗教。他回去后就被关入宗教惩戒院，关了两年半。不仅仅因为这个问题，据说还因为他随便处理宗教财产，甚至还有资料说他出入青楼，但后代还得承认他是俄国汉学一代宗师。

(2)写成世界第一部中国文学史

驻北京使团里值得提的第二个人物是瓦·巴·瓦西里耶夫(V. P. Vasiliev，1818—1900)，他写出了第一部中国文学史。中国人自己写的中国文学史是在20世纪二三十年代，而他1880年就出版的《中国文学史纲要》是世界公认的第一部。这本书带有档案的性质，所以很多东西没有公布。现在国内还有一部分人误以为1902年的英国人翟理斯、1904年

图二　瓦·巴·瓦西里耶夫像

的德国人顾威廉写的《中国文学史》才是第一部，连郑振铎先生写《插图本中国文学史》都不知道有瓦西里耶夫这一部。当时瓦西里耶夫取了一个中文名叫作王西里。

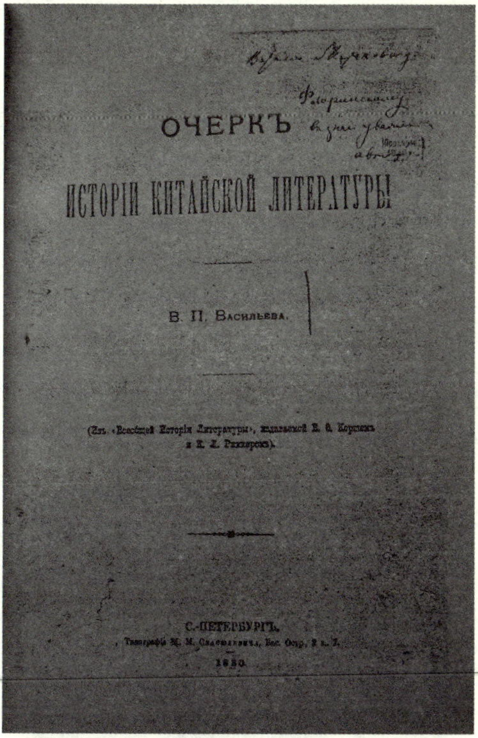
ОЧЕРКЪ
ИСТОРІИ КИТАЙСКОЙ ЛИТЕРАТУРЫ
В. П. ВАСИЛЬЕВА.
С.-ПЕТЕРБУРГЪ.

图三 《中国文学史纲要》书影(现存喀山大学)

1837年，喀山大学东方系设立汉语教研室，它标志着汉学研究基地由北京的宗教使团转移到俄国国内，这使得汉学人才能够接受高等教育及大学的科研训练。1851年1月6日，瓦西里耶夫正式被聘任为喀山大学汉、满语教授，算是俄国汉学界的大事，此时，汉学教学和研究中心最终形成。这个人不是东正教使团人员，他是学者、留学生。他曾经说，凡是我书里写到的书，从《诗经》开始一直到清代的文学典籍，没有一本不是我亲自阅读过的。这说明他认真的治学态度。

这本书十万字左右，很精要。书中不但写《诗经》《楚辞》，还包括《金瓶梅》《牡丹亭》，甚至还有弹词这些俗文学，这说明他研究中国文化已经比较深入。

（三）著名作家推介中国文化

（1）普希金促进《三字经》的传播

汉学家的活动使俄国文化界人士也开始重视中国文化。诗人普希金（1799—1837）就是突出的一位。他创办和参与编辑的《文学报》在 1830 年元旦专刊上发表书评，介绍好友比丘林翻译的《三字经》俄文本（1829 年在彼得堡出版）。长篇书评热情评介《三字经》是“三字圣书”“简明儿童百科全书”“语言简练但内容充实，用语朴素而含义深刻”。关于普希金对中国传统文化的迷恋、热衷以及他在著作里怎么样使用中国传统文化，可以讲一个专题。

图四　普希金像

（2）托尔斯泰崇尚儒道思想

中国文化也引起 19 世纪末俄国著名作家托尔斯泰的特

别关注。他自己动手翻译了《道德经》(摘选)。1891 年 11 月,彼得堡一位出版家写信询问托尔斯泰,世界上哪些作家和思想家对他影响最大,他回答说中国的孔子和孟子对他影响“很大”,老子则是“巨大”。所以我在现代文学馆专门讲过“托尔斯泰怎样研究孔老学说”。《托尔斯泰全集》俄文版第 66 卷第 68 页写他发高烧的时候还在读《道德经》,而且他认为自己的道德到了如此成熟的地步,很多方面要归功于《道德经》。这说明托尔斯泰的思想体系里广纳东西方优秀的文化因素,其中一部分就是东方的孔老学说。他对中国传统文化道德的歌颂到了最高境界,这是一个标志。现在新的《托尔斯泰全集》已经扩大到了 100 卷,其中托尔斯泰亲自编选的古代哲学思想或者文化思想的语录有 10 种,里面相当多的部分是跟中国传统文化有关系的。所以托尔斯泰与东方文化或者托尔斯泰与中国文化成了许多国家博士、硕士论文的选题。当代的俄罗斯人,包括普京在内,以及那些总统顾问团都经常宣传俄罗斯具有欧亚双重国情,首都虽在莫斯科,

图五　托尔斯泰像

但是东西方兼有，是一个过渡带。不但地域上是这样，文化上也是一样。今天俄罗斯科学院有一个院士叫季塔连科，他来中国讲过"中国古代哲学思想如何运用在东北亚的国际关系中""中国古代思想与东北亚地缘政治"。

当然还有别的作家，比较突出的例子就是普希金、托尔斯泰。托尔斯泰的研究已经深入到儒道学说的里面了。

(四)翻译和传播中国文学

19世纪中国文化传入俄罗斯，由于有这些汉学家们和东正教使团成员们的辛勤劳作，已经形成了学科，出了重要的成果。还有一项，就是开始翻译和传播中国文学。

(1)文学翻译

俄国在18世纪的100年里只有零星的几篇文学译作。在19世纪，译介的文章或论著仅约50种，其中翻译作品约占32种，评介文章和论著18种。因为当时的条件下出专著比较困难，刚才提到的比丘林的著作，其实是在他身后才出版的。当年它是作为一个国情调查书面报告送到沙皇政府外交部，存起来作为档案。这也奠定一个基础，就是汉学家是政府了解中国国情方面很重要的顾问，这个传统一直延续到苏联时代的部长会议主席、外交使团。戈尔巴乔夫、叶利钦、普京总统访华的时候，他的总统顾问团里边必然有几个是老资格的汉学家。他们的特点是把中国的国情做一个比较全面系统的调查，文学只是其中一个部分。

(2)诸子百家的早期俄译

诸子百家在19世纪的翻译已经初具规模。

1)《大学》最早有阿列克谢·列昂季耶夫译的《四书解》，由汉文和满文译成俄文，1780年；

2)《中庸》最早的译文是阿列克谢·阿加封诺夫的《忠经》(或称《论忠的书》)，1788年；

3)《孙子》最早的译文是格里鲍夫斯基由法文转译的《谋攻篇》,1818 年;

4)《论语》最早的译文是瓦·瓦西里耶夫院士(王西里)的译注,1884 年。

今天我们有“文化走出去”的口号,现在有一个新的创意是要出版《大中华文库》。这个书就是根据外国人学汉语的需要,把中国名著的外文跟中文合璧放在一起印了以后送出去。其中俄文选了 10 种:《论语》《孟子》《道德经》《庄子》《孙子兵法》《易经》,还有 4 部古典文学名著,每一本都是中俄文对照着排,便于外国人学习汉语。现在我们选的这 10 种里头,每一种都有俄文本,因为三五年之内把 10 种翻出来不容易,一部《红楼梦》怎么翻译成俄文? 过去已经有所积累了,甚至有好几种俄文版供选择,我们就去选择翻译比较好的版本跟《论语》放在一起。

《大中华文库》(俄文版)10 种,两年内就出齐了,送到俄罗斯去,有国家财力保证。每一种的译者都是俄国人,甚至前言后语都是他们写的,在 19 世纪就已经写了前言,可以看出中国传统文化在国外的影响力。如果今天再向外传,组织人去翻译,不要说《红楼梦》,一部《论语》翻译起来都很困难。《论语》翻译成白话都不是一般中国人能做到的,何况翻译成俄文。而俄国有第一代、第二代、第三代的译本可以选择。从这一点就可以看出中国传统文化在俄国翻译的工程有多大。我这里只列了早期的俄译是什么样子,20 世纪的译本就不说了。

(五)俄国接纳藏传佛教

俄国本来是专制制度和东正教政教合一的国家。神甫是披袈裟的官吏,政府管居民的社会生活,东正教管居民的灵魂,而俄国居然接纳了佛教。佛教起源于印度,后来在印度衰灭了，成了印度教，佛教传到中国和东南亚各国，有大乘佛教和小乘佛教的差别。俄国接纳的是大乘佛教，是由藏传佛教即喇嘛教传入蒙古，从蒙古再进入西伯利亚。在俄国境内的传播范围，集中在布里亚特蒙古人、卡尔梅克人和图瓦人聚居的三个边陲地区，其中主要的一支由西藏经蒙古进入布里亚特的大城市乌兰乌德后，逐渐发展向中心地区进发，后来竟然能够立足首都圣彼得堡。

俄国并没有完全接受佛教，东正教还是最主要的，但是他们接受了佛教道理。在圣彼得堡有一座佛寺，是完全按照西藏喇嘛庙设置建立的。俄国本来是东正教唯一的国家，现在也接纳了佛教喇嘛教。因为这些归顺俄国的蒙古族部落的后裔死活不能够接受东正教，俄国也有所考虑，要稳固社会，何必搞宗教矛盾呢？佛教便也开通了，把沙皇收到喇嘛室里供奉，说他也是我们佛教的先祖之一，但教义是不变的。

俄国人对佛教很有研究。举个很简单的例子，50 年代，印度科学院写了一封信给俄国科学院，说感谢俄罗斯产生这样一个伟大的儿子，为早期佛教写出一部完整的佛教史，这个人叫谢尔巴斯基（今译应为谢尔巴茨科依 Ф. И. фёАор ИппопИ Тович Щербатскои）。印度早期佛教后来灭亡了，而印度早期佛教教义已经全部翻译成汉文、藏文，甚至一部分蒙古文，谢尔巴斯基利用中国学者包括唐三藏这些人翻译的全部早期佛典，再参考西方英文翻译版，恢复了印度早期佛教史，所以印度人感谢他。这其中也有中国历代学者起的作用。唐代慧皎和尚撰写的三卷本《高僧传》，俄罗斯学者对其进行了全文翻译。我们对俄国的东正教还没有那么大的热心，我的俄文同行没有多少人研究俄国东正教教义。现在台湾佛光山星云大师提倡生活佛教。佛教本来是出世的，他现在主张佛教要入世，当义工，要普度众生，做一些实际工作。俄国人把星云讲的入世佛教全部翻译,今天在圣彼得堡就能查得到。所以俄国不但接纳了中国藏传佛教,还有比较认真深入的研究。

四、20 世纪中叶中国文化如潮水般涌进苏联

19 世纪俄国汉学的发展已经相当成规模了,到了 20 世纪就更别开生面,中国的文化尤其是文学作品,如潮水般涌进苏联。这和到了“老大哥”时期有很大关系。1949 年以后,中国对外文化交流工作的对象偏重苏联等社会主义国家,交流目的很明确,就是要加紧宣传中国革命的胜利,使这些国家更多的人了解新中国,同时,要学习对方国家的经验,发展新中国的文化事业。苏联方面如爱伦堡、吉洪诺夫、法捷耶夫、西蒙诺夫、波列沃依、乌兰诺娃、普列谢茨卡娅、齐米娜、莫伊塞耶夫、邦达尔丘克,以及电影导演格拉西莫夫、作曲家诺维科夫、钢琴家谢列布里亚科夫等都来华访问过。50 年代,我们很认真地学习苏联。当时的国际列车中有很多文化图书产品,其中大部分是俄国的,有很重的精装书,厚厚的书皮,用列车运过来,当时中国是俄文普及时期。马寅初校长担任北京大学俄文速成委员会主任,亲率全校教职员每周六晚和周日都要到俄文楼去学俄文,北大有一座用“俄文”命名的教学楼,这在世界上独一无二,现在还保留着,已经是历史古迹了。

(一)50 年代译介中国文学的热潮

随着中国大陆的解放,苏联对中国文学的引进便在 50 年代出现浩荡的“洪流”。从 1949 年到 1960 年的 10 年左右,苏联翻译中国文学作品有 1000 种,印数达 4300 万册,而且是用苏联境内 50 种民族文字印行。

20世纪,中国文化的翻译,包括中国山水画绘画的技法,还有京剧、地方戏,俄国都有人研究、翻译。已故圣彼得堡大学教授、该校副校长司格林,是宗教使团的后裔,一直在北京成长,到14岁才离开,精通北京话,他在80年代写出了《中国俗文学史》,俗文学就是说唱文学,他都会,也有很系统的研究。冯骥才的《俗世奇人》那么多俗话俚语,他都能译成俄文,给学生当俗文学教材。民间说唱包括说书都叫俗文学,俗文学都有人研究,雅文学就更不用说了,所以那个时期是俄苏对中国文学翻译的高潮。

(二)60—70年代扩大翻译的范围

60年代中苏交恶,少有直接的来往,但是汉学家们照样坚持翻译和研究中国文化。汉学家一旦研究中国文化很投入,便产生了感情。有的苏联汉学家说"中国搞文化大革命,一没有文化,二不是革命",他们反而更加用心研究、翻译,所以中国传统文化从《诗经》《楚辞》开始到诸子百家、唐诗宋词一直到清代各种体裁的作品,他们都翻译填平补齐了。其中古典诗词仍然是研究重点,陆续出版的作品有:

艾德林译《白居易抒情诗集》(1965)、《白居易诗集》(1978)、《陶渊明抒情诗集》(1964)和《陶渊明诗集》(1975),切尔卡斯基译曹植《七哀诗集》(1973),戈鲁别夫译《陆游诗集》(1960)、《苏东坡诗词集》(1975),巴斯曼诺夫译《辛弃疾诗词》(1961)和李清照《漱玉词》(1974)等。

所以不是50年代一个热潮过去就完了,60、70年代继续做,到80年代更要做。为什么?80年代戈尔巴乔夫上台,他要求参考中国的情况,所以汉学家就成为他的座上客。我的一位汉学家朋友佩列洛莫夫(П. С. Переп омов),中文名嵇辽拉,中俄混血儿,父亲为中国人,老革命家。我曾写文章称嵇辽拉是"莫斯科的孔夫子",说他当过一任戈尔巴乔夫的访华团顾问。戈尔巴乔夫是新上任的总统，他说中国怎么回事，怎么这样？搞不清楚。我那位朋友就劝他，说中国人有个特点，他们受的委屈太多了，老受压制，所以你要跟邓小平见面的话，他一定会拍桌子跟你讲这个那个，你一定要听下去，不要发作，最后他一定会说，过去的算啦，今天咱们谈谈看怎么办，会跟你言归于好，你要注意。据他的观察，戈尔巴乔夫跟邓会见的时候两次都差点要发作，他怎么老指责我骂我？这关我什么事？那都是赫鲁晓夫干的！总是说"你们苏联怎么怎么"，"我说的这是历史"等等。但最后邓小平果然讲了："结束过去，开辟未来"，他就记住了邓小平这句警语。后来戈尔巴乔夫夸赞我这位汉学家朋友有经验，知道跟中国人打交道的对策。

（三）俄国建立敦煌学与西夏学

相当一批俄国汉学家对中国的研究已经比较深入，成果也很多，而且扩大了研究领域。我们中国很缺的资料，他们都已经开始做整理工作，这里面值得一说的，就是敦煌学和西夏学。国内有敦煌学家感叹过，说敦煌在国内，敦煌学在国外。后来任继愈先生很不满意，认为并非那样。季羡林老先生也说了，敦煌学也在中国，季先生还加了一句：敦煌学在世界。但是无可否认，敦煌三大部分藏品，文献、文物，还有壁画、双头佛像，文献资料部分被英国、日本、法国还有俄国瓜分走了，俄国人瓜分的很多，据说占四分之一。

20世纪初，俄国曾派出多批考察队来华，其中科兹洛夫队到戈壁沙漠发掘哈拉浩特古城，获得大批西夏文、汉文书籍，鄂登堡队获取大量敦煌文物。依据这些资料，他们出了一部《敦煌文献目录》上下两册，共计两万多件。后来上海古籍出版社要把这些全部复印出来。起初80年代，俄国人还没有商业意识，只是友好来往。后来大概印一页几美元，因为这是无价的国宝，他拿去了，你也没办法。但是俄国为了整理敦煌资料培养出一批敦煌学家，季羡林先生当敦煌学会会长时，每次国际会议都邀请俄国敦煌学家，他们的发言是有水平的。俄国是敦煌学研究的一个重镇。

西夏学更了不得。西夏古城遗址哈拉浩特（蒙语，意为“黑城”），即“黑水城”（在今内蒙古额济纳旗），已经被埋没在沙丘里了。1909 年俄国科兹洛夫探险队在那里挖掘出的黑城文物约 9000 余件，编有《西夏文献综录》。西方在考古、民间民俗方面是比较注意的，全部西夏文献都被俄国人挖走了，所以中国要看西夏文献资料要到俄国去。第二次世界大战期间列宁格勒被德军围城 900 天，250 万人口牺牲了 50 万人，即使在这种严酷的情况下，这批敦煌文献跟西夏文物也没有损失丝毫，他们保护古代思想和文化的意识令人钦佩。俄国人当年挖走了，说你们政府当年腐败，不懂得珍惜，我替你们保护还不好？但行为上肯定不对，到底是盗走的，这本来是中国的东西。但是他们保存得好，还培养出西夏学家。西夏文也是方块字，但我们大部分人看不懂了，俄国有学者还能看懂，有一位名叫可平（另译凯平），是过去宗教使团驻天津人员的后裔。他们学懂了文字，整理文献，而且把西夏文词典、西夏文语法、西夏国历史都写了出来，这对学术是很重要的。

20 世纪中国文化传向俄罗斯，光是精神文化层面的传播就很了不得了。以上讲的是 17、18、19、20 世纪四个阶段。

五、21 世纪四位科学院汉学院士和一部中国文化百科全书

最后讲讲 21 世纪。21 世纪，俄罗斯科学院现有四名汉

学院士:李福清院士、齐赫文院士、米亚斯尼科夫院士和季塔连科院士,他们分别在文学、史学和哲学领域成为汉学研究的领军人物。因为研究汉学而在俄国当选科学院院士,这是不简单的。比如说研究文学的李福清院士,他在中国的文学界也比较知名。从雅文学到俗文学,从古典文学到当代文学他都有研究,包括冯骥才写的那些民俗的、杨柳青年画等等,他都能加以评述。这个人研究中国很全面,是四位院士之一。

2006年,俄罗斯科学院编辑出版了由季塔连科院士主编的《中国精神文化大典》六卷本。这是完全由俄国学者研究写成的中国精神文化百科全书,每卷大概1000页左右。至于说从古到今的文学翻译,他们已经出了一套《中国文学丛书四十种》,从《诗经》、中国古代神话开始,一直到现当代文学,包括现代文学的十大名家"鲁郭茅巴老曹沈艾张赵"。除了沈从文和张爱玲,其他八个都有了选集、文集,这是很大的规模。综上是17—21世纪的五个阶段。

总的来说,中国文明、中国精神文化很受外国人推崇,因为有很大的吸引力,他们心悦诚服地愿意来尊敬并学习中国文明与文化,而且加以宣传。比如说,中国年画远播海外,选编者之一就是俄国科学院院士李福清,他做了很多工作。李福清跟我开玩笑说,他可以写一部《一个俄国汉学家的西游记》,内容包括两个方面:一是宣传中国文化,一是考察外国还保存着中国多少已经失传了的古籍。今天在这里我只能讲一些历史,提供一些素材资料,希望有助于大家进一步研究。

张西平

启蒙思想与中国文化——16—18世纪中国文化经典对欧洲的影响再研究

张西平，北京外国语大学教授，国际中国文化研究院名誉院长，中国社会科学院基督教研究中心副主任，世界汉语教育史国际研究会会长，中国中外关系史学会副会长，中国宗教学会和中国比较文学学会理事，《国际汉学》主编；主要从事明清中西文化交流史、中国基督教史、西方汉学史、世界汉语教育史研究；享受国务院政府特殊津贴。

这次讲座的题目是《启蒙思想与中国文化》，主要谈16到18世纪中国经典对欧洲影响再研究，实际上是针对当下学术界对这个问题的理解谈一下我自己的不同看法和想法。

中国和西方思想真正的相遇应该在16到18世纪。马可·波罗虽然来过中国，但他是一个威尼斯商人，他没有提到孔子，没有提到长城，所以有人怀疑《马可·波罗游记》的真实性。但是16到18世纪西方传教士来到中国以后，不仅把西方的思想介绍到中国，同时也把中国思想带到欧洲，这样两种文化本质上见面了，在哲学、宗教、科技多方面展开了交流，开启了18世纪欧洲"中国热"，中国思想成为欧洲启蒙运动的重要思想来源。

但是当下学术界在理解这一时代的问题的时候，往往有这样的倾向：一是从后现代主义的观点出发，主要是东方学的观点出发，否认当时中国文化对启蒙思想的影响，认为中国的思想没有怎么传过去，或者是被误读地传过去，不是真正中国思想的影响，从而否认中国思想在18世纪的影响，把西方思想看成一个自我成圣的过程，否认它与外部文化的交流所起到的作用；另外就是80年代以来，把启蒙思想和中国传统思想对立起来，现在很多人称为"新启蒙"，再次要继承启蒙精神，主要是对中国传统文化进行批评，认为中国传统文化和启蒙思想对立，这个也不能找到儒家的现代性意义。

以上两种观点我实际上都不同意，我们从历史出发，来揭开中国和欧洲之间的交流，17到18世纪中国的典籍如何在欧洲产生影响，而且我们如何站在当下文化史、社会生活角度来理解这个问题。

我一共讲四个问题。第一是全球史观下的新思考；第二是关于18世纪欧洲“中国热”；第三是中国思想在启蒙运动中的价值，它到底和启蒙运动发生什么关系；第四要回答我们所理解的启蒙运动与中国传统文化到底是对立的关系，还是可以借鉴可以影响的关系。第一个讲历史、全球史，第二个讲当时的传播过程，第三个从思想史角度说明它的精神内核，第四个从当下中国文化的重建来回答这个问题。

一、全球史观下的新思考

全球史观是目前学术界最新的一个观点，就是说在考虑每一个地域性文化的时候，不再仅仅从地域本身来考虑这个文化，必须从地域外部的关系中考虑，从动态、长时态中考虑各种文化，这大概是全球化史的最重要的观点。因为今天的社会生活已经全球化，非常明显，从现在的精神生活、物质生活上也可以看到这一点。但是19世纪后，由西方所主导的人文社会科学研究中，西方文化是人类文化的中心，它代表着人类的未来，其根据就是现代化的社会发展模式的思想都是西方人所确立的。一切以西方为师，西方之所以取得这样的显著成就，获得这样的地位，是因为西方有一整套的思想文化传统，所以必须要接受这样一个观点。这是19世纪以来所确立的很多人习为常识的观点。

按照刚才的结论，我们可以往下推，文化的优越导致发展的优越，文化的先进导致社会的先进。西方文化的地域性经验就变为全球性经验，放之四海而皆准的经验：西方文化由一种地域化的自我表述成为全球各类文化的统一表述。

西方成为所有非西方国家的榜样。希腊、文艺复兴、地理大发现、启蒙运动、宗教改革、英国光荣革命，西方的所有道路都应该是各个国家的发展道路，西方的政治制度和文化观念应成为全球所有国家的制度和理念。按照这样的逻辑推理下来，形成近百年来被学界接受的、有时民众也接受的所谓“二元对峙”，东方与西方“东西之分”“现代与传统”之别的“二元对峙”的模式。“二元对峙”是什么？就是东方是落后的，西方是先进的；西方代表着现代，东方或者南方或非西方代表着传统。这样东方或者非西方国家如果希望走上现代之路，就只有和传统决裂，就一定要学习西方，学习希腊，学习启蒙运动，学习以后所有的经验。“化古今为中西”，只有向西方学习，走西方道路，东方或非西方国家与民族才能复兴。这样一个思路应该是近百年形成的。

不可否认，西方文明确实有许多宝贵的价值，也为人类的文明和文化提供了许多宝贵的经验和理念，不少经验和理念也值得东方甚至世界各国人民去学习，因为人类史有共同的特点。但中西对峙，现代与传统对峙二分的模式是有问题的，一个很突出的问题是：把西方现代化道路的真实历史过程中的某些因素去掉了，把西方视为一个纯粹的、文化自身不断自我完善的过程。其实不是这样的，西方之所以变成一个现代化国家，在全球化史研究的过程中，有许多因素是我们过去很少注意到的。

海上殖民运动和海外扩张运动中，号称“海上马车夫”的荷兰赶走了葡萄牙，占领了马六甲海峡，控制了与敦煌的贸易权，控制了香料的贸易权。在这个过程中，荷兰还占领了阿姆斯特丹，获得巨大利益。那时候荷兰是海盗，和先进文化没什么关系，是利益的驱动使然。另外，上述的突出问题是美化了西方的道路，它确实有宝贵经验，但宝贵经验是在腥风血雨中、在一个罪恶的历史中获得的，把西方文化的精神发展史说成一个自我成长的历史，完全忽略了漫长历史中的阿拉伯文化、东方文化对其的影响与贡献，完全看不到启蒙时期东西文化之间的交流与融合。

当然同时也忽视了一个问题，就是自大航海以后，西方在全球化殖民过程中对其他国家文化的灭绝与罪恶都被淡化了。从全球化史观来看，这是非常有问题的。墨西哥和美国的印第安人约70%都死掉了，主要是因为西班牙人带去的病毒（感冒、梅毒），西班牙人在南北美洲的烧杀抢掠也是非常罪恶的。这样一个历史过程和文化没有关系，它是在一种杀戮过程中获得的历史，但历史本来就是充满罪恶的。所以这样一个过程我觉得一是忽略了对外部经验的学习，一是忽略了实际历史过程。

1500年地理大发现以后，全球化已经初步形成，世界日益成为一个相互联系的整体，推动了市场化，而市场化和殖民扩张掠夺是联系在一起的。殖民扩张与掠夺是殖民主义建立市场经济的主要途径，世界市场的形成是建立在西方列强野蛮扩张与殖民掠夺的基础之上的。随着殖民扩张的进行，资本主义的世界市场得到进一步扩大，世界上越来越多的地方被纳入资本主义市场体系当中，进一步打破了世界各大洲之间孤立的状态，世界成为一体，从而推动了世界市场化进程。

历史是在罪恶和血腥中前进和进步的，每一个文明都不是牧童短笛、田园牧歌，文明在血腥中发展。今天的全球化是在西方文明早期殖民过程中逐步形成，这是一个双面问题，一方面促进世界全球化，另一方面又造成非西方国家的灾难历史。

再说印度。英国的第一桶金来自莫卧儿王朝垮台以后，印度的统治权和棉纺业被摧毁，致使英国的棉纺业占据世界主要市场。美国南方当时大量橡胶园的开发以及棉花种植缺乏劳动力,便从非洲贩卖黑奴,在贩卖黑奴的时候都要穿一套由英国人提供的衣服。这就是英国人的第一桶金,是通过贩卖黑奴和纺织品,并且同时进行对印度纺织品的摧毁,现在有确凿的事实和证据,这表明我们必须在一个更大更全面的角度来看待西方近代的成就。

西方近代著名的思想家和经济学家安德烈·贡德·弗兰克(Andre Gunder Frank)认为,“当代世界体系有着至少一段5000年的历史。欧洲和西方在这一体系中升至主导地位只不过是不久前的一段时间,也许是短暂的一个事件。因此,我们对欧洲中心论提出质疑,主张人类中心论”。现代化的进程、现代世界体系的确立和西方优势的确立都不过是三四百年的时间,在整个人类的历史中,只是很短暂的一页。而今天随着整个印度和东亚的重新兴起、非洲觉醒,这样就必须在长时间段中来回答和了解现代化进程给我们的成就,西方给我们的知识和可以学习的地方,以及在这个学习过程中将那些被他们掩埋和忽略的问题放在历史中重新考察。

再说西方的文艺复兴。米开朗基罗最著名的《大卫》,展现了对人的自信,对人的自然力量的相信。在米开朗基罗的画中再没有圣人,而是一个普通的青年人,充满着青春的力量,这是对人性的肯定,对神性的否认。在此以前,所有的雕塑都是圣人,都来自《圣经》,强调神性,而这是一个青年人,尽管大卫也是旧约的重要人物,但这尊雕塑所表现的是身体、生命,通过对自己身体和生命力的肯定,而对中世纪的神权提出了挑战,它暗含的意义在此。

文艺复兴虽然发源于意大利,但这个起源首先是学习阿拉伯文明,因为阿拉伯文明主导世界将近500年的历史。而阿拉伯文明之所以能够成为世界文明的主导力量,很重要的就是学习西方文化，它把希腊所有的经典都译成阿拉伯文，也学习希腊的科学技术精神，使阿拉伯文明成为一个多元向上的蓬勃文明。元代郭守敬的《回回历》就是向阿拉伯文明学习，使用十进位。到中世纪欧洲文艺复兴，欧洲人找不到自己的古典经典，他们第一件事情就是从阿拉伯文重新把亚里士多德的经典翻成意大利文，这是文艺复兴的第一个源泉。在从阿拉伯文翻译成意大利文的过程中，在佛罗伦萨的顶楼上又发现一些古代文化经典，于是复兴传统文化。这实际是意大利人向外部世界学习重新找回自己文化传统的过程。

图一 《耶稣之死》

上图为达·芬奇的传世之作《耶稣之死》，是文艺复兴时期重要的文艺作品。这些作品有它自身文化的因素，也有其向外部文化学习的过程。欧洲人之所以伟大，是因为他们无论在抢掠杀戮中，还是在平和的学习中，对外部文化的吸收都转化为内部因素，发展出许多好的现代化经验。

麦金德曾指出，若视欧洲史附属于亚洲史，即可非常深刻地认识欧洲史。也就是欧洲之所以成为今日的欧洲是因为它不断地向亚洲学习。基督教起源于亚洲，而不是在欧洲，是由亚洲传到欧洲。希罗多德认为，欧洲史各时期均留有将东西方隔开的假想线和交替运动的印记，欧洲史的发展是一个不断和东方史相互交流的过程，在这个过程中，双方思想互相影响和学习，这是一个真实的历史过程。

有了这样一个长时段、大历史的全球化史观点，破除了西方文化自我成圣的神秘化，再来讨论16—18世纪启蒙时期与中国古代文化的关系，就会看得比较清楚，所以必须首先要从全球化史的角度来审视、来定位。

二、18世纪欧洲"中国热"

关于18世纪欧洲"中国热"，中国学术界有很好的著作，社科院许明龙先生是这方面的专家，北京大学的孟华先生、上海财经大学谈敏先生都有很好的著作，我也吸取了他们的很多观点。

关于中国思想和西方思想在启蒙时期的相遇，要从大航海时候开始，从1492年和1498年开始，"任何试图弄清楚欧洲和亚洲思想会面问题的研究都必须在这一语境下展开"，这里我用了克拉克的著作，看看中国思想和西方思想是怎么见面的。1492年哥伦布发现新大陆，1498年达加玛绕过好望角进入印度洋，1552年麦哲伦第一次环球成功，地理大发现的时代到了。这是近代世界史最重要的事件，全球化起源于此。

当时哥伦布之所以从欧洲出发，实际有一个很简单的原因。奥斯曼帝国兴起以后，欧洲人得不到香料，只有在印度尼西亚、中国、马来西亚这些南方的海岛上才能获得，而没有香料的话，牛肉就不好吃，煮着不香，为了把牛肉煮得更香一点，为了吃得更好一些，他们需要寻找香料，绕过奥斯曼帝国，就是土耳其这个中间商。到哪里去找到香料？《马可·波罗游记》说在契丹，因为《马可·波罗游记》中没有中国，但有契丹，在刺桐港这个地方，香料堆积如山，帆船遮天蔽日，就是今天的泉州。哥伦布出发的时候，西班牙国王给他一个《西班牙国王致契丹大汗书》。

从西班牙跨过大西洋第一个到达的是海地，哥伦布说这是契丹最穷的地方，后来又到墨西哥到古巴，他一直认为那是契丹最穷的地方，因为马可·波罗所说的契丹非常富饶，怎么可能是海地那个穷地方呢？不知道大西洋哪个风把他吹到海地去了，而这个时候葡萄牙沿着西非海岸，驾着三尾帆，小心地过了二十四度纬线，穿过安哥拉，进入东非海岸，到莫桑比克。然后沿红海口，在阿拉伯水手指引下，沿途到印度，占领印度最重要的地方果阿，从果阿到马六甲海峡，中国的附属国马拉加，一天半的航程。占领马六甲海峡以后，大概两天多就到澳门。于是葡萄牙和西班牙这两个伊比利亚半岛上的小国，开启了大航海的时代。

当西班牙占领墨西哥以后，开始横跨太平洋，到菲律宾吕宋岛。他们看到中国的丝绸、茶叶，买中国的东西，跨过太平洋到墨西哥，再运回欧洲。而葡萄牙从中国运回的瓷器，穿过马六甲海峡，过印度洋绕好望角，沿西非海岸回到非洲。葡萄牙和西班牙在中国南海合围。中西见面，全球化开始。但他们来到东方的时候，和明兵打了三仗都没有打赢，无法进入中国。由于中国和日本人打仗，正在海禁，于是他们先进入日本。

1592 年，来了一个叫利玛窦的人，下图中带着中国帽子的是中国大科学家徐光启，左边是利玛窦，右边穿着清朝衣服的是德国传教士汤若望，这两个人是中西文化交流的伟大使者。

图二　左起利玛窦、徐光启、汤若望

西方人开始真正了解中国，中国文明和欧洲文明真正相识，架起中西两大文明相遇之桥的就是来华传教士、耶稣会士。传教士在东方和南北美洲完全是两种政策，在南北美洲把宗教和武力结合，侵占整个南北美洲，血与火中，印第安文化、玛雅文化消亡。在东方，他们遇到一个强大和富饶的中国，无法再采用南北美洲的政策，而采取一种文明对话和适应政策。西方学者认为，西方在南北美洲发现的是土地，在东方发现的是文明。但是这个观点是不对的，应该说他们在南北美洲也发现了文明，一个被他们摧毁了的文明。

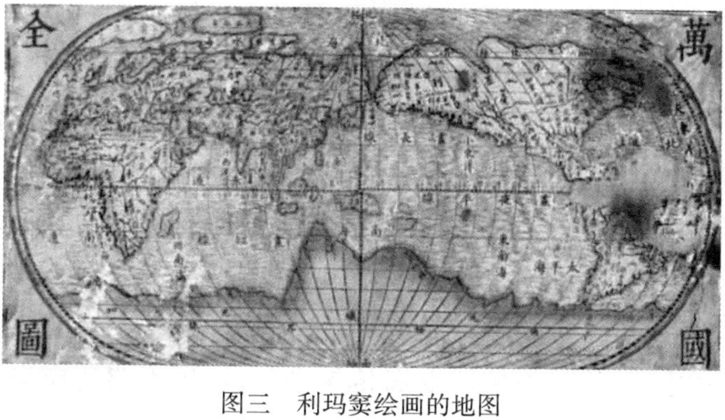

图三　利玛窦绘画的地图

上图是我们中国人看到的第一幅地图，利玛窦画的，中国人很震惊，徐光启由此加入天主教。世界如此之大，中国只是世界的一部分，绝不像中国近代史所说，魏源是睁眼看世界第一人。晚明万历年间，中国就已经睁开眼睛，了解世界的情况，知道并非天圆地方，知道地球是圆的。大航海以后，传教士把世界知识、西方新知识介绍到中国的同时，也采取一种适应中国文化的政策。进到中国肇庆以后，开始戴上儒冠，穿上儒袍，出门坐轿，和儒生进行交往，在这个过程中，他们开始学习文言文，学习古书，学习经典，他们成为在中国的洋人儒学者。为了让欧洲更好地支持耶稣会在中国传教，他们也告诉欧洲，这是一片富饶的土地，无奇不有，只是缺牧羊人，这里的民族不信教，因此我们好好来此传教，让中华归主。他们开始把中国文化介绍到欧洲。

后来巴黎外方传教会、方济各会和道明会等等也进入中国。比如托钵修会举着碗到处要饭，要到饭以后，给旁边的穷人吃，他自己饿着，只帮助穷人。所以西方的宗教精神也有很伟大的地方。在欧洲，托钵修会终生贫困，奔走于乡间，帮助穷人。他们传教的时候，肯定不会坐轿出门，穿丝绸的衣服，他们只到穷乡僻壤，在福建的乡间小道，和中国最穷的人结合。最后托钵修会发现他们所见的中国和耶稣会说的中国完全不一样。因为耶稣会介绍的中国都是彬彬有礼，都是读《四书》的，而且不信任何宗教，孔子只是作为一个伟大的哲学家和圣人来看待的。但是在福建的山间小道上，他们看见的都是关公像、妈祖像、土地庙，中国有无数宗教崇拜和信仰，中国是一个充满鬼神的国家。怎么是像耶稣会说的那样呢？完全是两种形象，于是产生了分歧。他们批评利玛窦耶稣会代表的适应政策是错误的，中国是一个充满偶像崇拜的国家，只能严格按照欧洲传统来传教，决不能适应当地文化。

礼仪之争是中西文化交流史的一个重要事件，涉及三件事："上帝"怎么翻译，怎么看待祭孔，怎么看待祭祖。"上帝"这个拉丁文怎么翻译成中文，利玛窦用了"上帝"这个词，"上帝"出自《诗经》，中国人听了很舒服。另外耶稣会、天主教的传统是信仰一个教，唯一神位崇拜，只能给耶稣一个人磕头，不能给任何人磕头。而中国人首先给爹娘磕头，家里都有祖宗牌位，进门都要给祖宗磕头，每个堂口都有牌位，清明节要给祖宗上坟、要磕头。另外在科举考试前，要给孔庙磕头，争取考上科举。这种祭祖尊孔对不对，利玛窦说这是风俗，和天主教不重复，求同存异。而方济各会和道明会觉得不对，这是宗教，孔子是教主，中国充满偶像崇拜。于是他们展开中国的礼仪之争。

从这个事件中可以看到天主教作为西方文化的代表在面临中国文化时产生的问题，无论是颜珰所代表的巴黎外方传教会，或者道明会，或者方济各会等反对利玛窦路线的传教修会，还是罗马教廷，礼仪之争本来是一个纯粹的西方人教会内部的事，和中国人没有关系。他们只是遇到一个完全不同于他们的文化，内部发生分歧，但是这种争论最后影响到欧洲和中国的关系，就是中国和梵蒂冈的关系。康熙年间，罗马教廷派两个大使来中国，这是中国外交史的起源，铎罗和嘉乐来到中国，宣布道明会的路线，禁止中国人祭孔，禁止中国人祭祖，禁止中国人用"上帝"这两个字，他执意叫"徒斯"。礼仪之争最后以耶稣会的失败而告终，罗马教主强行执行巴黎外方传教会的路线。康熙一怒之下，让所有不执行利玛窦路线的传教士统统回到澳门，尊重中国文化的传教士可以留下来，内务府发一个票，盖个章，证明是合法的。没有撤回澳门的就变成地下传教，成为中国地下教会源头。

礼仪之争到什么时候结束的呢？1938 年日本占领中国东三省，执行中国礼仪，日本向罗马梵蒂冈强烈反映，中国人信教，可以向爹娘的坟上磕头，可以祭祖。1938 年，天主教梵蒂冈教宗才宣布撤销中国礼仪禁令。神学家汉斯·昆（Hans Kung）和秦家懿（Julia Ching）出了一本很好的书叫作《中国与基督教》，汉斯·昆说："在罗马教廷的无数个错误中，再没有在礼仪之争中犯的错误更大了，从此他们失去了东方，失去了中国。"礼仪之争反映了欧洲傲慢的天主教态度，利玛窦的路线值得肯定。

耶稣会第一次把《中庸》译成拉丁文，中国文化开始向欧洲传播。康熙和教廷之间存在皇权和教权之争，康熙认为这块土地所有的外国传教士都要听我的，遵守我的法律，你不遵守我的法律就离开。今天中国和梵蒂冈还有这样的问题，如果把这场争论仅仅认为是一种权力之争就会大大消减对其文化意义的理解。复旦大学著名学者李天刚先生说，"这是一场纯粹的文化之争"。

在人类思想史上只有这一次两个文化见面，互相吵架、不理解，既没有打仗，也没有占领土地，就是为了怎么理解双方文化：我怎么理解你的道成肉身的耶稣，你怎么理解我的孔子。吵了一百多年，这场文化争论很有意思，这对当下应该采取什么样的态度处理各民族之间及文化之间的关系提供深厚的历史根据。

从社会层面来看，启蒙时期中国古代文化对欧洲的影响就表现在 18 世纪的"中国热"。一个欧洲人曾经说过，"启蒙时期正是中国清朝的早期和中期，这时中国在世界上的影响达到了巅峰时代……中国在世界历史和世界地理上都引人注目……其经验被视为典范……世界历史上任何一个时期都没有像启蒙时期这样，使得中国的商业贸易相对而言如此重要。世界知识界对中国兴趣如此之大,中国形象在整个世界上如此有影响”。

在社会生活层面,当时欧洲上流社会将喝中国茶、穿中国丝绸衣服、坐中国轿、建中国庭院、讲中国故事作为一个时令风尚。Chinoiserie 这个词汇的出现,反映了法国当时对中国的热情。那时只有有钱的人才会用瓷器,一般人用不起。为什么瓷器这么风行呢?欧洲发生黑死病一个很重要的原因是欧洲人用木头碗吃饭,木头碗洗不干净,容易潮湿,滋生细菌,而瓷器一洗就干净了,茶叶、瓷器、丝绸是中国的三大法宝,不远万里来贸易。

在思想上,关于中国的哲学著作也开始在欧洲出版,特别是柏应理的《中国哲学家孔子》的出版,对欧洲思想界产生深刻的影响。来华耶稣会士介绍儒家思想的著作以及所翻译的儒家经典引起欧洲思想界的高度重视。

欧洲 18 世纪的“中国热”,不仅表现在上流社会贵妇人喝着中国茶、扇着中国扇子、穿着中国丝绸衣服,也表现在他们的思想界、知识界对中国的接收和理解。

比如 17 世纪末最伟大的科学家、数学家、逻辑学家莱布尼茨(Leibniz),他发明了数理逻辑、数学、二进制。二进制是今天计算机的数学基础。他特别关心中国,而且他和来华传教士有着直接的接触和联系,他见过闵明我,与白晋保持着长期的通信,他出版了德国历史上第一本关于中国的书《中国近事》。

从思想而言,中国思想在两个关键点是和莱布尼茨契合的。其一,他对宋明理学的理解基本是正确的,尽管他并没有很透彻地看到宋明理学中“理”这一观念的伦理和本体之间的复杂关系,但他看到理的本体性和自己的“单子论”的相似一面;第二,他从孔子的哲学中看到自己自然神论的东方版本。尽管莱布尼茨的理解有其欧洲自身思想发展的内在逻辑，但他看到孔子学说中非人格神的崇拜是很明确的。

大家现在可以读一读《中国近事》，所有来中国访问的德国政要在中国讲演的时候都会讲到《中国近事》的前言，对待异族文化保持一种谦卑平等的态度。莱布尼茨不仅是一位伟大的科学家，也是一位文化巨匠，是文化界平等对话的先驱。

如果说莱布尼茨从哲学和宗教的角度论证了孔子哲学的合理性，那么伏尔泰则从历史和政治上论证了孔子学说的合理性。卫匡国的《中国上古史》、柏应理的《中国哲学家孔子》中的中国纪年，在欧洲出版后引起了思想的轰动，中国的这些纪年彻底动摇了中世纪的基督教纪年。

《风俗论》是伏尔泰的一本重要著作，在这部著作中，伏尔泰第一次把整个中国文明史纳入世界文化史之中，这不仅打破了以欧洲历史代替世界史的"欧洲中心主义"的史学观，而且也开创了人类文明史或者说世界文化史研究的先河。

三、中国思想在启蒙运动中的价值

看待中国思想在启蒙运动中的影响时，有两个问题需要特别注意：

第一，中国思想是否传播到了欧洲，启蒙思想家们是否读到了中国古代哲学儒家的作品，这是一个知识论的问题。

"启蒙思想家在讨论中国时，绝大多数情况下是建立在误读基础上的"，这样的判断只说明了问题的一个方面。不能因为接受者对知识的理解受到自身文化的影响而产生了对异文化的"误读"，就否认知识在传播中的真实性。同样，不因传播者在传播知识时受其自身文化的影响，对其所传播的知识附上自身的色彩，就完全否认了所传播知识仍具有真实的一面。

在我看来，尽管后现代主义的知识立场有一定的价值，但完全否认现代知识立场是片面的。中国知识和思想在启蒙运动引起了巨大的思想震动，这本身是欧洲思想内部的原因所造成的，但正是在耶稣会士所介绍的儒家思想的关照下，儒家自然宗教的倾向、中国历史编年的真实性、中国政治制度在设计上比欧洲的合理性，例如科举考试制度等等，才会引起欧洲思想的震动。这是片面而真实的中国。

中国思想和文化在16—18世纪产生如此大的影响，在欧洲形成了持续百年的中国热，这既是欧洲自身社会发展的一个自然过程，也是中国思想文化融入欧洲社会发展的一个过程，这既是欧洲思想变迁的内部需要的一个表现，也揭示了中国思想文化所具有的现代性内涵。

不能仅仅看成欧洲精神的自我成圣，完全否认中国知识在启蒙运动中的作用，完全无视中国思想文化的现代性内涵对启蒙思想的影响，将此时启蒙的发展完全归结于欧洲思想自身发展的逻辑，这不仅违背了历史，也反映出这种观点对欧洲思想自身成圣的相信和迷恋。我们不强调中国文化在其中起到核心的作用，欧洲所以变成现代化的国家，按他们的逻辑来解释，是由于它在南北美洲烧杀抢掠，同时也在东方学习亚洲文化和阿拉伯文化。在这过程中，特别是受到中国文化影响，政教分离，信仰成为个人问题，因为中国没有一神论崇拜。中国的自然编年史像一颗炸弹一样，彻底地炸毁欧洲的宗教编年史。

这段历史告诉我们，中国的传统并不是完全与现代社会相冲突，中国的宗教哲学思想并不是与现代思想根本对立，在我们的传统中和我们先哲的思想中有许多具有同希腊文明一样永恒的东西,有许多观念同基督教文明一样具有普适性,只要我们进行创造性的转化,中国传统哲学的精华定会成为中国现代文化的有机内容。同时这一段历史也告诉我们,东方在世界体系中也并不是无足轻重,在西方走向世界的过程中,东方无论在思想上还是在经济上都起着不可取代的作用。

第二,对启蒙运动后期所确立的进步史观应进行解构。

在启蒙运动中始终有两种声音,伟大的启蒙运动思想家孟德斯鸠有一句名言:“绝对的权力是绝对的腐败”。从孟德斯鸠到卢梭,启蒙思想也在不断的演进与变化,这种变化最终在 1793 年孔多塞的《人类精神进步史表纲要》中表达出来。

此时,以进步为核心的启蒙观念确定了下来。中国成为与进步对峙的“停滞的国家”。如孔多塞所说:“我们就必须暂时把目光转到中国,转到那个民族,他们似乎从不曾在科学上和技术上被别的民族所超出过,但他们却又只是看到自己被所有其他的民族相继地超赶过去。这个民族的火炮知识并没有使他们免于被那些野蛮国家所征服;科学在无数的学校里是向所有的公民都开放的,唯有它才导向一切的尊贵,然而却由于种种荒诞的偏见,科学竟致沦为一种永恒的卑微;在那里甚至于印刷术的发明,也全然无助于人类精神的进步。”

这个批评很尖锐的指出中国停滞的一面,于是他就开始设计了一个世界进步的图像,历史是怎么按照一个线性观进步的。孔多塞最终所确立的以进步为核心的启蒙观是欧洲思想走向自我中心主义的开始。孔多塞写于 1793 年的《人类精神进步史纲要》,以进步史观为核心,将人类历史发展分为 9 个时期,由低到高,最终达到完美阶段。最后,在他的进步史观中，中国是一个被超越被落后的没有前途的国家。

启蒙主义者努力在知识与观念中“发现”并“建设”一个完整的、体现人类幸福价值观的世界秩序，该秩序的核心就是进步，进步的主体是西方，世界其他地区与民族只是对象，这其中既有一种知识关系——认识与被认识，又有一种权力关系。因为发现与被发现、征服与被征服往往是同时发生的。启蒙主义者都是欧洲中心的世界主义者。启蒙运动到高潮的时候，它已经走向了欧洲中心主义，这个看法对不对呢？有一定的道理，但是现在从经济史的研究角度来看也不是很全面，实际上当孔多塞这样来解释中国时，当时的中国不但没有停滞，仍是一个强大的中国。1800 年前的中国是世界上人口最多、经济规模最大、国民生产总值第一的强盛大国，当时的中国正处在康乾盛世时期。

所以，揭示出启蒙时期思想的实际发展过程，说明欧洲思想不是一个自我成圣的过程，仅仅回到希腊，西方思想家发展不出来近代的启蒙思想观念。但西方思想的当代叙述完全不再提到这段历史，他们改写西方思想文化的发展史，并设置一个二元对峙的思想和文化发展的模式，将其作为训导东方国家的思想文化模式。

我们对这个模式是提出批评的，一方面要学习西方现代化思想，一方面要批评中间包含的历史的隐瞒和问题，这是我报告的主题。

历史是一个长期段的发展，100 年是一个短暂的瞬间，今天中国重新崛起，其道路和特点都和西方的道路与特点有很大不同，历史已经对启蒙后期开始形成的欧洲中心主义和 19 世纪主导世界的西方中心主义做出了最好的回答。从今天的历史来看，启蒙后期的思想家的傲慢是多么的可笑。

中国的历史崛起将成为历史事实，是近 100 年来至 500

年来最重大的历史事件，不管对今天中国的黑暗堕落和问题有多么不满，但是中国崛起是一个历史事实，如果和西方对南北美洲的烧杀抢掠和殖民主义相比，中国在堕落中的30年的发展，是人类文明史上血腥最少，较为平等的30年。到2028年，按照西方预测，中国一定成为世界上第一大国。那时中国回到世界主导位置的时候，我们有一个庞大的经济躯体，却没有一个丰富的头脑的话就很成问题，我们不需要回到民粹主义，但是也不需要完全跪拜在西方思想之下。

四、启蒙精神与中国传统文化

历史充满了复杂性。启蒙时期中国古代文化在欧洲的影响也呈现出多元的色彩。学术界在理解启蒙与中国文化的关系时，大都不注意启蒙运动真实历史与中国文化之间的多元复杂关系，从而对启蒙思想和中国文化关系不能做出学理与历史的综合性分析与解释。

通过弘扬启蒙思想，来批判中国传统文化，这是一种看法。这种思维实际上已经接受了现代与传统、东方与西方二元对峙的思维方式，加之缺乏比较文化的立场和对全球化史研究进展的关注，因而，完全不知中国文化在1500—1800年间与西方文化的基本关系和状态，不知当时中国在全球化初期的地位。

这种看法自然无法理解中国传统文化，尤其是儒家文化为何被启蒙思想所接受、所赞扬。在他们赞扬启蒙之时，内心已经将中国文化作为启蒙思想的对立面，而完全不知中国文化恰恰曾是启蒙思想家的思想源泉之一，也无法理解从这段历史可以看出中国传统文化，特别是儒家文化具有现代思想的内涵，只要经过创造性转换完全可以成为中国当代文化的重要资源。

通过批判启蒙思想来弘扬中国文化，这是另一种。以批判当代西方社会思想为其特点的后现代思潮兴起后，启蒙运动的地位发生了变化，启蒙开始成为批判的对象。后现代主义是对启蒙的一种反思、质疑和批判。“他们开始对现代性的总体观念提出批判，并提出‘后现代’以同‘现代’相对抗，这些思想家的思想被称为‘后现代主义’”。

启蒙的问题在于：第一，人类中心主义（anthropocentrism）；第二，工具理性（instrumental rationality）以及宰制性的科学主义；第三，个人主义；第四，西方中心主义。

启蒙思想还是中国传统思想？看起来似乎有些对立。可一旦我们进入实际的历史境遇，就会看到将启蒙与中国传统思想对立起来的认识是值得反思的。

从我们上面所介绍的启蒙思想家对中国文化的接受来看，儒家思想和启蒙思想并不是对立的，儒家思想曾是滋润启蒙思想的重要外部资源，它与启蒙精神相连，而又有别于西方启蒙思想。

因此，在重建中国文化传统的现代意义时，我们不能完全将儒家思想和启蒙思想对立起来，而是可以从启蒙思想家当年对中国文化的跨文化理解中，纠正其偏误，赋予儒家文化以符合现代生活的新意，开出启蒙思想之新意。

儒家的理性主义和启蒙思想的工具理性之间有着契合与差别，这样如何在保持启蒙理性精神的同时，发挥儒家理性与神圣性合一的资源及人文理性主义的资源，克服启蒙以来的工具理性之不足。同时，如何学习启蒙精神，将儒家实用理性转化成为不同于工具理性的现代理性，这都给我们留下宽阔的学术空间。

当然，孔多赛等后期启蒙思想家所提出的“进步”观念也有其合理性，进步总是比落后要好。但这种进步不是一种以欧洲为中心的线性进步观，不是一种人类中心主义的无限索取自然的进步观，不是以西方文化取代其他多元文化的进步观。在这个意义上，中国传统的“天人合一”的自然观，“和而不同”的文化观都可以作为修正孔多塞所代表的启蒙思想家进步观的重要思想资源。

目前关于启蒙思想与中国思想的讨论中大都是在纯粹理论范围内展开的，但思想是历史的思想，没有历史的思想是永远无法高飞的。历史是智慧的源泉，只有在一个长期段的历史中，我们才会体悟到真理。

通过我们对1500—1800年间中西文化交流史的研究，通过对中国传统文化在启蒙时期的传播和影响的研究，我们可以从根源上对启蒙做更为全面的反思。

可以走出启蒙思想与中国传统思想对立的思考模式，克服后现代主义对启蒙片面批判和固守在启蒙思想内部发展思想的两种倾向，从中国的历史和启蒙的历史做出新的解释，将历史重新激活，将中西思想重新融合，这是我们的祈盼。

江晓原

中国历史上三次西方天学输入浪潮

江晓原，1955 年生。上海交通大学讲席教授，博士生导师，科学史与科学文化研究院院长。曾任上海交通大学人文学院首任院长、中国科学技术史学会副理事长。1982 年毕业于南京大学天文系天体物理专业，1988 年毕业于中国科学院，中国第一个天文学史专业博士。1994 年于中国科学院破格晋升为教授。1999 年春调入上海交通大学，创建中国第一个科学史系并任首任系主任。已在海内外出版专著、文集、译著、主编丛书等 80 余种，在英、美、德、韩、中国台湾、中国香港及内地著名学术刊物上发表论文 150 余篇。并长期在京沪等地报刊杂志开设个人专栏，发表了大量书评、影评、文化评论等。科研成果及学术思想在国内外受到高度评价并引起巨大反响，新华社曾三次为他播发全球通稿。

一、"西方"与"天学"的概念

中国历史上有三次西方天学输入浪潮，这个主题里的"西方"是指中国以西的广大地区，包括印度、中亚、西亚、欧洲。

题目中是"西方天学"，而不是"西方天文学"，这是因为"天学"和"天文学"有点差别。尽管"天学"这个词汇在古代也能找到，确实也有人使用，但是我用这个词汇是为了要把它和"天文学"区分开。因为在古代世界，"天学"讲天上的学问，和今天的"天文学"不是一回事，但是很多人会把这两个概念混淆。"天学"指古代跟天有关的学问，主要是星占学。这个在西方和中国其实是一样的，只不过星占学要用到天文学这个工具。很多人觉得，既然用了天文学的工具，它就是天文学。但其实现代天文学用来探索自然，古代的"天学"本质是政治巫术，无论在西方还是在中国，性质是一样的。政治巫术用的工具是天文学，但是不能因为它用了一个科学的工具，就认为活动本身的性质会改变。古代天文学只是给星占学提供一个工具。唯一的例外就是古希腊的天文学，那确实是探索自然的，逐渐发展到今天的现代天文学。所以除了古希腊的天文学之外，在古代世界的广大地区，人们所进行的天学活动都不是现代意义上的天文学。

"三次西方天学输入浪潮"的划分都是人为的，主要是根据一些比较明显的特征事件大致划分,并不是一个绝对客观的事情。第一个阶段持续比较长,是汉魏六朝输入的西方天学;第二次是因为元代建立横跨欧亚的帝国,导致伊斯兰天学输入进来;最后一次是明末来华耶稣会士开始带来的欧洲天学。

二、第一次浪潮:汉魏六朝输入的西方天学

第一次浪潮的天学是伴随着佛教而传入的。在这之前,先讲一个比较特殊的情况。巴比伦是四大古文明中最早的,但是它已经有相当发达的天文学工具,这个工具当然是为星占服务的。亚历山大大帝死了之后,他的几个部将把各自占领的地方建成独立王国,其中塞琉古王国就是他的一名大将建立的,这个王国恰好在巴比伦故地。大概在19世纪,考古学家很意外地发现了一处巴比伦天文学泥版图书馆,这7000多块泥版是一些天文表。三个耶稣会神父花了毕生精力去整理泥版上的天文表,将之转换成阿拉伯数字。从这个表上可以发现,巴比伦人用"折线函数"描述一些天体运行的状态,比如太阳周年运动状态、一些行星的运动状态。而这种方法居然也会出现在6世纪的中国历法里,这就是相当奇怪的事情了。因为时空相距甚远,且其背景也跟中国完全不一样。

很多人觉得古代世界不同文化间的交流非常困难,现代人经常低估古代的文化交流。其实古代世界的文化交流比我们想象的更多,更活跃。首先因为会有商人,商人虽然很慢,从欧洲到中国要走上一两年,但是当我们谈论古代世界的时候,我们是在以几百年几千年做时间尺度,在这样长的时间尺度里,足够很多的商人走很多来回。另外还会有战争

导致的俘虏，还有外交使节的来往。总之如果把时间放长一点看，其实古代世界有非常活跃的交流。巴比伦的东西到底是怎么来到中国呢？现在确实还没有证据。

举个例子，北朝的张子信，一个天学家，他在正史里虽然有传记，但是传记里没有提到他的天学活动，只说到他算命。另外一些史书里记载，张子信在一个海岛上观测了几十年的天象，发现太阳周年视运动的不均匀性，而这种不均匀性在巴比伦的泥版文书里都已经反映过。张子信的奇特之处在哪儿呢？按照中国两三千年以来的传统，天文观测不是个人能够进行的，个人在一个海岛上进行天文观测是一种违法的犯罪行为。中国只有皇家的天学机构才可以合法观天。张子信他并不是皇家天学机构的成员，可是他居然在一个海岛上观测了几十年。而且天文观测需要助手合作，还得有后勤支持，总之得有一定的规模，等于一个机构在岛上运行。这样的行为在中国古代是违法的，他居然能长期地做下去，比较特殊。由于他是在一个海岛上，也许可以推测那时中原战乱，中央政府没工夫管这种事，顾不上遥远海岛上的事情了。这只是一个小例子表明在那种时代，某些很特殊的事情可能跟西方天文学知识传入有某种关系。

一方面我希望给大家一个大体线索，另一方面讲一些细节的东西。所以我们再看一个例子：

佛经原本是用梵文、巴利文等写成的，但是因为现今留下来的汉译佛经中，很多经品的原文都已经失传，所以汉译佛经很珍贵，在世界上有特殊地位。从汉朝、三国开始，佛经翻译工作就一直在进行，汉译佛经有特殊性，跟今天把国外某本书翻译过来的性质不一样。在汉译佛经里，印度的天学附带传过来不少，往源头追溯，可以发现印度的天学受了希腊天文学的影响。也就是说印度天学虽然本身历史非常长，比希腊的更长，但是后来一些希腊天文学知识传入印度以后，变成印度天学的一个工具。

今天大藏经的密教部里，可以找到星历表《七曜攘灾诀》这个经品。李约瑟在著作里提到过《七曜攘灾诀》，他觉得这个东西值得研究，他不懂天文学，但他希望别人研究，他这个希望是50年代提出的，50年代过了30年，也没有人研究。我在中科院上海天文台带第一个研究生时，我就让他研究《七曜攘灾诀》，这个学生很努力，研究得很透。他把《七曜攘灾诀》的结构先搞清楚了，实际上它是一个星历表。什么叫星历表？就是说在这一段时间里，描述太阳、月亮和五大行星的运行规律。所谓“七曜”指太阳、月亮和五大行星。“七曜”这个词汇本身是从印度传过来的，在中国古代词汇里叫“七政”，性质是一样的。这个星历表就是对这七个天体的描述，但是这个星历表是有结构的。星历表是用数学工具描绘天体运行规律，在这个表上，可以明显看到希腊天文学的影响。

这就是第一次浪潮里的一些例子，印度天学随着佛教传来，而它传来的东西里还有更西方的东西。

在唐代时几乎到了一个高潮。唐代是一个非常开放的王朝，至少有三个印度家族的人在唐代的皇家天学机构任职，其中最有名的瞿昙家族中的瞿昙悉达，担任过皇家天学机构的负责人，他利用皇家天学机构里藏着的各种星占学文献编了一部《开元占经》，这是中国古代星占学的集大成著作。瞿昙悉达保留着印度姓氏，但他本人已经华化，他们已经好几代都在中国，也娶了中国女性，他已并非完全的印度血统，但是他们一直保留着这个姓氏和这种文化。

唐代政府机构里有很多外国人任职，比方说唐代很多外国人担任禁卫军的军官。这是一个非常开放的时期，天学机构的负责人是印度人一点不奇怪。《开元占经》里记载着一种印度历法《九执历》，实际上这个历现在也不完整。《开元占经》只记下历法的一些最主要参数和基本原则。围绕着这件事情，唐代爆发过相当激烈的争议。唐代皇家天学机构有中国人的那套天文学方法，同时也把印度人的天文学方法，包括从更遥远的希腊人那里受了影响的天文学方法，拿来作参考。《新唐书》《旧唐书》的《天文志》《律历志》偶尔还会在一些记载着中国方法的地方，用小字标注印度方法，说明用印度方法算出来的结果是什么。这说明当时我们把他们的那种工具当作一个参考，当作一个对照，在天学机构里使用。所以天学机构里也有人懂得西方的天学，参照着用。

还有一种情形是在公众层面，汉译佛经带来很多经品像《七曜攘灾诀》，“攘灾”是要把灾祸赶出去。在民间层面，人们当然不关心天文学的工具哪个好哪个不好，人们关心的是怎么利用星占方法为自己的幸福服务。隋唐时有一种风尚，很多人家里挂着一个星的神像来“攘灾”。通过一些类似算命的活动，星占学家告诉你应该供奉哪个神像。一般老百姓到外面买一幅比较朴素的像版画一样的线描画像，在大藏经有关的佛经里收录了一些这样的画像。达官贵人当然不满足于买批量生产的东西，他们的风尚是找著名画家画星神画像，私家定制。当时一些非常有名的画家，像张僧繇、尉迟乙僧，他们的一个重要业务就是替达官贵人画星神画像。

这种星神画像的原件在中国古籍里至今为止还没有发现，却在日本保留了不少。当时日本以及朝鲜半岛的贵族热衷从中国搞文化产品，如唐代文人的集子、中国人的画像、中国人刻印的佛经等，这些是贵族们夸耀的东西。现在日本的一些佛寺和博物馆里还保留不少唐代的星神画像，也有些是日本人仿制的。从日本人留下来的星神画像上面，我们会看到它隐隐约约和西方有某种关系，比方说星神画像仍然要画七曜，太阳、月亮和五大行星，但是在那些星神画像里，绝大部分情况下金星的神像是一个女性，这跟西方的金星是维纳斯完全可以对应起来。

大体上可以说亚历山大大帝虽然32岁就死了，但是他的东征几乎类似于某种原始推动，比如说推动后面所谓希腊化时代等等。其实他的东征也包括把欧洲的一些东西向更东方的地方传播，就好像在水中投下一颗石子，水波就一轮一轮往远处传出去，波纹传播可能好几百年还在持续不断。

中国古代天学上的中外交流，其实2000年里是不断的。也许有人会想，那有没有中国传到西方去的呢？有，但确实比较少。亚历山大的东征是一个由西向东的传播，它的推动也是由西向东。中国向外面传播确实也有，但是现在看来它和从西面逐渐传播过来的似乎是两件独立的事情，具体表现也不一样。比方说，日本以前在唐代的时候，全面学习中国的一切文化制度等等，唐代的一部并不起眼的历法在日本被用了700年。当然我们也向外传播，但基本上传播在今天的汉字文化圈领域，比方传播到朝鲜半岛，传播到琉球、日本，传播到往南的越南等等。这与从遥远的西方传播过来有所不同。

三、第二次浪潮：元代输入的伊斯兰天学

第二个浪潮是元朝带来的。成吉思汗建立了大帝国，他死了以后，他的几个儿子各自建立汗国，这些汗国之间实际上是独立的，但是他们有一个宗主国就是中国元朝，在汗国早期，元朝拥有宗主国的名号。由于这几个汗国都是成吉思汗的子孙建立的，它们之间有密切来往。这个横跨欧亚大陆

的大帝国，当然会给天学的交流带来很多机缘。

挑一些例子来看。丘处机是金庸小说里塑造的较为重要的人物之一。历史上丘处机真有其人，他确实是一个道士，他得到成吉思汗的某种礼遇，丘处机的弟子们写了《长春真人西游记》记录他们西行的事。有一处记到他在中亚和当地天学家交流讨论最近的一次日食，当然讨论的细节没有留下来。古代天文学中，预测一次日食是有很高技术含量的。中国古人虽然没有掌握古希腊较为精密的天文学，但是用自己的方法也可以在相当高的精度上预测日食。从我们知道的历史背景来看，当时中亚的天文学家掌握的天文学工具以古希腊的工具为主。

欧洲在西罗马帝国灭亡后的数百年被称为黑暗时代，其实这个时代并不是绝对黑暗，但是文化确实倒退了，很多文明的种子保留在欧洲的修道院里，由基督教僧侣们守护着。公元7世纪阿拉伯帝国兴起，建立过好几个强盛的帝国。帝国首领喜欢做赞助学术的活动，如出钱供养一些著名学者；从欧洲弄来很多希腊的手稿，翻译成阿拉伯文。因此，伊斯兰天学使用的天文学工具基本都是希腊的天文学，在此基础上做一些符合民族风格的改进，方法都差不多。所以推测丘处机在中亚和当地天文学家交流怎么推算日食的时候，丘处机用的是中国传统方法，中亚天文学家用的是经过阿拉伯人翻译的希腊人的方法。这两种方法完全没有共同之处。

希腊人的方法是什么呢？做一个几何模型，然后运行，反映五大行星和太阳、月亮的运行规律，如果通过观测，发现模型不准确，可以调节模型中的参数，比方本轮均轮的参数，可以调节半径，调节转数，甚至调节转向、调节倾角等等，总之让几何模型能够把天体模拟出来。欧洲人在牛顿的万有引力理论、现代天体力学建立之前，一直是这样做的。

中国人采用另一种方法描述天体,即观测太阳、月亮和五大行星的会合周期。比方说太阳的会合周期是一年——实际上这是地球绕太阳转一圈的时间;又比方金星的会合周期大约是八年等等。第一,把七政的会合周期都掌握;第二,对每一个会合周期内的运行规律进行描述,知道在会合周期里它何时走得快,何时走得慢等等。这样就可以用我们的方法来预测天体。在古代世界,东西方天文学家要解决的终极问题都是一样的,这个终极问题就是:给你一个时间和地点,告诉我“七政”的位置——告诉我太阳现在在天上什么位置,金星现在在天上什么位置,土星在什么位置等等。这个时间可以是未来的一个时刻,也可以是已经过去的一个时刻,这是天文学的终极问题。在现代天体物理产生之前,所有天文学问题说到底就是解决这个问题。

古希腊人做一个几何模型可以回答这个问题。中国人用会合周期叠加也能回答这个问题。具体来说,中国人所用方法的精度比欧洲人的要差一点,但是也没有差太多。古代世界,天文仪器本身精度也不高,在要求比较低的情况下,这点精度已经够用。而且我们对七个天体所掌握的精度,具体也不一样。比方说那几个行星的精度稍微差一点,但是对太阳和月亮我们掌握的精度非常高。因为要预测日食和月食,必须对太阳和月亮的运行规律掌握得非常精确。古代对这个东西的预测精度可以达到小时以内,这是不困难的,这个精度已经相当高了。巴比伦塞琉古王朝的泥版文书里,他们用折线函数,他们的方法比较接近于中国的方法。所以古代不同的天文体系都有自己的方法解决这个终极问题。

忽必烈统一中国全境,建立元朝,名义上是宗主国,所以跟其他几个兄弟汗国之间的交流比较多。其中,丘处机的例子是一个民间活动,并不是官方安排的。官方安排比较有名的是扎马鲁丁带来的七件阿拉伯仪器。扎马鲁丁应该是一个中亚人,忽必烈把他召来,让他负责皇家天学机构。扎马鲁丁带来的七件阿拉伯仪器在史书上有记载,这些仪器的名字只有译音,原文是什么不知道,古代世界没有统一的译音表,那时留下来的译音,现在根本没办法恢复原文了,何况原文还是中亚的语言。所以人们只能推测这七件仪器是阿拉伯人进行天文观测的仪器。其中有些仪器,至少有两三件并不是搬过来就行,它是一个建筑。扎马鲁丁也不可能把一座房子带过来,他只是带来特殊建筑的一些尺寸和参数,到了这里再重新造起来。古代很多天文仪器都是这样造的,特别那些大型化仪器。很多天文仪器在原来那个地方拿过来是不能用的,有些仪器和纬度有关,到了不同纬度的地方,仪器或要调整或要重新安装,否则不能使用。总之,扎马鲁丁带来了七件仪器,在史书上有记载,但实物看来没有保存下来。

还有一件事情也比较有趣,明清两朝皇家天学机构叫钦天监,之前有各种各样名字如司天台、司天监、太史院等等,每个朝代都不一样。元代称为司天台,司天台上有一些阿拉伯天学书籍,书名是用译音留下来的,所以根本不知道那实际是什么书。比方说人们推测这些书里有一种是托勒密的《至大论》,从情理来看是很有可能的,因为《至大论》是整个希腊天文学集大成的东西,阿拉伯人学希腊天文学就得从这本书上学,包括后来哥白尼、开普勒他们都是从《至大论》获得养分的。司天台上有某种阿拉伯文译本的《至大论》是完全可能的,但是因为书本身不存在了,这也只是一个推测。

郭守敬是元代最著名的天文学家,他编制《授时历》,也造了很多天文仪器。其实郭守敬的天文仪器和阿拉伯的仪器之间,有着某种隐秘的关系,表面上看不出来。因为元朝很奇怪,有两个司天台,在文书里,一个叫回回司天台,一个叫汉儿司天台。汉儿司天台是中国传统的天学机构，回回司天台是伊斯兰天学的天学机构。元代灭亡南宋之后，仍然保留着两个司天台，属于同一个上级机关秘书监领导。但是当时这两个天文台的关系很奇怪，是竞争关系。功能一样，上级主管机关也一样，为帝国服务的内容也一样，只不过两个机构用的方法不一样，推测这两个司天台处在某种竞争状态中。

郭守敬造的仪器表面上看是中国式的，比方说从常见的普及读物里读到郭守敬造过一个“简仪”。其实“简仪”就有西方仪器的影响，只不过这一点，郭守敬从来没讲过，其他人也不注意，但是从这个仪器本身可以看出来。这个影响在哪儿呢？中国和欧洲的天文仪器的差别之一就是中国人喜欢用赤道作为标准，而欧洲人习惯用黄道作为标准，仅仅这个没什么本质差别，这只是对坐标系选取的不同，这两个坐标系在很多情况下是等价的，可以从黄道推出赤道，也可以从赤道推出黄道，都一样。差别在哪儿呢？欧洲人的习惯是一个仪器只观测一组数据，甚至经度和纬度还要分别用一个仪器来观测，比方说只观测黄道经度或者黄道纬度。中国人则喜欢在一个仪器上同时观测好多种参数。这种同时能观测多个坐标的天文仪器，结构就更复杂。结构复杂的仪器，第一运行起来麻烦，制造安装使用都麻烦；第二古代没有现代的观测手段，完全用目视。所以一个参数比方说一个坐标系就需要有一个环组，在环组上有刻度，然后用一根东西照准以后，在上面读刻度。如果仪器同时能够观测好几种坐标参数，这个仪器上必然有很多环组，这些环组互相遮挡，观测起来就麻烦。所以郭守敬的简仪其实是把环组重新分开，让一个环组就观测一个坐标，因此这里其实有欧洲的影响。

比方说，郭守敬还有一个最著名的天文仪器“高表”，现在在河南登封,有几层楼高。这种把一个仪器建成几层楼建筑,恰恰是阿拉伯的风格。阿拉伯很多古代的天文观测仪器都是这样造的,建成一整面墙,甚至造成一座小楼,这种古代的大型化仪器风格现在在印度某些地方还能看到。因为后来印度又受伊斯兰天学影响,所以也有一些大型化仪器存在。郭守敬的"高表"虽然形状完全是中国人的,但是大型化的想法很明显来自阿拉伯。之前,中国人从来没造过这种大型化的东西,中国人的天文仪器都比较小。"水运仪象台"实物不存在,人们从文献记载的尺寸知道北宋造的"水运仪象台"几层楼高,但那是好多件仪器的组合,一件仪器是没有这样大型化的。所以从大型化的"高表"以及"高表"前面的"量天尺",可以看到郭守敬至少是受了阿拉伯人的启发。

四、第三次浪潮:明末输入的欧洲天文学

明代末期耶稣会士开始进入中国。耶稣会是一个直接听命于罗马教皇的宗教组织。在天主教里这样的修会很多,这些修会有很多是准军事化组织,耶稣会基本上也是这样。它的创建人是一个西班牙贵族,组织比较严密。今天如果查字典,会发现"耶稣会"是一个贬义词,当它变成一个名词或者形容词的时候都是不好的意思。这是因为耶稣会组织后来持续时间很长,它和梵蒂冈的关系一直比较紧密,而耶稣会在某些事情上表现不好。明末耶稣会在欧洲做了一些什么事情,到底怎么评价,也许见仁见智,但有一点是肯定的,欧洲有很多非常好的学校是耶稣会建立的,他们派往东方的耶稣会士,都是一些受过良好教育并且富有献身精神的人。所以我们对于明末来华的耶稣会士还是表示尊敬的。

今天北京市委党校的院子里有三个最著名的耶稣会士

利玛窦、汤若望、南怀仁的墓，墓上面还有康熙题的碑。这些耶稣会士都是死在中国，还是有点献身精神的。他们在欧洲受了良好的教育，派到中国工作，不结婚，一直工作到死，最后埋在中国。以前极"左"的年代把这说成文化侵略，这个说法显然不妥，这些人在中国也没做过什么坏事，做的都是好事，所以至少得承认他们的献身精神。

耶稣会士刚进入中国的时候，不知道怎么跟中国上层社会打交道，所以他们穿上和尚的服装，结果在南中国的境遇很不好，因为在传统观念中，和尚等级比较低，士大夫们看不起他们。后来他们开始向中国士大夫阶层看齐，穿士大夫的衣服，学汉语，写汉语文章，跟士大夫们交往，于是他们被称为"西儒"，即从西方来的儒者，他们得到上流社会的接纳。

利玛窦亲自经历了这样的过程。1600 年，利玛窦获准进北京觐见皇帝，皇帝允许他在京师居留。因为他们必须住在教堂里，所以允许居留就等于允许他建立教堂，等于允许他传教。利玛窦从此就在北京城里住着，再不出去，直到 10 年后他去世。

10 年里，利玛窦已经注意到一件重要的事情，明末正发生关于改历的争议。改历在中国历史上历朝历代都要出现。为什么要不停地改呢？中国历法的本质决定了它得不停地改。中国人用会合周期叠加的方式推测太阳、月亮和五大行星的运行规律，古代历法本质上要提供推测太阳、月亮和五大行星运行规律的方法（月份牌只是历法中极小的一部分），历法主要用来解决天文学的终极问题。今天这种问题在哪解决呢？我们可以看每年紫金山天文台编的《中国天文年历》。这一本里包括这一年的星历表，实际就是太阳、月亮和五大行星的运行规律。古代历法主要是解决这个问题，但是由于我们采取会合周期叠加的方法，这种方法会使误差积累,所以每个历法刚刚开始用的那些年往往很准确,用的时间久了,误差积累起来就不准确了,然后就有人提出要改历。所以先后编出一百多部历法。明朝继承郭守敬的《授时历》,稍微改编了一下,取名《大统历》,从明朝开国就一直用,到明末的时候已经用了两百多年,误差明显积累起来,所以就有不少人提出改历。

这时利玛窦给他在罗马的上级写信,请求派懂天文学的传教士来,因为这个国家对天文学家有特殊的尊敬,其实是利玛窦发现钦天监跟王权之间有特殊关系。明清时代钦天监作为一个皇家天学机构,实际上它和王权的关系已经不像以前那么重要了。古代早期这种关系非常重要,天学是王权成立的必要条件之一。到了明清时代,基本上天学就只是王权的象征了。但利玛窦认为,即使这只是象征,也仍然很重要。钦天监是中央政府的机构之一,不是科学机构,它是有重要地位的。利玛窦说这个国家正在改历,如果我们能够参与进去,就能够走通上层,走到最上层。耶稣会听从他的意见,派了懂历法的人来,派来的人其实有好几个,但是名气比较大的就是汤若望和南怀仁。利玛窦也懂一点天文学,但他懂的是欧洲比较古老的天文学,他自己觉得已经不够用了,所以他要求派人来参加改历。

"历"到底有什么重要呢?明朝那个时候日子很难过,关外有满清入侵的威胁,里面有李自成、张献忠起义,内外交困,非常难过。但它还有闲工夫在那里讨论历法,这是为什么呢?因为历法在古代跟现代不一样,现在是个纯粹的工具,古代历法是政治上的大关节。以明朝为例,我们每年要向承认我们宗主权的国家颁历,比方说向朝鲜颁历,向琉球颁历等等。每年要颁赐历法,具体的做法,或者是他们派使臣到这里来领,或者是我们派使臣到他那里去颁赐。这些国家用中国的历法，象征着承认中国的宗主权。所以历法有政治含义，不仅仅是一个工具。

比方说那时候，中国每年向朝鲜颁赐一百部原版历法，同时授权他们在国内翻印历法。对他们的老百姓来说，他们肯定要用翻印的版本，那一百部原版是王室、达官贵人用的，这也是一种特权。所以历法不像我们今天想得那么简单，那时是政治上的大关节，所以国家内忧外患的时候还在讨论改历。

徐光启等人是明朝早期的几个接受西方文化甚至自己都入天主教领洗的人，同时又做到高官，徐光启在级别上，起码是今天的副总理级别官员。他们和传教士接触之后，觉得传教士那套天文学方法确实先进，就上书皇帝说应该把这些人引进来参与改历，这完全是利玛窦当初所期望的那种状态。明朝政府后来果然就同意徐光启来做这件事情，崇祯皇帝在位的时候，1629 年设立历局。徐光启召集一些耶稣会士以及一些中国的助手来编《崇祯历书》。这部历书在 1634 年编成，前一年徐光启已经去世，所以后面由李天经继续做完。这部历书编成之后，按理说应该颁行，但是却遭到很多人的反对。因为《崇祯历书》不再用中国传统的天文学方法，改用欧洲第谷的天文学体系，这一点让很多中国人受不了，觉得历法一直是王权的象征，怎么要用西方欧洲人的东西来弄呢？反对皇帝在中国颁行这个历法，一直争论了 10 年。

这 10 年里，从《明史·律历志》可以看到有过 8 次检验。比方有日食或者某种行星天象，以耶稣会士为代表的历局给出一个预测，中国传统的钦天监的守旧派也给出一个预测，然后到了时间，大家就一道来观测，看谁的预测准确。终极问题就是给出时间地点，问这七个天体中的某个在什么位置上，这 8 次预测都是这个性质。有时候天象在北京城里观测不到，还要专门派人到别的地方去观测，因为有些天象在不同的地理位置上看到的不一样。8 次的结果都是《崇祯历书》那一派的西方天文学方法更精确一些，精确度都比中国的方法要高。尽管谁也没有 100% 的精确，科学上也不存在 100% 的事情，观测也都是讲一定的精度。在当时双方都同意的观测精度下，确实西方的更精确一些。所以争了 10 年之后，崇祯帝总算相信西法是好的了，于是下诏颁行。

可这份诏令是 1644 年下的，下完没多久，李自成的军队攻进北京城，崇祯到煤山上吊，整个国家都很混乱，历法颁行也就不了了之。李自成的军队占领北京没多久又退出了，清兵进入了北京。在这个剧变的时候，北京城里的汤若望做了一个非常正确的决策。

南明政权维持了好几十年，当时在中国的耶稣会士有不少人选择跟南明政权合作，继续抵抗清兵。南明政权得到一些耶稣会士的支持，有的耶稣会士甚至书生气十足地写信给教皇，要他出兵支援南明政权。当然实际上是不可能的，教皇哪有那个力量，那么远。但是汤若望不一样，汤若望政治上押宝正确，从一开始就跟清政府合作。

他把《崇祯历书》做了一点修改。这些修改主要目的是凸显他的贡献。《崇祯历书》主要由四个耶稣会士一起修成，这四个人里像龙华民、罗雅谷死得早，邓玉函死得更早。本来邓玉函地位最高，他跟伽利略都是山猫学院（现代意大利科学院的前身）院士，但是他死得很早，汤若望在四个人中活得最长。清军入关，汤若望对这部历书进行删改，填入很多有他名字的小著作，突出他的贡献。达官贵人不可能那么厚的书全部都看，通常就是翻翻目录。在新版历书目录上一翻，汤若望的名字出现很多次，这会给人一个印象，就是这部书的作者中，汤若望是最重要的。这只是一个技术上的处理,其实里面的绝大部分内容仍然是原来徐光启的历局编的东西。

汤若望把改过的历书献给了清政府。历书是一个王权的象征,一个新政权总要弄一部新历书,清政权刚刚在中国建立,南明还在抵抗,他迫切需要一个正统性的象征。这时汤若望居然会给他送一部新的历书,他觉得太好了,这是他正想要的东西,而且这个历书比原来明朝的历书精确,从科学上说也有优越性,顺治皇帝很快亲笔题了新的名字,叫作《西洋新法历书》,在 1645 年颁行。现在故宫博物院图书馆里,还能看到 1645 年印刷的这部历法。

汤若望的这个行动事后证明完全正确,他在政治上押宝押得很准确。清政权接纳了他,顺治任命他做钦天监的负责人。汤若望是一个极会走上层路线的人,明朝时他在北京城里就跟王室成员达官贵人打得火热,到了清朝,他发挥得更好了,他居然让顺治皇帝叫他爷爷。顺治皇帝怎么能叫他爷爷呢?真有其事,因为顺治的母亲皇太后有一次犯疟疾,太医都治不好,眼看就要不行了,结果汤若望因为有奎宁之类的药,替她治好了,皇太后一激动就认他做了义父,顺治当然就得叫他爷爷了。顺治跟汤若望处得很好,根据史料记载,顺治没事还爱到汤若望那儿去走动走动,说他们"欢若家人父子",关系很融洽。汤若望使宫廷里很多达官贵人都领了洗,都信了天主教。所以他把关系搞得非常好。

而且从汤若望开始,清朝钦天监将近 200 年都保持着由耶稣会士当钦天监负责人的传统。汤若望去世之后,南怀仁来接任,南怀仁去世,再换别的耶稣会士接任。雍正时代,清廷和耶稣会之间闹得不愉快,有"礼仪"之争,几乎已经绝交。但是绝交归绝交,钦天监的负责人仍然是耶稣会士,每次钦天监的耶稣会士负责人去世之后,罗马会再派另一个人来接任，这件事情持续了将近200年，一直到清朝最后那几十年，钦天监的负责人才不再是耶稣会士。

钦天监成为北京城里耶稣会士的一个据点，因为钦天监是政府的一部分，所以实际上清朝政府有一个机构一直是由耶稣会士当负责人。这比瞿昙悉达在唐代做司天台的负责人还要厉害，因为瞿昙悉达他是一个华化的印度人，他自己祖上好几代都娶了中国女子。可是耶稣会士不结婚不生子，不可能有后代继承，每次都是从罗马重新指派。所以钦天监的开放程度比唐代更高。

五、关于《崇祯历书》

再说说《崇祯历书》。《崇祯历书》现在能看到由上海古籍出版社重新翻印的版本。《崇祯历书》是在1634年最后编完。那时是17世纪早期，当时欧洲的天文学是一个什么状态呢？托勒密所代表的古典天文学在欧洲仍然有市场；哥白尼的《天体运行论》出版于1543年，到那会儿也有90年了。哥白尼的学说当时已经受到教廷的批判，但实际上教廷对待这个事情也不像以前那些普及读物说得那么可怕。教廷其实把《天体运行论》列在禁书目录里的时间很短，也就是审判伽利略的那一段时间。伽利略受审判完了，他也没受什么罪，还在家里好好过着。伽利略有好多红衣主教的朋友，他其实跟教会之间也没什么仇恨，伽利略两个女儿都是教会的修女。即使在被审判之后，伽利略仍然可以在国外出版他的违禁书，教廷也没把他怎么样。

当时还有一个学说是第谷的学说，也就是《崇祯历书》所采纳的学说。第谷是丹麦天文学家，因为受到丹麦国王的资助，给他一个小岛（汶岛），给他很多钱，他因此成为岛上的主人，在岛上建了两个天文台和印刷厂、仪器厂，那里一度成为欧洲天文学的中心。第谷当时制作的天文仪器精度很高，被认为达到望远镜发明之前天文观测的顶峰。今天在北京建国门古观象台上还能看到有八件仪器，其中只有两件是乾隆时期造的，六件都是南怀仁给康熙造的，这六件仪器完全是第谷仪器的拷贝。第谷当年在欧洲的仪器现在都不存在了，但是他留了一本书，书里记录当年造过的仪器，每个仪器都有详细的尺寸参数图案等等。从这本书上可以看到南怀仁替康熙造的这六件东西就是第谷的拷贝，原理方法完全一样。特别是第谷在刻度上有一些改进，在仪器原有尺寸上，读数精度达到跟阿拉伯人巨型仪器一样的水平。建国门古观象台的那几个仪器上，都保存了这种刻度上的创新，他的改进非常巧妙。

托勒密的体系、哥白尼的体系、第谷的体系一样都是几何模型。第谷的体系是日心和地心体系的折中。地球是中心，让太阳绕着地球转，再让五大行星绕着太阳转。这些体系只要适当调整它的参数，最终都可以相当准确地描述天体运行。第谷的体系观测精度非常高，和实际情形的吻合程度也最高，在当时的欧洲他的体系精度最高。今天因为从历史的角度我们觉得哥白尼伟大，很多人可能都没听说过第谷，而哥白尼大家都知道。其实哥白尼本人不是一个好的观测者，他的体系在精度上是不行的，在当时的欧洲，哥白尼的体系在精度上连第三位都不一定能排得到。

这个有几个例子可以表明哥白尼本人是多么不重视天文观测，哥白尼一辈子没见过水星，这是第一个例子。水星是很难见的，但是作为创立了一个天文体系的人连水星都没见过，这有点意外。第二个例子是哥白尼的学生说，他老师观测的精度好像到10分他就满意了。60进制，一个圆周360

度，每1度底下再分60分，每1分再分60秒，哥白尼的精度只是在10分的量级上。而第谷的精度是在秒的量级上，所以哥白尼的精度远远不如第谷。

所以在编《崇祯历书》的时候，耶稣会士选择第谷的体系而不选择哥白尼的体系。以前的解读是因为教廷反对哥白尼体系，所以耶稣会士要从政治上考虑问题。政治是一个因素，但被夸大了。实际上当时中国人其实根本不关心太阳在中心还是地球在中心。因为中国人关心的是怎么把七个天体的位置算出来，算的过程中，假定地球在当中还是假定太阳在当中这个完全无所谓，在旧有的观念中，这不会造成什么冲突。耶稣会士们对这一点也完全理解，他们知道当时中国人讲的是“密”——精密。当然第谷的体系是最密的，所以他们用第谷的方法最能说服中国人。《崇祯历书》中大量的天文表都是根据第谷的体系编算出来，所以它在当时的精度最高。这是耶稣会士选择第谷体系的原因，有科学上的考虑。此外耶稣会士其实也没有封锁哥白尼学说，它甚至在《崇祯历书》里也介绍过哥白尼学说，给它的地位也挺高。

六、关于“西学中源”说

从明朝《崇祯历书》开始用欧洲的天文学工具以后，它确实对中国人的思想造成一些冲击，士大夫就想出一些说法在理论上自圆其说。“西学中源说”是其中一个非常重要的说法。

这个说法最初从明朝遗民那里出现，像王锡阐之类的人，在明朝灭亡后就不做官了，在民间待着，想出这个“西学中源”的说法。“西学中源”是说欧洲的天文学其实都是从中国古代源头上成长起来的，是中国古代学说传到西方以后重新发展起来的。这个说法在明清被很多中国士大夫所接受，康熙也大力提倡这种说法。当然这个说法在今天看来是站不住脚的,实际上不能成立。但是当时这么说,有它的积极意义。它能够让更多的中国人接受西方的那些工具,既然它本来就是老祖宗的东西,“礼失求诸野”,在我们这里失传的礼仪,在野人那里还留着。古代的那套东西一部分传到西方,他们把它发展了,变成现在看上去比我们好的但其实还是我们的东西,这样的说法能够给自己提供安慰,对于学习西方来说,思想上的障碍就可以消除。实际上从明末开始,“私习天文”就合法化了,民间都可以学,民间的大部分人确实也都是学《崇祯历书》中所讲的欧洲天文学。这个东西变成一种时髦,所以“西学中源说”在今天看来虽然学术上不成立,但在当时是士大夫们想出来的一种在理论上自圆其说的东西。

七、“中学为体,西学为用”

“中学为体,西学为用”的说法是晚清才出现的,其实中国人一直是这样做的。西方天学不断输入中国,中国人一直是把西方传来的方法当作一个辅助性工具。刚刚说唐代为什么把印度的方法和我们的方法“相参供奉”“与大术相参供奉”,我们的东西叫“大术”,大的正的,他们的东西是偏门,我们可以采纳参考。“体”是什么东西呢?“体”其实不光是主体的意思,它是一个性质问题。以钦天监为例,钦天监是皇家的天学机构,从顺治开始由耶稣会士担任钦天监的负责人,它有两个监正,一个满监正,即满族人做的监正,有点类似于现在的党委书记,管着政治上正确的事情。耶稣会士做的类似于台长,做技术上领导。即使耶稣会士领导着钦天监,钦天监的性质也不改变,钦天监继续编皇历,耶稣会士也得用欧洲天文学方法来帮助编皇历。只不过是把天文学当作一个工具来用，主体是不变的。这不一定就是不好，以前我们总是把“中学为体，西学为用”当成一个贬义的说法，其实全盘西化不一定是好的。我觉得即使到了今天，如果说中国走有中国特色的社会主义，为什么不可以是新时代的“中学为体”呢？科学技术是西方手里有用的工具，我们把这个工具学过来用，但是自己的主体仍然不能丧失。

八、余波：晚清传入的西方天文学

最后一点小的余波，是1872年耶稣会士在上海徐家汇建立了一座观象台。这座观象台是法国人建立的一座欧洲天文台，只不过它的台址在远东而已。它就是今天中国科学院上海天文台的前身，当时他们所有的出版物都是西文的，都是跟欧洲各天文台进行交流，这个观象台实际上完全是现代性质的天文台。

当时很特殊的是，北京的钦天监负责人不再是耶稣会士，北京的钦天监仍是传统意义上的皇家天学机构，继续编皇历——清朝叫《时宪书》，也仍然为皇家做各种择吉、算命的事。另一方面，在上海却有一个现代的天文学机构，大部分雇员都是外国人，好几任台长都是耶稣会士，都是西方人。这座台里只有少数中国雇员，他们做辅助工作，等级比较低。钦天监和在上海徐家汇的观象台之间几乎没有联系，各做各的事。

一方面传统的作为政治巫术的天学还存在，另一方面西方传来的现代意义的天文学机构也出现了，这是一种相当奇妙的局面。晚清所建立的徐家汇观象台，可以看成是第三次浪潮的一个余波，实际上也可以把它看成是第四次浪潮的开端。这是一次新的浪潮，意味着现代天文学传入，它不再作为传统天学的一个工具了。

钱婉约

晚清民国时期日人来华访书

钱婉约，北京语言大学教授。曾在日本京都大学、日本姬路独协大学、日本关西大学访问交流和从事教学科研工作。主要研究方向为日本中国学及中日近代学术关系。专著有《内藤湖南研究》《从汉学到中国学：近代日本的中国研究》《梅樱短笺》等；翻译有田中庆太郎等《日本学人中国访书记》、内藤湖南《中国史通论（下）》、桑原隲藏《东洋史说苑》、石田干之助《长安之春》等。

今天的讲题是《晚清民国时期日人来华访书》。说到中日两国的关系或者中日两国的文化交流，我们有这样的共识，就是中国和日本的文化之间存在两个不对等。从古代来说，中国长期处于输出文化和影响日本的位置，日本对中国的反馈影响不对等；另一个不对等更多表现在近代以来，也许正是因为古代日本长期接受中国文化的影响或者说从中国文化中学习和获益，所以日本非常注重研究中国的一切，到了近代表现得更为突出，这和时代背景有关。近百年来日本了解和研究中国的势头非常强烈，反过来说一直到现在中国对日本的了解研究情况也不对等。中国近代研究日本最早的一本著作是戴季陶的《日本论》，书里提出，日本已经把中国翻来覆去研究很多了，可中国一般不注重对日本的研究，认为日本那些东西都是从中国学的。当然近年来追从日本动漫等是另外一个层面的东西，从文化的传统习惯来说这种不对等仍然是存在的。

今天要讲的课题其实就是近代日本对中国的了解和研究的一个方面。近代到中国来考察访问的特别是以调查书籍为目的的日本学人，其中有些人留下了日记和回忆录，我从中挑选翻译成《日本学人中国访书记》一书。当然这本书所能够涉及的只是留下回忆录的一些学者。主要搜集了内藤湖南、田中庆太郎、武内义雄、神田喜一郎、长泽规矩也和吉川幸次郎这六个人的资料。他们到中国来访书的年代基本是所谓的清末民初，准确说是 1894 年到 1931 年间。今天讲的就是这段时间里面日本一些研究中国的学者到中国的访问考察，这种考察围绕着调查书、买书、获取书或者掠夺书等方面展开活动，一般称为访书。我选几个主要的人来讲。

一、日本输入中国书的四个重要阶段

日本历史上一直有吸收中国文化的传统，回顾日本输入中国书的四个重要阶段，能够发现晚清民国时期，日本到中国访书、购书和掠书的行为其实是由来已久的传统。

第一个阶段——唐代，遣唐使除了到长安参观学习、听国子监的中国经学老师讲课之外，他们另一个重要的任务是带回去很多中国典籍，献给天皇，放在政府机关，然后再进行抄书。日本留存的各种唐抄本宋刻本，一般放在天皇的宫内厅或者一些天皇所属的寺院里。

到了宋代，中日间政府级的交流停止了，但是僧侣之间的交流还非常活跃。所谓"五山"是日本佛教非常昌盛的重要时期，高僧们到中国来或者请中国僧人到日本去，通过这些交流带去很多书。这些僧人们不仅是佛学爱好者同时他们也有很好的汉学修养，也会把儒家的东西、把中国文学的诗文集带到日本，这是第二个阶段。

第三个阶段相当于中国的清朝，在日本称为江户时期，此时日本处于一个闭关锁国的时代。但是长崎是一个特殊的口岸，一直维持和中国的商业贸易，也维持和唯一的欧洲国家荷兰的文化交流。江户时期通过长崎的中日商船带回中国的书籍。因为长期受中国文化的影响，日本民间的学者和官员们汉学修养很高，他们喜欢带一些琴棋书画的书，即文艺性的书，满足他们的一种中国情趣。另外随着江户时期日本町人文化的发展，也就是市民文化的发展，他们很热心输入明清时期的话本小说。

第四个阶段是民国时期。民国时期来华访书和前面三个时期有着不同的特点。

二、日人来华访书的时代背景

1894年甲午战争在日本语境里称为“日清战争”，通过甲午战争，日本竟然以一个小国之力打败老大帝国的清朝，这在日本和中国引起非常大的舆论声势。对中国来说它是戊戌变法的一个前奏，中国人如梦初醒，气愤日本竟然把中国给打败了。所以，戊戌变法时像康有为、梁启超等早期维新志士，都是从甲午战争说起，给中国一个重大刺激，由此中国才要维新变法。从日本的角度来说，这在他们近代化的道路上打了一针强心剂，当时的舆论铺天盖地，日本疯狂欢呼自己的胜利。在这样一个过程中，很多人都觉得能够到中国来实现更大的梦想。当时一个普遍的舆论是日本打败中国是文明战胜野蛮的结果，这是日本当时的一个主调。福泽谕吉是日本近代的思想启蒙家，他在甲午战争以后就非常兴奋地说这是文明战胜野蛮的很好实例。日本人欢呼战争的胜利给了他们一些自信，其实更多的是给他们带来一种实际利益。当时从日本到中国的几条航线完全打通，日本政治、商业、教育等各界人士都来到中国，有的可能就是来看看，有的是带有目的的，或寻找商机，或寻求合作，或者访书。这是一个时代背景。

具体到访书，还有一个背景是和学术史的发展相联系的。明治中后期，随着日本学习西方近代化的脚步迈得越来越大，在德国和英国高等教育的扶植下，后来在美国的扶植下，文化教育界形成一种近代学术。所谓近代学术是要进行一种客观的研究,就是所谓的提倡实证主义的研究方法。这时候首先是大学里的教授,他们认为不能满足于跟随中国情趣、跟随中国的道德观念或者意识形态之后,亦步亦趋地研究中国,要把中国作为一个客观的课题。这是日本近代以来的一种总体的学术态度,称为实证主义。在这种实证主义方法的支持下,就要求日本的学者到中国来,不仅是要在日本的书房里来读《史记》《论语》《孟子》,还要实际到中国的土地上看看中国是什么样的,看看中国人是什么样的,所以他们非常强调到中国去做实地勘查。这是日本人到中国访书的一个重要学术背景。

到底是哪些人到中国来访书呢?笼而统之可以说是学者,这些学者可以分成几类:第一类,大专家当然是学者,他们到中国来是有目的地进行文献调查、地理及考古考察;第二类,因为国内的人关注中国,所以日本的一些书店也都加强和中国的联系,与中国学术界、书业界也进行交流;第三类,因为研究中国成为热门,日本当时有一个传统习惯,即本科毕业生如果是做文科研究的,历史也好文学也好哲学也好,那么毕业以后就派到中国留学。不过这个留学和现在说的留学不一样,实际上更多的像访问进修。比如吉川幸次郎,他就是从京都大学中国文学专业毕业以后留校,成为京都大学的老师,做老师之前被派到中国进修,无论是从语言到实际的学术状况都有利于了解真实的中国,这是留学生到中国来专业进修。最后一类,也是很有代表性的,就是日本所谓的修学旅行,跟我们现在的夏令营一样,日本至少在中学大学都有修学旅行,大概是暑假里用一个月或半个月的时间到中国来。在修学旅行里面,有一个很值得一说的学校,就是东亚同文书院,这是从清朝末年到1945年日本战败期间一直存在的,由日本人创立以学习中国语以及中国经济、政治、历史、文化各个方面的一所高等学校。东亚同文书院修学旅行的目的是了解中国、学习中国，所以它的修学旅行非常有规模，每个学生都要到中国各个省市去进行调查，要深入到县或者镇，甚至更偏远一点的地方。到后期，甚至要到边远省份，一些中国人也许都没有去过的地方。去了以后记载当地的物产风土人情，甚至有没有通火车，有没有汽车，汽车的班点是几分几秒发一班车等等，就是用日本人严格的情报调查手段来进行修学旅行的中国调查。通过这样一些修学旅行，日本给我们留下了很多资料。

以上是日本来华访书的一些时代背景。

三、内藤湖南在中国的访书活动

下面我就要从刚才讲到的六个人当中挑几位学者，来具体讲一讲他们到中国访书的情况。我的书里排在第一个的也是资格和年龄最老的一位叫内藤湖南，他的本名叫内藤虎次郎，湖南是他的号。我前两年出过一本书，名《内藤湖南研究》。有时候在网上检索这本《内藤湖南研究》，竟然放在地方文献"湖南省"里面，他们以为这是做湖南省某一方面研究

图一　内藤湖南像

的。我要特别解释一下，是因为他们家住在日本东北秋田县某一个湖的南边，所以他把自己的号称为“湖南”，当然在文人交往的时候，就称他为“湖南先生”，但是和中国的湖南没有什么关系。他是京都大学研究中国的权威人士，拥有非常深厚的中国文化修养，也就是汉学修养，同时又是近代客观实证研究中国转变时期的一位重要学者。

他人文修养好，汉学修养好，下图是他手书的扇面。江户时代的中国情趣在新时代京都大学的教授们身上仍然存在，比如做一个扇面写一点自己创作的汉诗，并且书法也很漂亮，在朋友之间互相赠送。内藤的中国书画功底相当不一般，非常有修养，从这儿也可以看得到。折扇可以说是中国明清文化的一个代表性工艺品，它既是实用的，又承载了很多的人文因素。中国早期用的是羽扇或绢扇，圆形的，所谓“团扇”，就是一个竹框子，上面蒙上丝绸。日本人用折扇，还加入了中国文化的书画因素，这也成了日本的一个特色，一个中国情趣的特色。

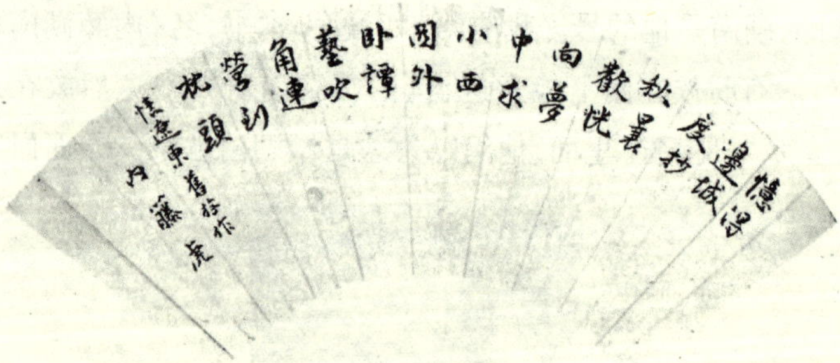

图二　内藤湖南手书扇面

内藤湖南（虎次郎）收了四种特别好的宋版书，其中有一本还不是宋版书，是唐代写本，非常珍贵，是他藏书楼里的镇馆之宝。他为这四个镇馆之宝各写一首诗，叫“恭仁山庄四宝诗”。下边写了“救堂主人赠之”，他把这四首诗送给一个叫"救堂主人"的人，就是六个人里的第二位田中庆太郎，一个汉学书店的老板，他和他们有很多学术交往和书籍往来，所以他抄了一份送给救堂主人，由此可以看到当时日本人的这种中国情趣以及汉学修养。

内藤一生来中国十次，至少有六次都是以访书为目的。内藤早期是新闻记者，所以早期那几次来当然是有新闻采访目的。但他在采访之余，在还没有成为教授的时候，他就有很多研究性的倾向，他心里惦记着相关的书。1902、1905、1906、1908、1910、1912 年，这六次他都有实际性的访书活动和收获。中国如此之大，他主要访哪些书呢？

东北是近代日本尤其关注的一个地方，这和后来侵华战争是直接联系的。内藤到沈阳，当年叫奉天，他在沈阳故宫以及沈阳的各个寺庙进行多次访书，找一些关于东北的地方资料，这些地方资料往往都是用满文、蒙古文、汉文、藏文等各种文字写成，包括大藏经。这是内藤访书的一个概括性情况。

他前期的一个重要目标是搜求在奉天所留存的大藏经。中外交流一个很大的动力是宗教的动力，无论是早期中国和西域的交往，还是稍微晚一点欧洲和中国的交往。人类早期的交往，或者说甲国家为什么一定要跑到乙国家，除了政治、军事、战争这方面的原因以外，宗教是一个非常大的动力。到了清朝末年和民国初年，这样一种文化变动时期，宗教首先是一个非常受人关注的现象。

内藤为什么要到东北来调查大藏经呢？这和近代日本的宗教特别是佛教改革有关系。日本近代西化，向西方学习是方方面面的，不仅反映在富国强兵，建设现代化的海军等。还反映在日本高校的近代化学术，甚至也反映在佛教界。因为传统的日本佛教是从中国传过去的，到了近代，受到西方文化的挑战也好，影响也好，日本的佛教界也向欧洲佛学研究看齐，要进行一些佛教学理性研究，甚至也要让佛教走出寺院进行一些社会文化活动。打个不恰当的比方，这二十几年来台湾的人间佛教影响非常大，佛教可以帮助现代紧张节奏生活的人们放松心情，普通的人也可以到寺院里过几天修行生活，这是人间佛教所追求的。早在明治维新之后，日本佛教改革也有一种关注社会以及进行佛学研究的趋势，这时出现一个重要的佛教人物高楠顺次郎，他在英国留学。当时日本重要的寺院都把高僧派到英国留学，不是那种传统的和尚。高楠顺次郎留学回来以后发愿要做一件事情，就是由日本人编一套最全的大藏经，这就是现在所说的《新修大正大藏经》。从历史上看，大藏经有汉文系统、藏文系统、蒙古文系统，还有一些比较少见的满文、西夏文、日文、巴利文等等。最早编辑和收集佛经的无疑是中国人，唐僧西天取经回来翻译经书，到了宋代，中国就有比较好的大藏经，如《开宝藏》《赵城藏》，这些佛经又传到接受中国佛教的朝鲜，朝鲜就有《高丽大藏经》，到了明清时期还有藏文的《甘珠尔》和《丹珠尔》，就是经律论。日本1924年修的《大正新修大藏经》虽然晚些，但是它是到目前为止收集最齐全、考据最好、版本最好的大藏经，现在一般说大藏经，都是指《大正新修大藏经》，这也是日本近代在佛教方面的一个贡献。

内藤湖南之所以作为一个新闻记者要到沈阳来调查佛经，是因为高楠顺次郎之前给他一些启蒙和介绍。高楠顺次郎是专家，他在西方已经了解到各种版本的大藏经，他尤其关照内藤：唯一的一部满文大藏经在奉天。

内藤湖南1902年到达奉天，当时中国东北在俄国人的控制之下，所以像沈阳故宫这样的地方日本人进不去，只有寺庙可以进去，结果他在黄寺发现一本用金箔写的藏经，内藤湖南特别高兴，以为自己发现了满文大藏经。所以他当时在旅行日记里面写了，说我发现了金字的满文大藏经，这是东洋学里面的宝物。内藤那时候的佛学修养没有那么高深，虽然他对中国历史很了解。后来带回去让懂得满文和蒙古文的人一看，说这个不是满文大藏经，这是蒙古文。内藤发现要进一步访书，就不能满文蒙古文都分不清，所以他当时就开始学习满文。

1905 年 3 月，日俄战争中，日本人打赢了俄国，从俄国人手里接管中国东北，在当时的东北设立奉天日本军总司令部。这时候内藤湖南还是大阪朝日新闻社的一个记者，但他非常有学术头脑，他敏锐地感觉到，应该再一次到东北去，当年没有进故宫，也许现在我能进了，因为俄国人已经撤了。他主动请缨写了一个报告，在报纸上又发了文章，后来得到外务省资助，当然也和军部打了招呼，再一次来到奉天继续调查，寻那些高僧来打听，这次终于找到满文大藏经。满文大藏经放在沈阳北边的一个不是很重要的寺院北塔寺，或者叫北寺的地方。除了黄寺以外，沈阳东、南、西、北都有喇嘛教的寺庙，内藤的访书记里面写到，他是听黄寺的高僧指点说北塔寺也许有佛经，他就去了。日俄战争的时候北塔寺成为俄国的兵营，他看到俄国士兵刚刚撤退，满地都是经书，都是大藏经，其中一些被当作俄国士兵宿营的床褥，铺着睡在上面，甚至有一些残破不全的被用来烧火。内藤非常震惊，他赶紧把狼藉一地的满文藏经收集起来背回去了，放在奉天军政所司令部。

当时另外一部蒙古文金字大藏经在黄寺，是作为宝贝保存着的，一是黄寺的管理比较好，另外毕竟是金字的。当时占领军长官福岛派翻译官到黄寺要借金字大藏经，在政治和霸权之下只能借去了，所以也收到军政所里，一直到 1906 年军政所撤退。内藤记载说当时翻译官出资5000元向黄寺的掌印——就是主管的掌印喇嘛买下了蒙古文大藏经。

这两个东西带回日本之后，蒙古文大藏经因为是军方用5000块钱买下来的，所以归了外务省。满文大藏经在东京大学收藏。后来外务省把蒙古文大藏经也交给东京大学一并收藏。很可惜的是1923年东京大地震，烧了好几天，这两部经全烧掉了，非常可惜。从文献价值来说，满文大藏经更有价值，从文物价值来说，金字蒙古文藏经也很珍贵。

《内藤湖南全集》里有他拍的被烧的两部书的书影。大藏经的装帧方式和传统的汉文经卷不一样，它是扁扁的，到雍和宫或者到别的地方去也能够看到。稍稍可以安慰的是，虽然在北寺的这一套非常珍贵的满文大藏经被毁，但是据故宫出版社调查，这部藏经的原刻版还被保存在故宫旁边的皇史宬。2002年，这些版被拼合起来，可能只缺几块，又根据现有的经卷补刻了几块版，用乾隆年间的木版重新刻了满文大藏经。当年乾隆年间满文大藏经刻了12套108函，故宫博物院和台北"故宫"合起来有一套，巴黎图书馆有一套，布达拉宫、承德当年都有保存，包括上述北寺那套。现在这部经书到底有多少套？还没有一个确切数字。好在新印了20套。这也是满文大藏经现在在中国的情况。

内藤除了对于大藏经的调查之外，还有对于清朝开国时期满蒙古文档案资料的调查，这都是到了沈阳故宫里面以后才发现的，内藤尤其关注《满文老档》《太祖实录战图》《三体蒙古源流》《五体清文鉴》这样一些文献，有些是书，有些是档案。因为沈阳故宫是清朝人的老家，所以作为一种先祖资料，内藤其实在1905年就发现了这些东西，他以一个东洋学家的敏锐眼光认为，这些东西对后人研究清朝起源、研究日本和满洲的地理关系有非常重要的意义，所以当时他就知道了这些书并且做了记录，但这些书并没有得到手。因为这是故宫里面的财产，不是流通的书。

这件事情到了 1912 年有了“转机”，辛亥革命后清朝灭亡建立新的“中华民国”，按照中国历史传统，一个朝代灭亡了，宫殿里面的东西也许会被新政府留存，尤其中国有个传统，一代灭了，新一代要给前代写历史，《二十五史》就是这样写出来的。

当时京都大学教授们也非常敏锐地体会到这点，担心《满文老档》和《五体清文鉴》被中华民国收去作为下一次写清史稿的材料，趁还没拿走之前，赶紧去看一看。当时内藤湖南已经是京都大学东洋史的首席教授，他这一提议，京都大学就拨款派了内藤湖南、富冈谦藏、羽田亨等学者到沈阳去寻找机会，准备下手。最后成果是，在八个星期之内他们在沈阳故宫借出了这两本书，一页一页拍下来了。

内藤在日记里提到这项工作非常不容易。在沈阳，首先从照相馆里请了两个会拍照的工人，一个东亚同文书院的毕业生做助手，加上内藤、羽田亨二人，五人组成一个摄影小组。在宫殿里怎么工作呢？拍照片是要洗印的，是要有暗房的，他们把故宫墙外一个巡警的小亭子挪到宫殿里，在存放《满文老档》的崇谟阁前面做了一个临时的暗室。内藤最了解这些书，所以他负责在崇谟阁里把这些书按照顺序一卷一卷地运出来，然后两个照相馆的工人和同文书院的毕业生三个人负责拍，羽田亨在暗室里边不断地冲洗冲印胶片，因为看到胶片以后才能确认是不是拍好了。这样的流水作业埋头苦干一共拍了近一万张照片，拍出来还要对照原文看看有没有拍漏的或者拍得不好的，没拍好的后来又补拍了一百多张。这个工作非常振奋人心也非常辛苦。内藤湖南的日记里边说他做这些事情非常得意，按说一个京都大学的教授非常有地位,是不屑于干这些苦活累活的,但他当时已经完全被这些资料所吸引了。

沈阳故宫的右路有个亭子,一个象征性的建筑,左路是故宫主体所在的地方,大清门进去左侧有一个翔凤阁,是《五体清文鉴》所藏的地方。《五体清文鉴》是一部工具书。五体就是汉、满、蒙、回、藏五种文字,这反映清朝人入主中原以后,兼收并蓄各种文化,特别是被中国文化同化后编了这一本辞书,最早是满汉两种文字,后来变成四体,最后变成五体。据说五体没有印刷过,是最珍贵的,所以他要一张一张地拍下来。它的意义不仅仅在于词典,还在于这是对清朝的一些制度、名物等的考据,其实是一个百科全书。翔凤阁是当年皇帝从北京到沈阳故宫去的时候放随行用品的场所,除了地图、茶杯等各种用具,还包括词典,所以这个地方不是书库。

再往后走,左路最后边叫崇谟阁,有典有谟,"谟"是公文书,所以崇谟阁是书库,《满文老档》就放在那儿,是满文写下的最早的清朝档案。从崇谟阁再往东,就是赫赫有名的藏《四库全书》的文溯阁。当年乾隆编了《四库全书》以后分了七部,沈阳文溯阁就是藏《四库全书》的。内藤也去看了看。

对于清朝皇宫或者皇子皇孙来说,《满文老档》是老祖宗的资料,但是对于一般人来说,哪怕是对于学者和管理沈阳故宫的人,他也不知道《满文老档》是什么。内藤书里面写了这么一段,他说:至于《满文老档》里到底写了什么,是本什么书,中国官吏们本来完全不知道,即使是总督大概也不清楚,只知道是用满文书写的书籍,但是日本人却为此进入宫中埋头拍摄,摆出那样一个架势,所以才知道大概是很贵重的东西,于是就不再放任不管。

这期间出现一件什么事?在《满文老档》拍完以后,因为内藤他们没有想到要花那么多的胶卷，他们钱都花光了，所以从沈阳到大连日本银行去借钱，想再回来接着拍《太祖实录战图》，那时中国的沈阳故宫说不能给你们再拍第二本了。《五体清文鉴》当时已经借出来，所以他们就赶紧补拍《五体清文鉴》。不管怎样，这件事情引起中国学者对故宫藏文献的重视。

日本人的情报观念非常强，内藤他们除了访书以外，还带了一些助教授、讲师和一个报社的摄影师，一路跟拍了一本《满洲写真帖》，是满洲当时的古迹、地理、交通、社会状况、人员风情等等的照片。这是我主要介绍的内藤到沈阳故宫访书的一些情况，就是大藏经和清朝史料的搜集。

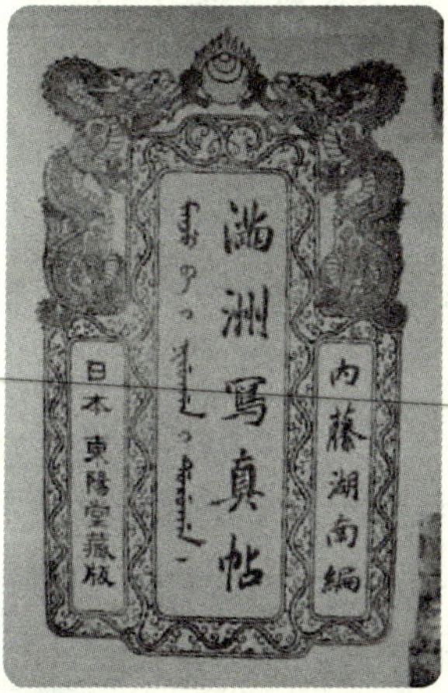

图三　内藤湖南编《满洲写真帖》

另外还有一件事，大家可能都听说过，就是京都大学学者来北京调查敦煌卷子。伯希和把卷子在北京发布之后，引起学界的注意，所以当时清政府学部要把敦煌卷子从西北收回来。北京的中国学者给日本的内藤湖南、狩野直喜通风报信，所以他们组织了一个调查团到中国来访敦煌卷子，那时候主要就是看一看，并没有说能够买到多少，因为这时候已经被学部管理起来。事后清政府官员李盛铎的大批敦煌卷子被羽田亨买下来,羽田亨后来是敦煌学研究的一个大家。因为他在做京都大学校长的时候,很方便调动社会资金,买了一批李盛铎的敦煌卷子。

内藤湖南晚年的家以及藏书处恭仁山庄在京都南郊,现在属于关西大学,因为内藤湖南的后人将恭仁山庄以及藏书的大部分都卖给了关西大学。书房上面有一个匾额,是洒金的宣纸,上面写着“拓室因添善本书”七个字,这块匾出自林则徐之手,下面落款是林则徐的手书。我到现在也没有搞清楚,内藤是通过什么样的途径得到林则徐的这幅字的。

四、田中庆太郎在中国的访书活动

田中庆太郎是救堂主人,京都人。京都作为日本的一个老古都,它的文化内涵特别强。早年他的祖上是开日本书店的,就是和籍书店,而且是专门供天皇、皇室御用的和籍书店。明治时期它的继承人田中庆太郎学的专业是中国语,他天生对中国比较感兴趣。他大学毕业以后就决定要搞一些中国书的买卖,当然这也跟甲午战争之后的时代气氛有一些关系。从1900年他决定办汉学书店,到他去世之后的大概1950年,这个书店在日本中国学学术界非常有名,像内藤湖南也经常到他的书店里去看一看。书店开在东京,他把历年书店里卖的书都出目录,叫《文求堂书目》,他发行这些目录让学术界的人看到,然后到他的书店买中国书。我们也将在国家图

图四　田中庆太郎像

书馆出版社把《文求堂书目》重新影印再版。

田中庆太郎在近代和中国很多重要人物有联系，比如郭沫若在日本时就经常到田中的中国书店里去。1932 年郭沫若写给田中一封信，信写在一个明信片上，里面是非常口语化的打油诗，可以看到郭沫若和田中是非常亲近的朋友，“三日一小成，任君不欺人，再等三个月，定然会大成，到了那时候，要来拜先生，老兄能南下，最好也得老婆同意，说走便可以走，只待老兄方便”。1932 年郭沫若在日本已经是被宪兵关注的一个人物，他没有用自己的真名，而是叫王甲为。有时候宪兵到田中的书店去打听郭沫若，田中都应付过去了。所以即使是在战争爆发后，中日民间其实还是有一些学术交往。郁达夫 1937 年也给田中写了一封信，里面讲到一些具体的关于书籍的事情。1937 年七七卢沟桥事变之后，郭沫若彻底离开日本，当时田中的记录说他也没有打招呼，把他日本的夫人和孩子留在日本，就在某一天悄悄地离开日本，回到中国参加对日抗战了。

下面简单讲一讲田中的文求堂到底卖了什么书。他从东京外国语大学中国语学科毕业之后，就到中国江南去旅行。因为当时在日本人的观念当中，北方是中国的政治中心，南方像江浙一带才是中国的文化中心，所以他们要去访书首先都到江南。他在 1901 年的时候决定把书店从京都搬到东京，成为非常有特色的卖中国书的书店。书店可以说经历了两个时期，在东京大地震之前，田中庆太郎主要往返东京和北京之间，买了很多古书字画，在当时卖出很高的价钱，因为当时中国处于清朝末年民国初期，北京城头变换大王旗，政局不稳定，所以他能以很便宜的价钱买到中国的好书，拿到日本来卖很多的钱。这是田中庆太郎作为一个商人成功的地方。比如在此期间，他收购 20 多本《永乐大典》，后来他说《永乐大典》中的5、6本卖给了美国国会图书馆，还有15本卖给东洋文库。所以日本成为除了中国国家图书馆之外，海外收藏《永乐大典》的大户，这也是源于田中庆太郎。1908年到1911年，清朝的最后三年，他买了很多书和很多重要的东西包括甲骨文、敦煌经卷等等，反正民间能买的他都买了，然后拿回日本或者直接卖给学者或者就在店里出售。1923年东京大地震把他的文求堂烧掉了，那些书也都烧掉了。后来他重新盖了新的钢筋水泥的文求堂，这是1927年到1954年的事情。

田中是一个非常有头脑的书商，他在1927年之后就把从北京买书改为到上海买书。当时上海是一个新文化中心，他这次主要买新书，都是国共整理的一些基本典籍，还有一些中国语教科书，这也很能赚钱，这些国学基本典籍对于东京大学、早稻田大学这些学习和研究中国的年轻学者来说也非常有用，所以中国语教科书等等又让他火了一把。不仅如此，田中庆太郎在学术方面也非常有头脑。为什么说学术有头脑呢？其实当时在东京学术界是有评论的，说对于中国古代典籍最在行的，一个内藤湖南，一个田中庆太郎，还有一个东京的岛田翰，那都是非常了不得的人物。

郭沫若30年代在日本的一些金石研究著作也都是文求堂帮助出版的，包括他自己出《文求堂书目》，还有《羽陵余蟫》。《羽陵余蟫》是田中经手的一些中国重要典籍的提要，最近我和我的一个研究生把它翻译出来，也会由国家图书馆出版社负责和《文求堂书目》一起出版。这个人赚了很多钱，为日本输入很多中国书，从中国的角度来说，他也是在中国的乱世使得中国典籍流失海外的一个人，特别是在50年代，这些人也都是被我们清算过的。

五、其他几位日本学人在中国的访书活动

下面再简单地说几个人。他们的访书还包括寻找石刻、石碑。石碑文字也是广义上的文献，中国石刻广泛涉及佛经、道经和儒家经典，这里讲的武内义雄主要是到中国北方来调查老子石经的。另外，他也到北京房山的云居寺，这是一个石头博物馆，石头佛经所在地。

我给大家介绍一个在武内义雄的一篇文章里记载的很有意思的现象。1937 年 7 月 6 日，他说京都大学的讲师平冈武夫去了北京边上的易州，就是易县，准备去看龙兴寺的老子石幢——就是刻着老子经文的石柱。他在寺里面流连忘返，辨认石头上的字，度过了怀古的一日。但是，第二天突然爆发卢沟桥事件，作为一个日本人，他就被抓起来了。当时，日本驻北京公使馆想尽办法寻找这位京都大学的平冈武夫。平冈武夫后来也是研究中国史学的专家，和顾颉刚都有联系。一时之间日本大使馆没有找到他的下落，后来听说他在这个时间被中国人抓住了，对他的归来已经不抱任何希望。但是几天后他被送到保定再辗转到天津的日本领事馆，原来是平冈君醉心研究的态度也许深深打动巡警，才得以死里逃生。武内义雄说："我听了这话在感激尊重学术、爱护学者的巡警的同时，为千古遗迹龙兴寺的荒废深感悲哀，但愿这篇拙文能够保存下来"。这个故事反映了战争时期中国巡警尊重学术的人道主义，把平冈武夫给保护下来，完璧归赵送到了日本领事馆。

下面这几位就带过一下，不一一讲了。神田喜一郎、长泽规矩也，都是在中国进行过多次访书调查的人物。长泽在中国穿着中国人的衣服，他除了自己买书，也为日本的一些

书店买书。如果研究中国民国时期的旧书业的话，一般都会去看长泽规矩也的《中华民国书林一瞥》这篇文章，可以了解当时北京和上海的一些书店的情况。

吉川幸次郎是研究中国文学的。杜甫的诗经由他翻译到日本，非常有影响，另外他是比较早的研究中国明清戏曲的一位学者。很有意思的是，1928 年到 1931 年他在中国留学，早年他是在神户中华街穿行的一个商人子弟，两年的留学培养了他非常重的中国情趣。1931 年结束留学准备回日本的时候，他到江南再一次去访书。他先到南京，然后到苏州，这是江苏最有文化蕴藉的两个地方了。他从扬州进一步到高邮，高邮是清朝时期王念孙王引之的老家，都是他非常佩服的学者。从高邮又到宝应，从宝应又到淮安，淮安是他江苏之行的最后一站。

图五　吉川幸次郎像

六、"皕宋楼事件"与日本静嘉堂文库

"皕宋楼事件"是中国近代书籍史上一件很惨痛的事情。

归安(在今浙江湖州)陆心源的皕宋楼藏书非常丰富,光是价值连城的宋版书就有两百种之多,听起来简直不得了。皕宋楼是清末四大藏书楼之一,到了20世纪初,老一代的陆心源去世,又由于当时正好浙江湖州一带赶上荒灾,陆家作为当地的大户人家,有责任赈灾救济周边老百姓,陆心源的儿子因为赈灾花掉很多家里的钱。这时他觉得家里面经济特别拮据,就想把皕宋楼和藏书卖掉。皕宋楼除了两百本宋版书以外,还有"十万卷楼",收藏的是明朝的精刻本;还有"守先阁",放一般性的图书。可以说,陆家藏书是现代图书馆成立之前非常有规模的一个私人藏书处。

岛田翰是日本最懂汉籍版本的三个人之一,三个人情况都不一样,内藤湖南是一个京大教授,田中是一个商人,岛田翰是一个世家子弟。他的父亲是东京大学教授,虽然他自己没有东京大学的学位,但他是一位学问非常大的社会人士,比方说日本藏书家会请他编目校书。岛田翰也经常在中国江南访书,当他知道皕宋楼要卖书,他就积极回日本斡旋,最后皕宋楼藏书就卖给日本的三菱财团。为此三菱财团在东京骏河台建了静嘉堂文库,现在俨然成为日本国宝的所在地之一。中国的皕宋楼藏书被保存得非常好,这些年也有很多中国学者去访书。岛田翰当时为了让日本人知道这些书的重要性从而让日本买下来,首先对这些书的价值以及流传做了研究,写了有名的《皕宋楼藏书源流记》。

七、对日人来华访书情况的总结

最后总结一下清朝末年民国初年日本人来中国访书的情况。

首先,访书的人员由三种构成:一种是学者,像内藤湖南；一种是书店老板，像田中庆太郎；另外一种就是书籍商来藏书楼，包括长泽规矩也，也曾来中国为静嘉堂买书。

第二，日本人怎么看待访书。日本这些学者们把在中国获取珍贵文献看作和军队占领中国一样是建立战功，好像一个是文功，一个是武功。内藤湖南1905年来到沈阳的时候，他就在文章里面著有这样一句话，他说："这是作为学者能够与我军赫赫战功相比附的事业，也是我辈不得不奋发有为的所在"。访书不仅仅是一个文人的或者学术的诉求，而是一种时代的扩张，对占有的一种诉求。当然，学者的诉求也包含在里面，很难分清在那样一个特殊的时代，作为学者，心里有几分是侵略，有几分是学者。内藤还有一些诗里就写道"此生成就名山业，不厌重洋十往还"，司马迁写了《史记》"藏诸名山传于其人"，"名山"的意思就是书籍事业。另外，他的恭仁山庄有四宝，他也说过"收来天壤间孤本，书生此处足称豪"，非常自豪，有一点南面君王的意思。

第三，日本人关注的中国书的热点是哪些方面。分三个时期，甲午战争前，日本人跟随中国的价值观念、情趣倾向来表达中国情趣，喜欢的书都是一些琴棋书画或者帮助他们写汉诗文的这类书。甲午战争以后，由于他们要把中国作为一个课题来研究解剖，他们就转而追踪中国的满蒙古文献、史料档案等等。新文化运动以后，日本人热衷追求中国国故整理的书刊、语言文字书籍以及一些戏曲唱本等等。这是对于中国书的关注点的一些变化。

最后一点，访书体现了日本在当时一种比较先进的近代学术的眼光。比如我们还不知道《满文老档》它有什么价值、意义的时候，内藤湖南就把它拍回去，带回京都大学，开启满学的研究。对于甲骨文和敦煌卷子也是一样，有一定的领先性，当然当时和中国也有互动，中国最先进的一些学者跟他们同步，比如罗振玉、王国维这样一些学者。另外，他们搜集的书籍和日本侵华这种时代气息是有关系的，对中国边疆史地，包括边疆的一块碑文、一块界石，他们都非常感兴趣。第三，不能否认日本近代访书是以他们的经济实力和他们战争中在中国的获利联系在一起的。1902 年他们不能进入沈阳故宫，到 1905 年日俄战争日本取胜，他们就可以进入故宫了。

最后，我想以一段引文来结束今天的讲座。日本人如痴如狂地追求千百年传承的中国典籍善本到底意味着什么？这是吉川幸次郎无意间写下的一段话。1931 年，他在中国江南旅行，访问了高邮王引之王念孙家的高宅大院，非常感慨地写道，“窗户镶嵌玻璃的极少，大多贴以白纸，光线透过白纸柔和地照射在紫檀木的几案上”，这是一种氛围。“几案上铺展着数百年前的印刷物，其纸之色、墨之色美洁如玉，它们呼吸着柔和的光线，简直就像有生命的、温良的小动物一般”。也就是说这些书籍、这些古经卷是有生命的，它是一种厚重文化的传承，这就是中华典籍的文化意义吧。对于当年那些如痴如狂到中国来访书的学者是这样，对于今天作为读者的我们，也是这样。

韩　琦

康熙时代的中法科学交流

韩琦，中国科学院自然科学史研究所研究员、副所长，曾任国际东亚科学技术与医学史学会副主席、中国科学技术史学会及中国数学会理事，国家清史编纂工程科学技术志主持人。主要研究方向为中国科学史（明清数学史、明清天文学史、中国印刷史、科学社会史）、明清中外科技、文化关系史（特别是中法、中英关系史，东亚科学交流史）、明清天主教史。有论著多部，发表学术论文近百篇。

一、康熙与路易十四

这张铜版画(图一 A)出自来华耶稣会士的著作,描绘的是 32 岁时的康熙皇帝。耶稣会士将他的一些画像带回了欧洲,在欧洲出版。可以看到康熙年轻的时候比较胖,戴着皮帽和披肩。还有一张铜版画是 1697 年法国传教士白晋献给国王的一本书里的图像(图一 B)。这幅图像我比较喜欢,非常少见,是我的一个瑞典朋友罗闻达所藏,有满族的服饰特征,比如马蹄袖,是当时满族人的典型穿戴,还有权杖,是皇权的象征,这是欧洲人眼中的康熙,一个很强大的皇帝。康熙实际上是把西学当作政治权术的一部分,这幅画十分贴

图一 (A、B)欧洲人眼中的康熙

切。故宫藏有一幅康熙晚年画像，和早年相比清瘦得多，没有年轻时那么丰满，但其中有些特征是一样的，比如马蹄袖。

路易十四（1638—1715）于1643年继位，是天主教国王，跟康熙皇帝的时代是一样的，他比康熙稍长寿一点。跟康熙同时代的还有奥尔良公爵。康熙统治时期和路易十四、奥尔良公爵在位大致相当。

二、法国皇家科学院及其科学活动

康熙时代的科学活动跟两个机构有很大关系，一个是法国皇家科学院，是在法国成立的很重要的科学机构，和英国皇家学会一样，是17、18世纪欧洲科学院里重要的科学机构之一。另一个是蒙养斋算学馆，1713年在北京海淀的畅春园（位于现在北大西门附近）成立，是皇家的算学机构。这两个机构有一定程度上的关联，我们通过对这两个机构的介绍来看法国跟中国的科学关系。

法国皇家科学院是1666年由路易十四的大臣柯尔贝尔（Colbert）赞助并支持成立的，他用高薪聘请了一些欧洲科学家，比如荷兰的惠更斯（Huygens）、意大利天文学家卡西尼（Cassini），另外还有一些很重要的科学家在里面担任院士。科学院院长比尼昂（Bignon）由国王任命，这个人也非常重要，跟来华的一些传教士有很多来往。另外一个重要人物是永久秘书，负责科学院一些活动的组织。有三个秘书跟中国有关，其中丰特奈尔（Fontenelle）和德梅朗（de Mairan）跟中国关系密切。除了院长和永久秘书以外，还有很多院士。他们是拿薪水的，这与欧洲其他国家不一样。英国皇家学会有很多会员，但他们没有国王支持，相当于一个民间机构，这和法国皇家科学院不一样。皇家科学院除了用高薪聘用院士以外，还有一些通讯院士,他们提供一些科学的考察报告。院士常做一些汇报,定期开一些会议,每次会议都有记录。当然他们也创办了一些期刊,现在这些期刊大家也可以在网上看到。

德梅朗是一位永久秘书,非常长寿,活到将近100岁,而且他跟中国耶稣会士有一些来往。他和北京的耶稣会士巴多明(Parrenin)来往密切,而且往来信件也单独出版了。巴多明当初是清廷里面最精通满文和汉文的传教士,经常给康熙皇帝包括后来的雍正皇帝当翻译。

中国古代科学非常发达,到了17、18世纪以后科学就停滞,没有更进一步的发展,这个是所谓的李约瑟问题,也就是近代科学为什么没有在中国产生。在17、18世纪初的时候,德梅朗已经提出了这个问题,我曾专门写过一篇文章来介绍这个人,他有一本书信集谈到跟中国的关系。

皇家科学院主要的活动是1666年创立以后,建立了巴黎天文台,天文观测是当时非常重要的一项活动,包括日食月食的观测,还有木星卫星的观测。卡西尼在天文学方面的重要成就,就是关于木星卫星的观测。他们的工作还有绘制法国新地图,因为当时法国没有非常精确的地图,所以他们的重要任务就是测量各地的经纬度。很多天文观测跟地图的测量有很大关系。除了刚才讲到的一些天文现象以外,彗星、水星凌日等等观测也是他们的重要工作。纬度的测量相对来说比较容易,观测北极星的高度就可以知道当地的纬度,但是经度的测量相对来说就比较困难一点,卡西尼制作的木星卫星表一个很大功用就是用来测定经度。后来康熙时代的很多大地测量也借用了卡西尼的木星卫星表。

除了天文学和大地测量、地图制作以外,皇家科学院还进行一些动植物的考察。17、18世纪以后,欧洲的科学机构派遣了很多人到世界各地进行动植物考察。

除了皇家科学院的一些工作外,我们要关注的还有一些其他机构,比如巴黎天文台。巴黎天文台也是在国王路易十四的支持下建立的,在当时整个欧洲,巴黎的观测都领先于世界。当然从理论上讲,英国也有很多长处,但是从天文的实际观测来说,巴黎天文台是比较领先的。

国王图书馆是代表法国文化的重要机构。法国皇家科学院的一些会议也在这里召开。康熙晚期时,有个中国人黄嘉略到了巴黎,后来被聘请为国王图书馆的工作人员,这和我们的研究有关。

路易十四对科学的"支持"也可以从很多书和图像里反映出来。下图是科学史上非常有名的一幅铜版画,表现了路易十四"视察"皇家科学院,室内布满了各种科学仪器。事实

图二　路易十四访问巴黎天文台

上，路易十四从未到访过科学院，铜版画的内容是虚构的。窗户外面的背景是巴黎天文台，当时在巴黎的郊区。这幅画常常被科学史的著作引用。

从 1993 年开始，我利用到法国访学的机会，去过很多机构的档案馆，包括巴黎天文台的档案馆，这里面保存了来华传教士的一些档案。很多传教士写信给法国天文学家，后来这些天文学家的信件辗转到巴黎天文台，所以有很多信件留下来，是非常宝贵的手稿，这是研究历史的重要宝库。除了巴黎天文台以外，塞纳河旁边的法国科学院里也有很多档案。比如他们两个星期或者一个月开一次会的时候，会议记录会保留下来。记载某天有谁参加活动，活动由谁发表演讲等等，可以看到皇家科学院一些重要活动的记载。另外法国国家图书馆也保留了很多耶稣会的档案，因为耶稣会被取缔之后，很多档案被国家没收了，所以很多耶稣会的档案也保存在那里。但没收的部分也不是全部，巴黎耶稣会档案馆里面也有一些档案，不过与康熙时代有关的材料并不是很多，雍正乾隆之后的档案相对比较多。

三、耶稣会士来华的背景及其在华的科学活动

耶稣会士虽是跟中国交流的主要参与者，但康熙时期也有一些从法国来的其他传教士。在北京以外的城市还有一些传教士，比如在福建有很多巴黎外方传教会的传教士，他们的档案馆里也有不少档案。在法国巴黎还有一个自然史博物馆，坐落在原来的皇家植物园里，那里也保留了很多跟动植物学有关的档案，巴多明在宫廷里给康熙翻译的满文解剖学手稿就保存在那里。罗马的耶稣会档案馆里也有很多材料，因为耶稣会士定期给罗马耶稣总会写汇报，所以很多

给总会长的报告保存在罗马。这些机构我都去做过一些相关研究。

今天讲座的主题，最重要的人物是康熙皇帝，另外就是耶稣会士，因为这是17、18世纪中西科学文化交流的主体。利玛窦、汤若望、南怀仁都是对中国产生过很大影响的人物，这些人带来了欧洲的数学、天文学，还有一些其他学科的知识。

图三 南怀仁像

耶稣会士为什么对科学非常感兴趣？用他们自己的话来说，是为了“愈显主荣”，拉丁文来表达就是Ad Maiorem Dei Gloriam，为了上帝更大的荣光，所以他们把科学作为一个很重要的手段来探究自然、探究科学，来证明上帝的伟大。有这样一个信念，所以科学在他们的活动里扮演一个非常重要的角色，就是为了给上帝、给主增加一份荣光。

康熙早年的时候曾经历过杨光先反教案，这个反教案牵扯到的人物是汤若望，他在钦天监担任监正。1664年，他因为教案被关了起来。康熙对科学的兴趣跟这个教案有很大关系。顺治年间，皇帝对汤若望非常好，经常到教堂拜访汤若望，就是现在的南堂。1664 年，杨光先以种种理由反天主教，所以汤若望被抓起来。1668 年、1669 年，康熙专门请人到教堂里面去找传教士，想检验西方天文学到底是好还是坏，比利时耶稣会士南怀仁扮演了非常重要的角色，把整个案子推翻了，推翻的很大理由是借用日影观测，来证明西方的方法准确。康熙对科学产生兴趣一个很大的原因就与日影观测有关。

《庭训格言》是康熙的第三个儿子、第四个儿子，即皇三子胤祉和雍正皇帝编的，主要记载了康熙皇帝跟皇子们的对话，对话里反映了康熙学习西学的原因，在不同场合康熙都讲为什么要学习西法：

> 尔等惟知朕算术之精，却不知我学算之故。朕幼时，钦天监汉官与西洋人不睦，互相参劾，几至大辟。杨光先、汤若望于午门外九卿前，当面睹测日影，奈九卿中无一人知其法者。朕思己不知，焉能断人之是非，因自愤而学焉。

可以看到康熙学习西方天文学、历算学的原因，就是因为在 1664 年至 1669 年之间，钦天监的一些官员像杨光先等人和西方人关系非常不好，互相弹劾，有几个汉人天文学家甚至被杀头了，像来自杭州的李祖白。但这里记载有误，因为观测日影那年，汤若望已经去世了，在午门外九卿前测日影的应该是南怀仁。结果西法取胜，这是康熙学习西学的一个重要原因。

《钦定新历测验纪略》是南怀仁写的书，因为测量日影这件事证明西法比传统历法好，西法获胜，所以后来传教士又得到重用，南怀仁就写了一本书来记录这个故事，说明是在皇帝在场的情况下决定了西方历法是正确的，以此让其他人不要反对西法。1669 年以后,康熙就跟着南怀仁学习西方地理学、天文学。

康熙时代的科学传播大致可以分为两个阶段,一个是南怀仁时代,就是 1669 年杨光先教案之后,即南怀仁取得胜利以后,一直到 1688 年南怀仁去世,将近 20 年的时间;另一个时期就是 1688 年后,南怀仁去世,法国传教士到了中国,所以他们没有见到南怀仁,从 1688 年到 1722 年之间,大概 30 多年,这个时期也可以以 1713 年为界,再细分为两个阶段,因为这一年康熙在畅春园设立蒙养斋,可以作为一个标志。

南怀仁编了很多书,比如《灵台仪象志》。北京火车站旁边有一个古观象台,留有很多天文仪器,这些是 17 世纪 60 年代教案之后南怀仁造的仪器,个别的是康熙晚期做的。南怀仁传授给康熙皇帝一些西方天文学和地理学的内容,当时南怀仁等人也写了一本地理学的书介绍给康熙皇帝,传播一些欧洲的人文、历史、地理情况。当初也编了一幅很大的地图——《坤舆全图》,现在国内外还有好几幅保留下来,比如上海徐家汇藏书楼里就有,河北大学也有,我在瑞典的乌普萨拉大学也看过。当时南怀仁给康熙皇帝介绍了不少科学内容,他曾经也想介绍一些神学、穷理学,跟哲学有关的内容,但康熙接受不了,并没有出版。

到了 17 世纪 80 年代初,另外一个比利时耶稣会士安多到了中国。他先在澳门待了几年,南怀仁 50 多岁以后,从澳门把安多召到北京来接替他。所以在 1682 年前后,安多就到了北京。像白晋、张诚这些法国人我们了解得比较多,因为他们给康熙皇帝教课,我们对安多的了解相对来说比较少一点,因为他没有特别的著作出版,但实际上这个人物非常重要。他来中国之前数学已经非常好,而且他来中国之前在葡萄牙已经写了一本书叫做《数学纲要》,拉丁文叫 *Synopsis*

Mathematica。

以前对这本书的研究非常少，我看了他的传记之后，知道他写了一本拉丁文的书。我们研究所有一本书叫《算法纂要总纲》，因为是手稿，且书上根本没有作者，不知道是谁写的。以前很多人都以为是年希尧（年羹尧之兄）写的，但实际上不对。我后来把这部手稿和国家图书馆原北堂图书馆所藏安多的拉丁文书比对以后，发现这部手稿是根据拉丁文本翻译的，很多数学题目都一样，所以推断这本书实际上是康熙的数学教材，因为安多后来成了康熙的数学老师。当然这本数学教材不光是数学，还包括一些物理学内容，但是物理学的内容并没有被翻译过来。

康熙曾经写过一本关于自然科学方面的书，名叫《几暇格物编》。他外出视察的时候看到一些自然现象，跟科学有关的内容就记下来，“万几（机）余暇”，就是治理国家大事的余暇写的一本关于自然科学观察的书。从 1682 年南怀仁的一封信里可以看到，实际上康熙皇帝 30 来岁的时候已经对这方面非常感兴趣。信中讲到一个故事，1682 年，他陪同康熙到了东北，到了跟朝鲜接壤的地方，有几个朝鲜人给康熙看一个海豹，康熙大概没见过这个东西，就问南怀仁，西方的书里面有没有记载，南怀仁就回答说北京教堂里有一本书大概记载过。康熙就赶紧派人快马加鞭，把那本书调过来查阅，发现书里面的海豹图跟康熙见到的非常像。康熙非常高兴，还把这头海豹运到北京。康熙有很强的好奇心，见到一件东西后，会刨根究底，问背后的原因，这是南怀仁记载下来的康熙与海豹的故事。

南怀仁编的《坤舆全图》是一幅世界地图，但是地图上画了很多世界各地的珍奇动物，为什么南怀仁要画一些动物？可能一定程度上为了满足康熙皇帝的兴趣。所以南怀仁的信件和留下来的《坤舆全图》可以做一个对照,可以佐证康熙那时已经对一些自然现象、一些新鲜东西非常感兴趣。

四、国王数学家来华的背景

下面讲国王数学家,即法国传教士来华以后的情况。主要分四个方面,一是国王数学家来华的情况,包括后来的一些法国耶稣会士在华的科学活动;第二是1713年蒙养斋算学馆成立的背景;第三分析一些科学传播的相关因素;第四是结论。

国王数学家主要是6位,有一位后来留在暹罗(泰国),没有来中国,所以到了中国的国王数学家只有5位。国王数学家的称呼表明了是由法国政府派遣的,代表国王路易十四来中国,这背后有非常复杂的背景。如果要派传教士的话,按当时的情况必须要经过葡萄牙国王的许可并且要从里斯本上船,给了国王数学家称号之后,就可以避免跟葡萄牙之间的矛盾,因为当时法国和葡萄牙正在争夺海上霸权。17、18世纪的很多传教士基本上都要从里斯本上船,经过印度的果阿到中国。因为和葡萄牙有一些冲突,所以此次用国王数学家的名义,最重要的就是五个人。

洪若(P. Joames Fontaney)相当于团长,他的天文学修养非常高,年纪也比较大,其他几个相对年轻一点。洪若来中国之前已经发表过一些天文学著作。除了洪若以外,还有几个人大家可能比较了解:白晋(Joachim Bouvet)在宫廷里给康熙教课,又跟莱布尼茨有很多交往。最近出版了一本关于他的书,是德国学者柯兰霓(Claudia von Collani)写的。另外一个张诚,是《尼布楚条约》谈判的翻译。李明和刘应大家可能知道得少一点。李明(Louis Le Comte)写了一本关于中国的书，这本书也出版了。刘应（Claude de Uisdelou）也是非常有名，而且是语言学家，他到北京之后跟一个皇子谈论中国经典，能背诵一些中国经书，皇子对他非常崇拜。这几个人都是才能非常好，各有专长，像刘应不但是语言天才，对自然史、动植物也非常了解，有些是对其他知识比较了解，比如法律等等。

按当时的一些官方文书讲，派他们来主要有三个原因，一是为了皇冠，即为了国王的荣耀，为了法国的荣光，为了国家的利益。因为当时法国为了扩展海外霸权，要做海外贸易，这是一个很重要的原因。第二是为了科学和艺术的进步，因为法国建立了很多科学机构，为了推进科学的进步，为了天文和艺术的发展，当然这个艺术是广义的艺术，包括很多方面。第三是为了传播天主教，为了福音的传播。因为保教权的原因，很多传教士以前受葡萄牙国王的控制，由葡萄牙国王同意以后，才能坐葡萄牙的船到中国，但这次法国人自己乘船过来，完全不一样。

1678年8月15日，南怀仁写了一封信，这封信的原件留下来了，是雕版印刷，南怀仁亲笔写的拉丁文，印了很多份，寄给欧洲的各个机构、传教士，包括一些重要人物，我也在罗马见过这封信的印刷品，雕版印刷，印得很好，很长。写这封信的一个目的是招募更多的传教士到中国，相当于告欧洲耶稣会士书，因为他觉得当时在北京只有两三个传教士，在其他地方也非常少，如果再不派人来，中国的传教事业就岌岌可危，于是呼吁欧洲支持派遣传教士。这封信的影响很大，欧洲人响应了南怀仁的呼吁，派遣了法国耶稣会士来华。在法国派遣传教士来华之前，实际上法国已经跟暹罗——就是现在的泰国——有一些使节的来往，比中国早一两年。

除此以外，我们还要关注一个小插曲。在华的耶稣会士柏应理在1681、1682年被派回欧洲，中文文献里关于他的材料很少，关于他的记载多见于西文材料。柏应理到欧洲的时候带了一个南京医生的孩子沈福宗，1684年到了欧洲。

图四　沈福宗像

法国报刊里面曾经记载了柏应理和沈福宗到凡尔赛宫的情形。现翻译其中的一段：柏应理神父已经在中国人当中生活了24年，而且他管理着60个大教堂里的中国教徒，他还说着优雅的法文，他带来的中国人会讲一些不错的拉丁文，他的名字叫沈弥额尔(Mikelh Xin)，他们一同到凡尔赛向国王致意，国王也带他们去看喷泉，因为喷泉一般是不开的，有尊贵的客人来的时候才给开。他们去了两次，后来又参加了晚宴。关于晚宴的情况也有介绍。沈福宗见到国王之后，就用中国的礼节给他叩头，叩了两三次之后，路易十四看了就说够了够了，不要九叩。除此以外，沈福宗还给路易十四示范怎样用筷子。还有一些插曲，比如法国有很多很长的Baguette，就是长面包，沈福宗在凡尔赛宫就吃到了长面包。

沈福宗到了欧洲以后受影响很大，后来也到了英国。我在英国的一些档案馆里还找到了沈福宗的一些亲笔信,不光有拉丁文的信,还有一些中文信。后来他到了牛津大学,帮助一位牛津大学的教授整理一些医学书,还有一些文字材料留下来。

5位国王数学家也被任命为法国科学院的通信院士,他们跟欧洲的科学机构有非常密切的来往。洪若有几十封信件和一些日记保留下来,这是非常宝贵的。我在法国科学院找到一些档案,比如在1684年12月和1685年1月有两次会议记录,会议记录里面讲到,天文学家卡西尼,巴黎天文台的皇家天文学家,还有天文学家德拉伊尔、洪若和其他三位耶稣会士,被邀请在这一天到科学院,科学院送给他们皇家科学院的期刊,告诉他们到中国以后,应该做哪些观测等等,他们来中国带着非常强的科学目的。一个月之后,洪若和其他五位耶稣会士又到了科学院。这是留下来的非常真实的记录,来中国之前,他们有一些非常明确的来中国要做的事情。

1685年1月,5位国王数学家见面以后,3月3日他们就从法国的一个军港 Brest 出发,从军港出发说明是法国政府的行为,是由国家来支持的一个行为。他们后来到了暹罗、宁波,然后到北京,这跟原来的传教士来中国是不一样的。几位同船的人写了些日记,有两三本书记录了这次旅行,可以知道当初船上有什么活动,非常生动。

其中有一个神职人员的日记里面就讲:"我们应该好好利用这6位神父和我们在一起的机会学习天文学,他们在中国个个会像南怀仁一样。"那时南怀仁已经在钦天监里当皇家天文台台长,即钦天监监正,他觉得以后这6位到了北京也会成为非常重要的人物,所以他就有点炫耀。这可以反映同时代的人是怎么样看待这6位神父的。

尽管洪若的水平很高,但是因为葡萄牙人掌控了在中国传教的权利，所以他们根本不可能在宫廷里面担任重要职务。所有在宫廷里担任过官职的传教士里没有一个法国人，都是葡萄牙人任命的，这是当初的一个协定：所有在中国的传教士要由葡萄牙人来控制。所以尽管法国人水平很高、学问很好，但是他们不能在钦天监里，不能在宫廷里担任职位，所以在宫廷里没有一个法国人任过职。

我在法国找到这批传教士的亲笔手稿，可知法国传教士沿途一直在进行相关的观测。封面是洪若写的关于天文学或者物理学的观测，由来华的传教士送给科学院的，是从1685年到1698年进行的一些观测，而且不同人的手稿都在同一本书里面，有洪若、白晋的等等，非常宝贵。法国学者原来以为丢了，当我发现并告诉他们后，他们都非常兴奋。

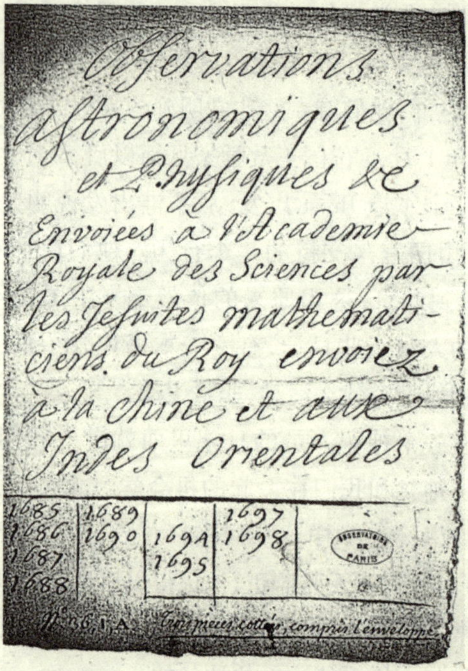

图五　法国耶稣会士天文观测记录

洪若到了中国以后，有非常多的信件。现在出版的《耶稣会士中国书简集》中也可以看到洪若1702年、1703年写的一些信。1687年他到宁波之后，由于没有得到清廷许可，浙江巡抚不让他到北京、到宫廷，所以他在宁波停了好几个月。后来南怀仁出面斡旋，才让他到宫廷。中间耽搁的这几个月当中，洪若他们大概无所事事，就天天写信。我在法国找到几十封信，都是在宁波期间写的。从这些信里面可以看到这些人物有怎么样的交际网络。

其中他写给科学院的一些信，我觉得非常重要。这是写给法国科学院卡西尼的信，是手稿。可以看到他跟科学院的来往非常多，其中包括跟欧洲一些最高人物的通信往来。这是我翻译的跟科学院的信的段落，“请科学院的人向我们传授你们的智慧，为我们详细解释你们所特别需要的，为我们寄送一些示范，也就是说你们对同一课题将会怎样研究，然后在科学院为我们每人配备一个通讯员，不仅代表你们指导我们的工作，而且在我们遇到困难和疑问的时候可以为我们提供意见。在这样的条件下，我希望中国科学院会渐渐完善，会使你们非常满意”。所谓的中国科学院，实际上是由他们这一批传教士组成的一个机构，为法国皇家科学院提供一些科学方面的相关数据，由此可以看到法国皇家科学院跟来华的传教士国王数学家之间的互动情况。1687年，洪若给卡西尼的信里面讲到，要给他寄更多的天文仪器，所以那时候大量的天文仪器寄到宫廷。现在北京故宫保留的很多天文仪器大概与法国皇家科学院有关，有从法国寄过来的，还有一些是康熙托人通过海关购买的。

五、国王数学家在华的科学活动

1688年2月7日，国王数学家到了北京，康熙在乾清宫非常隆重的召见他们。奏疏里还有一些材料记载了康熙接见他们的场景，可以看到当初他们带了很多科学仪器，共计30箱礼物，里面有浑天器（天文学仪器）、座子（天文学仪器部件）、象显器（显微镜）、双合象显器（显微镜）、千里镜（望远镜），星盘和天文经书，还有其他东西共六箱，外加西方的地理图五张（欧洲的世界地图）。现在第一历史档案馆还保留一些欧洲地图，我估计就是那时候这批人送的礼物。还有磁石一小箱，一共30箱礼物，都是当时欧洲比较先进的科学仪器。

康熙召见他们的时候，葡萄牙耶稣会士徐日昇做翻译，康熙皇帝赏每人50两银子，最后让白晋、张诚留下来，当然这背后还有故事。总之，最聪明的天文学家洪若没留下来，就到外地去传教。如果洪若留在宫廷里来编一些数学书，那么中国科学的传播可能会有不同的景象。

除了这一批从海路来华的国王数学家以外，实际上路易十四也曾经打算从陆路派遣传教士来华，但是这批人没有成功。因为这批人想通过莫斯科来，但俄国沙皇不允许他们来，他们也有利益冲突，所以到了俄国之后就被遣返回去了。这批从陆路来的人尽管没有到中国，但是回去后写了一本关于旅行情况的书，我当年读研究生的时候，在北大图书馆发现了这本书。书中有一封1688年8月路易十四给康熙皇帝的信。除了给康熙皇帝，路易十四给沙皇也写了一封信，但是沙皇没领情。这封信保留下来，通过这封信可以想见这些海路来的国王数学家可能也带了给康熙的信，但是这封信现在还没有找到。

上述路易十四给康熙的信实际上只有一句话，非常长，根本没有断句，我翻成中文是这样的："至高无上的、最杰出的、最强大的、最宽宏的康熙皇帝陛下，我们非常亲密的好朋友，愿上帝增添您的伟大，并祝未来美好；我们敬悉陛下亟待在您的周围、在您的领土上，汇集一批精通欧洲科学的博学之士，为此，我们曾在数年前决定，为陛下派遣六位数学家——我们的臣民，为陛下展示科学的神奇瑰异，尤其是建立在我们美丽的城市巴黎的著名的皇家科学院的天文观测；但大海把我们两国分开了，由于海途遥远，航行极易发生不测，不经历千难万险和漫长的旅途难以到达贵国。因此，为使陛下满意，我们构想了这个计划，出于尊敬和友谊的考虑，我们保证派遣更多的耶稣会士数学家，和 Syri 伯爵一起经由最近的、最安全的陆路抵达陛下身边，他们可能是陛下周围的第一批到达者，当 Syri 伯爵返回时，我们对陛下非凡可敬的一生会有真实的了解。”

可以看到这一批陆路的人本来可能到达，但是并没有到达。这是另外一个故事。

当初欧洲的政治背景非常复杂，各国之间勾心斗角，法国人和葡萄牙人、法国人和俄国人都有利益冲突，他们千方百计互相阻碍对方。法国耶稣会士国王数学家来华以后，进行了很多科学活动。头一批来的国王数学家是 1688 年到的，后来白晋受康熙的委派到法国招募另外一批人来，洪若又带了一批人来，所以在 1700 年前后很多法国传教士到北京，在中国的科学活动很大一部分由他们完成。

1689 年到 1690 年间，康熙皇帝非常勤奋地学习西方科学知识，基本上每星期跟传教士学习两三次。现在保留下来很多记载，一个是白晋写的《康熙帝传》，有两个中文译本；一个是《张诚日记》，收在杜赫德的大书里面，也有中文译本；还有《白晋日记》，还没有出版，是一份手稿，一位法国学者曾经整理，但是没有正式公开发表。从这三部分材料可以勾勒出 1689 年到 1690 年的科学活动，康熙跟传教士学数学的情况等等。传教士除了进行科学传授外，也做了很多观测，很多观测的手稿被保留下来，另外针对构建科学院的一些构想也有非常多的材料。

当初给康熙授课的除了白晋、张诚两位法国人外，还有葡萄牙人徐日昇和比利时人安多这两位耶稣会神父。安多数学水平很好，徐日昇中文、满文都不错，他们是翻译，轮流给康熙皇帝传授数学。他们当初传授的主要有两本书，一本是法国人巴蒂(Ignace Gaston Pardies)写的《几何原本》，一本是1685年安多自己写的关于算术的数学书，当然还有一些其他的内容。《几何原本》有满文、汉文两个稿本，满文本现保存在北京故宫，这是给康熙皇帝的教材，后来收入《御制数理精蕴》，影响很大。

传教士还带来了很多科学仪器，现在保留在故宫。比如计算器，当然计算器有好几种不同类型。还有一些对数尺和纳皮尔算筹，用来进行加减乘除的计算，有些是象牙的算筹，还有一些旋转的纳皮尔算筹、圆规尺子、绘图仪器等等。

这是康熙学习数学的桌子，上面画了很多不同的表格，这张桌子曾在故宫西侧长期展览，展品中还包括康熙学习立体几何用的一些模型，以及一些被翻译成中文的对数表。

图六　康熙学习数学的桌子

康熙在短时间内，即1689年到1691年之间，学习了很多西方科学的内容,通过实录、清人文集,可以看到实际上他的目的是想用科学来控制汉人,因为之前有满汉之争。1681 年和 1683 年平定三藩、统一台湾,汉人和满人之间有很大的矛盾,康熙在很多场合表现了对汉族大臣的不信任,他一直努力用西学来提升满族的地位。

康熙学习西学之后发生了一些故事。除大臣以外,明末思想家方以智的孙子也被召集到宫里。但是正史里从来没有记载有个数学家到过宫里,是在场的一些文臣记载了这一点。康熙讲了非常多的内容,讲音律跟数学的关系,讲径一围三。古代人关于圆周率的认识是不太准确的,康熙就给一帮大臣讲圆周率。康熙预测中午 12 点的时候日影大概多长,在什么地方,然后把圭表放在那观测,让一帮满汉大臣还有数学家在旁观看。中午,日影果然到了康熙预测的那一点,这帮大臣就吹捧康熙皇帝。

《圣祖实录》里面有一些记载,在场大臣王熙也有部分记载。那一天奉召于乾清门,同满汉正卿及翰林掌院学士等恭睹圣上亲算乐律历法,并令善算人于御前布算《九章》等法,这个善算人就是方以智的孙子,然后测量水平日晷,午后始出。康熙给他们讲了这么一大堆之后,大臣就讲,“仰承圣训,得闻所未闻,见所未见,不胜欢庆之至”,这是实录里面记载的。

当时还有一些大臣比如张玉书讲,“退而相顾惊喜,深愧从前学识浅陋,锢守陈言,而不自知其迷惑也”。可见这些大臣非常受刺激,还有人提出应该编撰一些科学书籍。康熙在学习数学以后,到南方来做水利观测的时候也用了一些西方仪器,有很多类似的活动。那时候因为人才不够,并没有建立算学机构。到了 1713 年才建立蒙养斋这个机构,当然背景非常复杂,后来像梅文鼎、李光地等人,为了迎合康熙皇帝,招收了一些年轻人在地方上教授数学。

耶稣会士帮助康熙皇帝造炮、作历法、跟俄罗斯谈判，有多种原因，康熙皇帝作为报答，在 1692 年颁布“新旨通行”，允许传教士在中国传教。传教士兴奋得不得了，专门写了一本关于康熙颁布谕旨的书，因为这样传教士就可以在中国内地传教，这是非常重要的。传教士还用奎宁（金鸡纳霜）治好了康熙的疟疾，康熙更是感激，赐给他们一片地来盖教堂，这就是北京法国天主堂的来历。

但到了 1705 年以后，局面发生了一些改变。一个很重要原因就是教廷派特使多罗来华，禁止中国人祭祖祭孔。多罗 1705 年 12 月到北京，起初康熙对他很好，正月初一还请他到畅春园，让他观赏烟火，但后来康熙得知他来华之目的是禁止祭祖祭孔，就非常恼火。下面是李光地当年记载的一段话，当时康熙把李光地和熊赐履召到宫廷，谈完政事后对他们讲了一段话，他说：“西洋人现在渐渐作怪，将孔夫子也骂了，我所以好好待他们，不过是为了用其技艺耳”。还说：“你们以后如果到外面的话，要告诉给地方官员我的一些态度”。可见康熙用传教士主要的原因是他们在天文历算、火炮等方面有一些长处，但是多罗来华禁止祭祖祭孔，把孔子都骂了，导致了康熙对传教士态度的改变。

除了宗教方面的原因以外，还有一些其他原因，就是 1711 年夏至日影的观测，日影的观测在整个康熙时代的科学活动方面都非常重要，因为通过日影观测比较容易判定是传统方法还是西方方法优越。康熙此前一直以为西法没有问题，他曾经在实录里面有一条记载，“新法推算、必无舛错之理”，即西方的方法是绝对正确的，但是 1711 年夏至日的日影观测，让康熙觉得钦天监的方法有错误，这导致康熙不仅对传教士不信任，对西方科学也产生了怀疑。

六、蒙养斋算学馆的成立

1713 年前后,康熙开始建立蒙养斋算学馆。当然这中间还有一些其他情况,比如有两个传教士也曾经给康熙皇帝介绍过一些法国科学院的事,如法国传教士傅圣泽专门讲到法国"富郎济亚国之格物穷理院",当时不像现在这样翻译成科学院,他用格物穷理院来翻译法国的皇家科学院,讨论天文学问题。白晋也曾经跟康熙皇帝讲,他们来中国的目的是收集一些科学信息,他也提到"天文格物等诸学宫",天文学宫指的就是天文台,格物诸学宫就是指皇家科学院。所以蒙养斋算学馆一定程度上是出于政治目的,即除了学习西方之外,还要独立于西方科学。算学馆成立之后,很大程度上跟法国天文台和皇家科学院在法国的活动是一样的。

1713 年康熙建立蒙养斋算学馆,让他的第三个儿子诚亲王负责相关活动,从全国各地选了 300 多人,考试之后选了 72 位在蒙养斋算学馆工作。其中包括梅文鼎的孙子梅瑴成,蒙古族数学家明安图,还有陈厚耀和李光地的学生。桐城派重要人物方苞也参与一些著作的编撰。一大批懂天文、数学的人在里面工作。传教士也非常多,像杜德美、傅圣泽、杨秉义、纪理安、白晋,还有传信部的一些传教士。

蒙养斋的很多活动是关于科学的观测,比如在畅春园里面测量黄道跟赤道的交角,比如全国各地经纬度的测量等。中国人在做这个事情,跟法国人做的事情一样,可以看到一种相似性。而且他们编了很多算学的书,像《律历渊源》,这里面包括三部书:《数理精蕴》《钦若历书》《律吕正义》,关于数学、天文跟音乐三方面的内容。《钦若历书》雍正初年改作《历象考成》。

当时传进来很多新的西方科学,包括借根方算法,实际上就是代数学。英国数学家 Briggs 的对数造表法被介绍进来,还有 Vlacq 的对数表、关于代数符号的《阿尔热巴拉新法》。另外杜德美介绍了一个跟微积分有关的级数展开式。天文学方面介绍进来的新东西更多。

七、康熙时代的科学传播

在那个时代有这么多传教士在宫廷里面为康熙皇帝服务,但是科学的传播并没有我们想象的那样顺利,出版的书不多。康熙实际在很大程度上把科学作为权术的一部分,他对一些西方科学知识也有褒贬。

科学传播跟皇子也有关系,康熙朝实际上不像明末那样,完全由大臣来主导一些科学活动。康熙帝让自己的儿子来负责,所以很多活动都是由皇子和内务府的官员掌控,他的目的是为了自己独立,独立以后就不需要依赖传教士。康熙在那时候有非常明确的目的,他觉得传教士并不可信。

传教士传播了很多科学知识,但没有都出版,其中不仅有传教士的原因,可能也有中国人自己的原因。

传教士方面的原因是传教士之间的差别非常大,不光是法国传教士跟葡萄牙传教士有差别,法国传教士内部也有差别。有些传教士他并不想把先进的知识介绍过来,比如哥白尼的日心体系。当有一些传教士想把日心说、开普勒的东西介绍进来的时候,有的传教士就反对,传教士之间的内部争论也阻碍了科学的传播。

在康熙时代这么好的机遇下,除了法国想跟中国建立一些关系外,莱布尼茨也想跟康熙皇帝建立联系。有这么多传教士在中国,而且法国科学院非常希望与中国进行交流,这些都是非常好的机会。传到中国来的东西很多，但出版的很少，可以说没有抓住一个非常好的机会。而传进来的知识基本是一些关于日月食计算的内容，这个对皇帝来说非常重要。因为如果发生了日食月食，皇帝要反省，所以预测必须准确。很多介绍进来的知识基本上都是实用性的，比如木星卫星表。卡西尼的很多先进的东西已经介绍进来，但是没有发表。如果康熙皇帝、皇三子或中国文人极力要把这些介绍进来，我想这些手稿完全可以想办法出版，但是这些东西只有手稿存世。另外一个很大的原因是，雍正在1723年即位之后开始实行禁教政策，而且雍正皇帝跟皇三子的关系也不好，皇三子对西方科学非常了解，也受过传教士安多的教育，后来被打入冷宫，蒙养斋算学馆后来不了了之。

要评价康熙的话，一方面他把一些西方的科学知识传进来，对18、19世纪的中国科学发展产生了重要作用，但是康熙的作用实际上非常有限。他在很多场合把科学用来控制汉人，而且有时候新的东西翻译进来要等上二三十年才出版。比如1690年《几何原本》已经翻译好，但一直到1722年才出版。如果早一点出版，让大家能读到的话，情况会完全不一样。代数学的东西也一直到1722年才出版。康熙实际上并没有想尽早把这些在宫廷里传播的知识让汉人知道。传教士安多曾经在一封信里讲到，康熙某年某月把他叫到宫里面翻译代数学的东西，并告诉他这些东西翻译好以后，不要跟别人讲。可见康熙实际上是想留一手，他并没有想把传播进来的东西马上传播给大众。他自己先知道以后，可以在大臣、汉人面前炫耀，体现他的博学，以树立满人的权威。康熙把科学作为一种重要的权力工具，一方面促进了科学的部分传播，但是一方面也阻碍科学的及时传播。

除此之外，康熙时代还流行“西学中源”说，认为西学的很多东西是从中国来的，这种看法也阻碍了科学的传播。如果这样的话，我们就把老祖宗的东西发掘出来就好了。当然这里面背景非常复杂，如白晋的《易经》研究，实际上让康熙产生了这种想法，白晋发现《易经》里面有一些内容跟二进制、跟莱布尼茨的研究有关系，所以康熙的很多相关看法跟白晋也有关。这些因素也影响了科学在中国的传播。

刘　钝

晚清西学东渐与维多利亚时代的科学与文化

刘钝，中国科技大学人文社会科学学院院长，清华大学科学技术与社会研究所特聘教授，《科学文化评论》主编。曾任中国科学院自然科学史研究所所长、中国科技史学会理事长、国际东亚科学技术与医学史学会主席、国际科技史学会主席。专业领域为中国数学史，对科学社会史、科学文化也有所涉猎。

这些年我一直关注晚清西学东渐以及同时期英国科学与文化的相关情况。19 世纪后半叶，东西方两个不同气质、不同传统的大国发生了碰撞，之后发生了什么事情，这是我非常感兴趣的。下面就跟大家交流一下自己的一些心得。

演讲分为三大部分，前两部分是英国方面的，后一部分是中国方面的，当然其中会有交集。19 世纪 40 年代开始，中国这个老大帝国遭遇英国这个当时世界第一超级大国，其后社会、政治、经济、文化包括老百姓心态等方面都产生了相应的变化，演讲中都将有所提示。不过我将以科学为中心，旁及一般意义的文化，其实科学也属于广义的文化。

第一部分简单介绍一下时代背景，又分为三个问题：首先介绍维多利亚女王及其家庭身世；其次是大的背景即 19 世纪中期之后英国的社会情况；最后谈三场革命。

让我先简单交代一下最后一点。一讲革命，我们就想到中国革命、十月革命、法国大革命等，都是政治性的。其实这种含义的“革命”是中国固有词汇，如“汤武革命”，然而西方语境中的 revolution 却来自科学，哥白尼的《天球运行论》，原始书名就带有这个词，后来被政治学家借过去表示社会结构的巨大变革，再译成中文就成了一个带有政治意味的“革命”了。现在我们要知道，revolution 最早是指天球运转，其内涵也指向一个全新的系统取代旧系统的过程。下面要讲的三场革命都与英国有关：一是科学革命，它的大幕是由牛顿拉下的；第二是光荣革命，也发生在牛顿时代；第三是工业革命——从18世纪中叶开始,到维多利亚女王时代结束。这三场革命对于英国社会的形塑非常重要。今天中国正在经历工业化的进程,而西方许多国家已经到了后工业时代,因此我们有可能从历史中获得教益。

图一　维多利亚女王

见过维多利亚女王的小说家夏洛蒂·勃朗特这样描绘她,“一个矮小肥胖活泼的女士,很朴素,不装腔作势”。中国第一个派到英国的副公使刘锡鸿也留下了差不多的印象。因为她的丈夫阿尔伯特亲王去世较早,中晚年的女王终身穿黑衣服。她大概是欧洲王室中在位时间第二长的君主,在位64年,活了82岁,寿命也算长的。

维多利亚女王的时代,英国的君主立宪制趋于成熟,国内相对稳定。同时因为工业革命的成功,加上贸易立国的国策和对外扩张获得充足的原料和市场,英国成了真正的日不落帝国。维多利亚女王的贤内助是阿尔伯特亲王,可惜不到40岁就去世了,他是个很优秀的人物。今天西方人讲“维多利亚式生活方式”似乎带点贬义,特别对于六七十年代追求

图二　阿尔伯特亲王

新潮的美国人来说,“维多利亚式生活方式”意味着保守古板的传统。但这个表述的背景是维多利亚女王的家庭生活。阿尔伯特亲王实际上比她大半岁左右,俩人还沾亲。他们相亲相爱,生了9个孩子。大女儿成了德国的皇后,其子也就是维多利亚女王的外孙子威廉二世,他是发动第一次世界大战的罪魁祸首。有人说第一次世界大战是在维多利亚的子孙之间进行的,英国国王是她的孩子,德国、俄国的君主则是她的后代姻亲。第二个孩子是个男孩,继承英国王位,成为爱德华七世。爱德华七世的孙子就是那个不爱江山爱美人的爱德华八世,登基不久就将王位让给弟弟,也就是乔治六世,当今女王伊丽莎白二世的爸爸。第三个孩子嫁到俄国,她的女儿成了俄国末代沙皇尼古拉二世的皇后。俄国十月革命之后,尼古拉二世一家在被囚地遭到满门抄斩。

维多利亚女王这一家,先祖原是来从德国的汉诺威选帝侯,因此他们来到英国就叫汉诺威王朝,只是到了第一次世界大战时，由于民众间普遍的仇德情绪，才改称温莎王朝，温莎是王室城堡所在地。阿尔伯特亲王也来自德国，英国的高层贵族们觉得不能让一个"外来者"插手军机大事，因此他就把更多的时间和精力投身于科学、文化和教育事业中。他精力充沛，学问非常好，被人称为"行走的百科全书"。阿尔伯特亲王觉得当时英国人的学问不如欧陆，特别是文化品位不高。所以他辅佐女王做了很多事，包括亲自担任剑桥大学校长，一直到今天，剑桥大学的校长都由女王的丈夫来担任：菲利普亲王即爱丁堡公爵，他是现今女王伊丽莎白二世的丈夫。阿尔伯特亲王在有生之年干得最漂亮的一件事就是举办了1851年伦敦博览会，也称万国博览会。万国博览会的会址叫水晶宫，当时用玻璃和钢材修建的一个庞大建筑，很了不起。这是《伦敦新闻画报》刊登的一个效果图。

图三　水晶宫效果图

中国政府当时忙于应付内乱，根本派不出像样的参展团来。正好泰晤士河上有一个从江苏来的丝绸商人徐荣村，当年捐过官，随身还带着官服，于是女王把他请到白金汉宫，那时英国人看到有中国人出现觉得很新鲜。

刚才提到的那个女作家夏洛蒂·勃朗特(Charlotte Bron-

图四　维多利亚女王和阿尔伯特亲王接见中国商人徐荣村一家

te)跟女王有私交,她在日记中记载“第二次到水晶宫了”:玩了3个小时,她关注工业的进步,从火车头到蒸汽锅炉,从运行中的磨面机到各式各样的车床,称“只有魔力才能唤来这些来自天涯海角的财富,只有神奇的手才能造就这些辉煌灿烂和无与伦比的奇迹”。

博览会赚了一大笔钱。有了钱干什么?现在有一句口号很好——让全民分享改革开放的成果。当年英国人就把盈余投入到文化科学事业中去了,在南肯辛顿建起一片公共设施,最显眼的就是维多利亚与艾伯特博物馆,简称V&A,V是维多利亚(Victoria),A是阿尔伯特(Albert);其次还有皇家音乐学院、艾伯特厅即国家歌剧院、自然历史博物馆、工业博物馆等,都与1851年的伦敦博览会有关,对科学文化事业的巨大投入造福了整个民族,直到今天英国人还在享用。

下面概要介绍一下英国当时的国情,简单说来就是政治稳定、经济繁荣。什么是政治稳定?19世纪中叶欧洲革命风起云涌,很多国家如匈牙利、法国、奥地利、德国以及波兰、罗马尼亚都发生了流血事件,唯独英国没有。马克思、恩格斯被普鲁士政府驱逐，最后到了伦敦，普鲁士警方要把他们引渡回去，英国人不同意。马克思在比利时和法国都被驱逐，只有在英国落下脚。恩格斯在曼彻斯特当资本家，挣了钱养活马克思来写《资本论》，在资本主义世界的心脏里批判资本主义。

英国当时的经济体量非常大，是真正的世界工厂，引领世界进入了机器时代。在政治上陆续有废奴、人民宪章、降低关税、废除谷物法和出口关税、颁布新工会法、公民义务教育等进步措施，整个社会在平稳地前进。资本主义已经经过了那种赤裸裸的原始积累阶段，政治上有一个比较合理的顶层设计。

但是英国对外实行军事扩张，强化海外殖民，发动了一系列不义的战争。当中两场跟中国有关，那就是第一次鸦片战争和第二次鸦片战争。亚洲、非洲、美洲、大洋洲，到处都有米字旗飘扬，特别是比较大的国家如埃及、印度等。维多利亚女王除了是大不列颠与爱尔兰的女王外，还有一个头衔是印度女皇。

下面讲三场革命。一个是科学革命，起点是 1543 年，哥白尼《天球运行论》出版，以日心说取代地心说等。到什么时候结束？牛顿 1687 年写了本书叫《自然哲学的数学原理》，把天上、地下的运动归纳到由三个运动学定律和一条万有引力定律组成的经典力学框架之中。苹果落地，地球绕太阳转，全部服从同样的规律，实现了力学的第一次大综合，因此可以说科学革命到牛顿手上完成了。

牛顿《原理》出版后的第二年爆发了光荣革命。1688 年英国社会上发生了一件大事，一群贵族集合在一起，他们的立场不一样，有辉格党、有托利党，但是他们联合在一起，给荷兰的奥伦治亲王威廉写信，请他到英国来当国君。为什么？源于英国历史上的宗教纷争，从16世纪以来，英王就与罗马天主教会闹翻了，介于新教和旧教之间的圣公会被立为英国的国教，后来查理一世被杀，查理二世复辟，传到詹姆士二世的时候，国王越来越倾向于要把整个旧案翻过来。这样一来很可能引起社会大乱，所以一些贵族和英国国教的高层人士，都觉得不能让他统治下去，但是又不能再像当年杀掉国王那样搞暴力革命，流血是很不得人心的。这是英国人的智慧，值得我们好好学习，政治上要避免冤冤相报。他们想出来的办法就是把詹姆士二世的女儿和女婿请来当国王，那个女婿是荷兰的威廉亲王，这样从法理与血统上都讲得通，最重要的是威廉夫妇都是新教徒。威廉亲王琢磨了一下，觉得英国从贵族到老百姓都会支持他，就冒险带着一万多人来到英国。詹姆士二世兵败如山倒，几乎没有什么抵抗，这样就以几乎是和平的方式解决了政权转换。英国人拥戴玛丽和威廉亲王作为他们的共同君主，他们俩也对议会、英国教会和大贵族承诺，重大的行动必须通过议会。英国的君主立宪制从此走上一条稳健发展的道路。

图五　詹姆士二世与威廉亲王

工业革命，一般认为从18世纪中叶开始，使得生产力得到极大的提高，同时也改善了民生，促进了社会繁荣。关于工业革命的动力，首先要提到荷兰的工匠：一些信奉新教的荷兰工匠在国内受到迫害，伊丽莎白一世做出一个英明决定，要求有能力的英国家庭收养一名荷兰工匠，后者则将手艺传给英国人，这样高等的手工艺技术就传到英国。第二是圈地运动：纺织工业的机器生产需要大量羊毛，要有地方来养羊，因此需要变过去的农业生产为畜牧业生产，这就要从农民手里夺地，而大量失地农民为工业革命准备了劳动力。第三，海外贸易和对外扩张使英国获得了更充足的市场和原料。第四，丰富的煤铁资源：英国虽然是个海岛，却拥有这个条件，从而实现从有机燃料向矿物燃料的过渡。大家不要小看燃料，这是个动力问题。最后，英国有自培根以来的经验主义传统：英国人务实，推崇归纳法，不尚空谈，科学领域的进展对工业革命发挥了引领作用。

图六　蒸汽收割机

下面讲第二部分，简单介绍英国当时的科学和文化。

先讲科学，文化太复杂。恩格斯有一部名著《自然辩证法》，实际上是读书笔记，他也没打算出版。但是后来苏联布尔什维克党当政后，从德国社会民主党那里把手稿要过来，

图七　用于采矿的蒸汽动力提升机

出版了德俄对照本。当然现在全世界许多语言的版本都有，中国也有好几种。恩格斯在《自然辩证法》里提到“19 世纪自然科学三大发现”，下面我们来看看这一提法是否全面。

第一个是能量守恒和转换定律，以德国的迈尔、亥姆霍兹和英国人焦耳、威廉·汤姆森为代表，分别发现了这一自然界的基本定律。第二是细胞学说，由两位德国生物学家提出，认为细胞是生物组成的最小基元。现在生物学深入到更深的层次，这是后话。第三就是进化论，也叫演化论，达尔文和华莱士几乎同时完成，后者于 1859 年出版了《物种起源》。

想一想恩格斯真是了不起，他没上过大学，但聪明好学，结交了一些科学家朋友，德国社会民主工党内也有一些科学家，比如有机化学家肖莱马，就很关注科学技术最新的发展动向。恩格斯列出的这“三大发现”的确是关系自然界基本规律的东西：一个是细微的，涉及生命的基元；一个是宏观的，宇宙万物间的能量转换；第三是生命的，包括人类在内的演化过程。

但是类似级别的科学发现应该还有，比方说门捷列夫元素周期律体现了量变到质变的规律，孟德尔从豌豆实验中得出生命遗传的某些规律。关于前者恩格斯曾在一个脚注中提及，而孟德尔只是现在属于捷克的一个修道院里的小和尚，文章发表在一个不太出名的杂志上，他把抽印本送给达尔文那样的大生物学家，但是没人理会。他的理论直到几十年以后才被重新发现。恩格斯是生物科学圈外的人，他不知道这事儿当然情有可原。

有一件事却可以认真追究一下，那就是统一的电磁场理论。因为电磁学是在维多利亚时代发展起来的，也正是恩格斯待在英国的那些岁月。法拉第学徒出身，文化不算高，但他的动手能力和物理直觉不同一般，正是他提出了磁力线的概念。但磁力线是什么，他也说不明白。继而有麦克斯韦，一个苏格兰人，剑桥大学的高材生，他的数学很棒。麦克斯韦写信给法拉第说，我觉得可以用数学来解释力线问题。法拉第非常高兴，他说我就是数学不行，不然早就把这个理论完成了。麦克斯韦十来年一直辛苦工作，1865 年发表一篇重要文章《电磁场的动力学理论》，就是把法拉第的观念数学化，提出麦克斯韦方程，实际是一组方程，当时有 20 多个，后来被精简成今天教科书里的四个微分方程，它们简洁漂亮，把电、磁甚至光都包括进去了。

统一的电磁场理论的最终完善，是培根所提倡的实验传统与伽利略为代表的将自然数学化的完美结合，它标志着蒸汽时代向电力时代的过渡，也导致了后来人们对时空场结构与电磁场量子化的进一步认识。麦克斯韦是横亘在经典物理学与现代物理学之间的一座大山，他的电磁关系方程式堪称物理学中的“神曲”，而他的电磁学理论和“场”的观念逐渐得到科学界的承认并被实验证实的时间，正好是恩格斯写作《自然辩证法》的时代。因此要说 19 世纪自然科学的伟大发现，无论如何不能忽略统一的电磁场理论。

除了达尔文和麦克斯韦以外，维多利亚时代的科学星空群星璀璨。比如说数学家,有皮考克、巴贝吉、格林、汉密尔顿、德摩根、西尔维斯特、凯莱、克利福德、布尔、皮尔逊等;天文学家有赫歇耳、拉塞尔、埃里、亚当斯等;物理学家有斯托克斯、瑞利、惠威尔、焦耳、威廉·汤姆森、亥维赛、泰特等。地质学家赖尔的《地质学原理》对达尔文有很大的启发作用,后者在贝格尔舰上航行的时候读过此书。高尔顿是达尔文的表弟,也是优生学的提倡者,最早提倡用统计学的方法来研究生物学;华莱士则是独立于达尔文得出生物进化理论的人。从时间上讲达尔文稍前,收集的资料也更丰富,华莱士则先撰成论文。在赖尔等人的斡旋下,两人的结果同时发表,日后也保持着互相敬重的良好关系,这是科学史上的一段佳话。

英国人看重实践,动手能力强,影响到各种技术发明,这里只是简单地罗列一些,如纺机、织机、蒸汽机、铁路机车、转炉炼钢、有线电报电话、海底电缆、地铁等。日本有位科学史家汤浅光朝,在1962年出版的书中提出了一个所谓的"世界科学中心转移律"。通过统计分析,他认为从1540到1610年,也就是文艺复兴盛期以后、伽利略时代的意大利,是世界科学的中心。从1660到1730年,也就是皇家学会成立之后近70年的英国,世界中心转移到那里去了。再后面是18世纪从启蒙运动直到法国大革命之后,法国涌现出几所精英大学如多科工艺学校、巴黎高等师范学校以及众多专科学校,诞生出一大批物理学家、数学家,这时候是法国人的天下。之后,随着1810年德国开始建立研究性大学,这个欧洲中部的国家开始崛起,一直到20世纪初年,德国的科学技术还是世界领先。最后是从20世纪30年代至今,世界科学的中心在美国。这是汤浅光朝理论的一个粗线条叙述。

我觉得汤浅有点浅,就是说他那个模型有些粗糙,比如他所谓的德国占据中心的时代,从19世纪40年代到1900年之间,大致对应维多利亚时代,英国科学仍然走在世界前列。在同一时期存在两个或多个科学中心,这不但是可能的,而且确实存在过。不要说19世纪后半叶英国有那么多科学家,单说达尔文和麦克斯韦,一个代表生命科学,一个代表物质科学,同时代谁能比肩?你说那时候的英国不是世界科学的中心,说不过去的。何况英国人创造了很好的制度,尤其在科学和教育领域。

讲到科学制度就不能不说皇家学会(Royal Society),它是1660年成立的,资格很老,也享有很高的声誉,不过主要是个荣誉性质的机构。到了18世纪末,英国又出了个皇家研究院(Royal Institution),这个后起之秀不像皇家学会那么高傲,而是比较接地气的,具体表现就是演讲对公众开放。维多利亚时代是一个科学深入人心的时代,一些科学家意识到不能仅仅待在书斋或实验室里,要把研究成果告诉老百姓。皇家研究院的第三任主任法拉第身体力行,带头向公众演讲。这就造就了一个传统,圣诞演讲现已成为皇家研究院的一个品牌。承袭法拉第衣钵的人是丁铎尔。今天看来,他不过是位二流物理学家,然后当时的社会声望如日中天,绅士淑女们都以听丁铎尔的科学演讲为时尚。顺便说一下,国际知名刊物上最早发表中国人的科学研究成果,就是以传教士傅兰雅给丁铎尔一封信的形式出现的,那是1881年3月10日,《自然》(*Nature*)杂志上一篇题为“声学在中国”的短文,内容介绍了明代朱载堉对律管校正的方法及当时中国学者徐寿的实验工作。

达尔文是不喜欢与人争论的,由于宗教的原因,他的学说在社会上引起了轩然大波。代替他出场应战的是赫胥黎,后者自称“达尔文的斗犬”,不但因为与牛津主教辩论而名声大噪，而且不遗余力地以各种方式宣传和捍卫进化论。中国人得知进化论，在很大程度上也是阅读了严复翻译的赫胥黎的《天演论》，尽管此书和中译本与达尔文的原始思想都有较大的偏离。

赫胥黎、丁铎尔等人还组织了一个X俱乐部，其宗旨之一就是向公众传播科学知识。这个俱乐部的另一名重要成员是斯宾塞，他自学成才却无事不通，后来成了社会达尔文主义的提倡者。

下面简单讲讲维多利亚文化，集中在文学作品中的科学元素。要说维多利亚时代的英国文学，第一号作家当属狄更斯，我们就以他为例说明当时科学与文学的关系吧。2012年狄更斯诞生200周年的时候，有位学者在《自然》杂志上发表了一篇文章，专门论述这件事。

狄更斯在《艰难时世》中塑造了一个人物，是英国一个工业市镇上的退休商人兼议员，也是功利主义的忠实信徒，他企图按照自己的设计来培养子女，让姐弟俩终日与枯燥的数字打交道，他们的书柜中整齐地排列着贴上标签的贝类和矿物标本，但是没有童话和歌谣，俩人的结局都很悲惨。在《我们共同的朋友》中，狄更斯又塑造了一个出身卑微的教师形象，他恪守教条，从装扮到举止都像个机器匠，可以准确但无感情地演奏大风琴，脑中储满了各种各样的知识，可以像批发商随时满足小贩的需要一样把货物派送给不同的学生，不过这位博学的教师在书中却是名罪犯。

不要就此认为狄更斯是一位今日语境中的反科学主义者。在他的心目中，只有使科学的想象力与敬畏之心并行不悖，才能带来道德的力量以增益社会。他并非反对科学本身，而是不喜欢将复杂的社会图景机械地还原为简单的生存法则，从而抹杀了人类想象的空间。他在一篇评论中写道：

"科学让我们摆脱迷信……让我们凝思更好更美的事物——准确地讲,那些更能提升我们的灵魂,使其更加崇高和更能激发我们想象的翅膀飞翔的事物。"

1850年狄更斯开始编辑《家常话》杂志,创刊一年后发行量就达到四万,这份24页的周刊包括三部分,其中之一就是科学。他还邀请具有物理学背景的专家执笔,将法拉第著名的"圣诞演讲"改编成家庭喜剧一样的短篇在刊物上连载。从1859年起他又开始编辑《四季》,很快就在上面发表了自己对达尔文刚出版的《物种起源》的评论;虽然他并不全部接受达尔文的理论,但称其内容广泛,并在评论中大量引述原书。达尔文本人则是一个狄更斯迷,阅读其书不知疲倦。狄更斯的科学家粉丝还有生物学家欧文和数学家巴贝奇,他们的形象分别出现在《我们共同的朋友》和《小杜丽》中。

福尔摩斯侦探小说在维多利亚时代广为流行,可以说是科学深入普通民众生活的一个例子。作者柯南·道尔与达尔文一样毕业于爱丁堡大学医学院,他笔下的这个大侦探通晓多门自然科学知识、精于观察和逻辑推理,其助手华生则是实验与分析的高手。在福尔摩斯探案故事中,主人公一再显示了化学、地质学、解剖学、植物学知识对于破案的作用。作者还多次通过华生之口,说明逻辑推理的力量,宣传福尔摩斯不同于苏格兰场警员的是"科学探案"。

最后一部分是晚清中国与维多利亚时代科学的关系。清代中国人对英国的认识过程,需要先从远一点来讲。1793年英国派出马嘎尔尼使团,要求和中国建立贸易关系。不过乾隆皇帝对通商没有兴趣,心想天朝什么都不缺,谁稀罕与你们这些远夷做生意,马嘎尔尼使团的使命当然没有完成。随团来的有一个小男孩,他是副使的儿子,聪明伶俐,在来华的船上学了点中国话,因此颇得乾隆老爷子的欢心。过了几十年，中英之间爆发鸦片战争，其时那个叫小斯当东的男孩已经成为英国议会的议员，他是坚决主张出兵中国的。可以这样说，大清王朝的诸多弊病，马嘎尔尼使团已经观察到了。又过了几十年，中国向国外派出了代表国家的公使，这就是湖南人郭嵩焘。什么由头呢？赔礼道歉。1875 年，英国一个考察团的翻译在云南被杀，他们本来未经许可进入中国内地，而且带着士兵和武器。英国却不依不饶，一定要满清政府惩办当地官吏并正式赔礼道歉。清政府与英国驻华公使讨论了一年多，最后只得派出阶位相当高的郭嵩焘前往伦敦，这在中国历史上可是破天荒的。然后又过了若干年，甲午战败后清政府派李鸿章到欧美多国访问，行程包括英国，那是 1896 年的事。从马嘎尔尼到李鸿章，103 年间世界发生了翻天覆地的变化，中、英两国的综合国力和世界影响也绝非昔日可比。下面这幅图来自《伦敦新闻画报》上李鸿章觐见维多利亚女王的照片，奥斯本宫是女王的行宫，在英格兰南端的一个小岛上。

图九　李鸿章觐见维多利亚女王

鸦片战争是一个节点，之前中国人对英国了解非常粗浅。最早中国人称白皮肤、蓝眼睛、黄或红头毛的西洋人为“佛朗机”，主要是葡萄牙人和西班牙人，再后来把荷兰人叫“红毛”。所以明代的中国人就知道“佛朗机”与“红毛”两种西洋人，还传说他们之间有些矛盾。1717 年有个地方军官在给康熙的奏本中提到“英圭黎”，指的就是英国，又提请“督抚关部诸臣设法防范”。后来广东人蓝鼎元写的《粤夷论》，内称“红毛乃西岛番总名，中有荷兰、佛兰西、大西洋、小西洋、英圭黎、干丝腊诸国，皆凶狡异常”。鸦片战争之后，林则徐、魏源、徐继畬这些人已经知道英国是世界上最强大的国家，而且提到英国人争强好胜，有称霸世界的野心。如魏源在《海国图志》中就写道：“英吉利久有垄断之心，……四海之内，其帆樯无所不到，凡有土有人之处，无不睥睨相度，思朘削其精华。”

现在讲讲西学东渐中的英国知识来源。经过两次鸦片战争，特别是第二次鸦片战争，中国国门洞开，大量西方的科学知识被介绍进来。同时中国也派人出去，留学生、驻外官员及其随员，还有自由旅行者、商人等，中国对西方、对英国的了解更多了。西学东渐的源头当然是西方，而当时的英国是西方世界的龙头老大，主要的知识来源当然跟英国有关。通过翻译书籍、报纸杂志、传教士、外交官、留学生，还有出洋人士撰写的见闻、报告、日记等，英国社会的一些方方面面开始被中国人所知晓。

译书主要出自三大系统。第一个是教会的，比方说宁波的华花圣经书房、上海的墨海书馆、美华书馆、广学会、益智书会等等。第二是政府官办，最重要的就是上海的江南制造局译书处，北京则有京师同文馆、京师大学堂编译局、总税务司署译书处等。总税务司就是海关，清代的海关掌握在英国人赫德手里。对赫德这个人物应该从两方面看:一方面他是英国人,当然要为英国谋取最大利益;另一方面他是中国政府的雇员,他所领导的海关是晚清各种衙门中最清廉的,总税务司署译书处也翻译了不少英国的书籍。第三是民间商办的,如商务印书馆、文明书局、广智书局等。

译书贡献最大的中国学者有数学家李善兰与华蘅芳、化学家徐寿及其子徐建寅,英国人则以傅兰雅和伟烈亚力两位最为突出。

拿墨海书馆译书来说,以英国原书为本的就有《代数学》《决疑数学》《重学浅说》《重学》《谈天》《植物学》《西医略论》《妇婴新说》《内科新说》《大英国志》等。

江南制造局翻译的英国科学书籍更为繁多,数学类的有《运规指约》《代数术》《微积溯源》《算式集要》《三角数理》《数学理》《代数难题解法》《算式别解》等;物理类有《声学》《光学》附《视学诸器说》《电学》《电学纲目》《格致小引》《物体遇热改易记》《格致启蒙·物理》《无线电报》等;化学类有《化学分原》《化学鉴原续编》《格致启蒙·化学》《化学鉴原补编》等;地学类则有《御风要术》《测候丛谈》《地学浅释》《格致启蒙·地理学》等。

通过译书,一些维多利亚时代英国科学家的事迹开始为国人知晓,例如大名鼎鼎的法拉第,1879 年江南制造局出版的《电学》中多次提到其“设法以证摩电气能变化物质之据”,“细考电气化分之力”。再如著名天文学家约翰·赫歇耳,清代中国人将他译为“侯失勒”,《谈天》一书就是根据他的原著《天文学大纲》翻译的。还有惠威尔,在维多利亚时代的英国只是一个不太出名的物理学家,但他是剑桥大学三一学院院长,又是一个很好的写作者,他的一本力学教科书被李善兰等人译成中文,就是中国第一部系统介绍牛顿力学的《重学》。至于西方地质学、植物学、医学、微积分、概率论等方面的知识,也都经由英文原著被译介到中国来。

这里可以特别提一下达尔文,晚清西学文献中屡次出现他的名字,译名则有"兑尔平""大蕴""达韦""达文"等。举例来说,1871年翻译出版的《地学浅释》中提道:"近又有兑尔平者,言生物能各择其所宜之地而生焉,其性情亦时能改变。"两年后上海《申报》报道了达尔文的《人类的由来及其性选择》在英国出版的消息,称"英国有博士名大蕴者……近又有《人本》一书"。

晚清出洋士人的日记中保留了许多英国科学、技术与文化的记载,对此已有很多研究。比方第一个出访英国的官员斌椿,他写的《乘槎笔记》提到"阿思佛",就是牛津大学;"北名罕"就是伯明翰;在工厂里看到"火轮解木",就是用蒸汽机驱动锯木头等。张德彝的《航海述奇》提到地铁,还有各种机器,如"铁裁缝"就是缝纫机,"活天称移铁"就是起重吊机。他又描述了显微镜、望远镜,提到月球表面的环形山、摩尔斯电报码,以及彼得大帝化装成工人向西方学习造船的故事。志刚提到横穿泰晤士河的河底隧道,环球旅行及时区影响等。还有李圭记述兵工厂,黎庶昌讲玻璃厂和格林尼治天文台。曾国藩次子曾纪泽出使英国,参观一家科学仪器店,店主是牛顿的后裔。

严复这个人大家都知道,他翻译的《天演论》对近代中国影响很大。很多人以为《天演论》是介绍达尔文进化论的,其实他翻译的是斯宾塞的书,内文中的社会进化论思想切合晚清中国的社会环境,因此对知识界产生了很大的震撼。当时的中国已经到了要图存保种的地步,也像一个落后的生物种群,再不奋起竞争就要被消灭了。许多革命家和先进知识分子都是读了《天演论》之后才走上救国道路的。严复是个留

图十　严复像

学生，他在英国学的是海军，在格林尼治天文台附近有个皇家海军学院，他在那里学习轮机驾驶。但是他视力不好，回国后没上舰队，而被派到福州船政学堂、天津水师学堂等地教书。甲午战败后，严复认识到光靠发展军事解决不了中国的社会问题，关键要唤醒民众，要引进西方的政治制度和先进思想，包括哲学和伦理方面的西方经典，所以他翻译了很多书。除了《天演论》外，还有亚当·斯密的《原富》、斯宾塞的《群学肄言》、穆勒的《群己权界论》和《穆勒名学》、甄克思的《社会通诠》、孟德斯鸠的《法意》、耶方斯的《名学浅说》等。

王韬这个人更有意思，算是个怪坯子。他在一个上奏地方大员的折子中说："天之聚数十西国于一中国，非欲弱中国，正欲强中国；非欲祸中国，正欲福中国。故善为用者，可以转祸而为福，变弱而为强。"中国都被揍成那样了，他还在找说辞给官员打气，说洋人来不一定是坏事。他这个人从年轻就贪图功名，但是科举路上总是不成功，后来就去了上海，在墨海书馆接触到西方人，开始对西学感兴趣。太平天国闹起来之后，他又投机暗通款曲，不意他写给太平天国首领的秘信被清军截获，遭到官府通缉。听到风声的王韬跑到香港，在那里待了几年，跟着传教士理雅各把中国的一些古代经典翻译成英文。再后来理雅各把他带到英国，在那里又呆了3年。等到再回到中国，清廷也不追究往事了，主要还是背后有英国人挺着。于是在上海办格致书院，做了很多事。因为他多少懂一点英文，翻译了许多书，不止于科学与技术，还有很多关于社会、政治和文化层面的东西。

他在《漫游实录》中说："英国以天文、地理、电学、火学、气学、光学、化学、重学为实学"，又高度赞扬蒸汽机："知水火之力，因而创火机、制轮船、火车，以省人力，日行千里，工比万人，穿山航海，掘地浚河，陶冶制造，以及耕织，无往而非火机，诚利器也"。王韬主持格致书院时，曾请李鸿章、张之洞等洋务重臣督导"课艺"，用现在的话就是为试卷命题。李鸿章出的一题："《大学》格致之说自郑康成以下，无虑数十家，于近今西学有偶合否？西学格致始于希腊之阿卢力士托德尔（亚里士多德），至英人贝根（培根）出，尽变其说，其学始精，逮达文（达尔文）、施本思二（斯宾塞）家之书行，其学益备。能详述其源流欤？"当时科举已经开始不太吃香了，要讲点时髦的西学，连李鸿章这样的大吏都与时俱进地倡言西学。

当时在北京有一家专门介绍西学的杂志叫《中西闻见录》，后来上海又出了《格致汇编》，两刊均致力于向民众介绍西方各国科学、技术方面的最新进展。大西洋海底电缆的成功铺设使新、旧大陆之间的电报通信成为可能，在当时是一项了不起的科学、技术与工程成就，领导铺设工程的是英国大物理学家威廉·汤姆森，后来被王室封爵，人称"开尔文勋爵"。1873年《中西闻见录》7月号"英国近事"内对此事加以

图十一　改装成工程船的“大东号”

介绍，称：“其安设之法，系将电线贮于一极大铁船之舱，择夏日浪静风恬之候开行，随行随放，略似蚕之吐丝然。”8月号继续介绍，称“英美之间又设电线一条，有大东船将电线放置海底，已载前录。兹闻大东船已由英抵美，将电线安设稳妥，万里长途，毫无阻隔；且更将旧设电线引出，补其伤损。从此大东之名益著矣”。上图是被改装成工程船的“大东号”邮轮，刊载在《伦敦新闻画报》上。

上海的《点石斋画报》也经常介绍西方的新鲜事物。1886年庚字第四期介绍泰晤士河底隧道，内称“英国在没尔水河底凿成铁路一条，行驶火车，已见之《西国画报》，即由该报译登申报，闻者莫不叹为奇绝。……辟天地间未有之奇，由构思而创意而兴作而成功，则其坚忍不畏难之心确乎不可拔，是为难能也”。今天看来很简单的事情，晚清的中国人觉得西洋镜一般。

今天我们在国家图书馆搞这个讲座，我就介绍一段《点石斋画报》上所刊英国公共图书馆的事。1893年该刊土字第十二期言英国"公家书房",称"漫志得布厂主人某富极侪辈,尝蓄此志,欲购群书以备贫而好学者入内取览,即他处书院缺少书籍者,亦购以赠至。当时已费银五十万两而未及成功,赍志以殁。其妻席其余资,得银一千万两,因思夫生前所好,遂语踵成其志"。文中的"漫志得"就是曼彻斯特,是英国工业革命的重镇和纺织业的中心,那位"布厂主人"曾是曼城的首富,名叫约翰·赖兰,他和他的遗孀捐赠了一大笔钱建造图书馆,向全体市民开放。今天这个图书馆仍然存在,归曼彻斯特大学管理。

图十二　曼彻斯特赖兰图书馆

最后讲李鸿章访英时的两段致辞,第一次在当时的工业重镇巴洛市市政厅,他的原话是:"念吾华文物之邦,士民专讲书礼。英人恒惜其过蹈虚机,不若贵国之力崇实事。然英人之文章理学,亦复代有名流。以余所知,若培根之善格物理,若显根思皮儿(莎士比亚)之善为诗文,若施本思(斯宾塞)、若达文(达尔文)、若赫胥黎,则又皆文学、性理、格致选也。况其所口诵而手写者，复能身体而力行之？”虽是礼节性的赞词，何尝不流露出他对国人“专讲书礼”的一点愧疚？

第二次是在格林尼治的大东公司总部，宴会开始前李鸿章接受了主人馈赠的两段缆线，据说来自更换下来的大西洋海底电缆。李鸿章的致辞是：“以欧洲至巧之法度与中国无穷之物料，若能折合而为一体，其兴盛必出于意外。故常不惮苦口，遍劝华人。电报之通行，即其效验之一端也。更望一切工艺皆随电报而兴，而各西人亦学两公司之美意，以西方格物之学推诸中国，不特益英，兼以益华，训至天下胥受其益，岂不幸哉！”

事实上，大东公司看重的是中国市场，满清统治者看重的是王朝的命运。洋务派们在中国引进电报，结果电线被当地农民剪断，拿去做成小钉，钉在茶叶箱上又出口到英国。李鸿章自己督造的中国第一条铁路，被保守派攻击为惊动了皇陵的安宁，一度不得不以骡马来拉车。李鸿章想得真是过于天真了，工业革命成功的大英帝国，怎能与日薄西山的晚清帝国平等合作以求共同繁荣呢？

孙尚扬

明末清初中西文化交流史略讲

孙尚扬，北京大学哲学系、宗教学系教授、博士生导师，著有《基督教与明末儒学》、《利玛窦与徐光启》、《汤用彤》、《宗教社会学》、《1840年前的中国基督教》（合著）、《20世纪西方哲学东渐史·基督教哲学在中国》（合著）等；发表学术论文70余篇；先后在比利时鲁汶大学，美国耶鲁大学、普渡大学，中国香港中文大学做访问学者；获2011年全国优秀博士论文指导教师奖。

明末清初的中西文化交流这个题目其实非常大,我今天只能略讲。如果这算一个学术领域的话,我开个玩笑,总结它的特点一是不今不古。它是三四百年之前的事,肯定不太今,但也不古,因为中华民族的文明历史非常悠久。二是不东不西,它不是纯粹在东方发生,也不纯粹在西方发生,而是两者相遇之后发生的在人类文明发展史上非常重要的一次交流。有一些学者确实在这个领域做出很好的成绩。我做博士论文的时候很早,上穷碧落下黄泉,找到的材料非常有限。我博士毕业之后,发现这个学科越来越繁荣,研究的学者越来越多,成果也越来越多,质量也越来越高。一个重要的原因,就是有越来越多的史料包括中文西文的材料从欧洲各地被发掘出来,现在成了一门显学。所以我只能很概略地介绍一下历史当中的一些过程,做一些学理上的阐述,探讨这一过程的意义与价值。

大概从 17 世纪开始,欧洲在思想意识、军事技术、科学技术、航海技术、经济发展等很多方面都超出了其他地区,这可以说是欧洲一个重大的命运转变。这个转变使得欧洲的一些强国想把自己的制度带到世界各地,然后就带来了一种我们称之为"现代性"的新现象。现代性实际上就是"理性、领土、扩张、革新、应用科学、国家、公民权、官僚组织和其他许多因素的大融合"。明末由天主教的耶稣会士充当媒介的中西文化交流,就是在这种所谓的全球化开端时期发生的,对中西文明都产生过非常深刻的影响。

1492年哥伦布发现美洲新大陆，探险的初衷是要到遍地都是黄金的中国来淘金，但是误打正着发现一个新大陆。1498年，达伽马绕过非洲好望角到达印度，开启了所谓的大航海地理大发现的时代。欧洲开始向外扩张有一个特点，就是有三种力量，一种是拿枪炮的军队，一种是拿银子的商人，还有拿着《圣经》的传教士。在这种情况下，天主教不会放过由地理大发现带来的向外扩张自己的宗教传统的机会。所以罗马教廷授予西班牙和葡萄牙保教权，由西班牙、葡萄牙国王提供传教经费，提供交通资源。但是教廷在任命主教或者成立新的教区时，一定要征求当事国的同意。1494年和1529年，葡萄牙、西班牙分别签署过*Tordesillas*和*Zaragoza*两个条约划分势力范围。葡萄牙的势力范围是亚洲大陆、东印度群岛、巴西和非洲。西班牙主要势力范围是美洲、太平洋诸岛，还有菲律宾。葡萄牙支持耶稣会到处传教，西班牙支持托钵修会也就是方济各会。1580年，西班牙国王菲利普二世兼领葡萄牙王位，力图铸造一个所谓的超级帝国。1583年，耶稣会跟教宗格里高利十三世已密约将中日划为耶稣会传教的专属区。菲利普二世非常生气，后果很严重。他就允许托钵修士进入原来不是他们势力范围的东亚，包括后来进入中国传教。

1622年，罗马教廷成立传信部，专门负责对外宣传天主教。据统计，从1583年到1773年，一共有472位耶稣会士先后到中国来传教。1632年至1633年，西班牙派遣的道明会士，还有方济各会士，开始由菲律宾经台湾等地进入中国，到福建传教。还有一些别的修会也到中国来传教，比方说奥斯定会、巴黎外方传教会。这些修会到中国来以后，很重要的后果是什么？因为他们的传统不一样，他们受保护的国家不一样，所以肯定会发生摩擦。这就是后来所谓的礼仪之争。

为了摆脱保教权的干预,罗马教廷在 1659 年推行一种制度叫“代牧制”,由教廷直接任命宗座代牧,这个宗座代牧实际上相当于主教。

一、明末的耶稣会和西学东渐

耶稣会是天主教的修会之一。德国社会学家特洛尔奇(Troeltsch)曾经谈到,天主教解决教会内部分歧的一种方式是允许成立修会。新教稍微不同,会另外搞一个新的教派,而且教会之间没有统属关系。耶稣会是 1540 年由一个西班牙贵族依纳爵·洛耀拉成立的。耶稣会有几个特点:第一个是特别强调所有入会的会士必须绝对服从教会和耶稣会会长的意志。第二个特点是强调信仰必须非常纯正。第三个特点是注重传教士经验的总结和反思。比方说他们到南美、东亚,到中国各地,传教士都必须写年度报告,向总会报告自己的工作,同时还要保持跟自己的上司或者是同事的通讯关系,所以各地的传教经验就得到汇总和反思。第四个特点是他们非常注重兴办教育事业,注重耶稣会士的学养培养。耶稣会士一般都会接受非常严格的训练,要学七艺,还要学神学。所以到中国来的耶稣会士大多数都非常博学,有的更是多才多艺,这是他们一个很重要的特点。第五,在神学方面,他们持比较温和宽容的立场。第六,他们跟欧洲各国的权力核心交好。他们走到哪里都要深入到那个国家的王宫宫廷。他们到中国来也保持了这个特点,即一定要向北京进发,一定要到北京的王宫里面。

1583 年,明末传教士当中具有核心地位的传教士利玛窦由先期到达中国的传教士罗明坚引荐到广东。利玛窦先后在肇庆、韶州、南京、南昌等地居住,他的最终目标是一定要到北京。他在1601年到达北京,1610年去世,其间经历了很多磨难。比方说在韶州,他住在小洋楼里,遭到当地一些恶少围攻抢劫,他慌不择路从窗户跳出来,摔伤了,所以后来他走路有一点瘸。他智商非常高,有过目不忘的本事。李贽曾经评价他"中极玲珑,外极朴实"。利玛窦通过摸索,制定了一套非常适合在中国传教的策略,核心是适应中国的社会文化需求。他留下了大量的中文西文著作,对西学东渐做出了很重要的贡献。

图一 利玛窦与徐光启

利玛窦的适应策略第一条就是争取士大夫同情,走上层路线。他当初到达广东肇庆的时候,广东的地方官说你们是来传教的,中国也有宗教——佛教。他们就给他穿上和尚的服装袈裟。罗明坚和利玛窦也不拒绝。后来利玛窦发现穿着和尚的服装有问题,因为和尚在中国一点地位都没有,反而通过科举考试进入统治阶层的士大夫非常受尊重。他就在中国朋友瞿汝夔的劝说下,改换儒服。另外他努力钻研儒家典籍,称自己为西儒。很多中国的士大夫公卿都跟他交往,实际上他这个策略就是附儒补儒,当然最后目的是为了超儒。

第二，他在礼仪方面进行调和变通。比如说当时中国非常重要的礼仪是祭祖，实际上就是祖先崇拜，还有一个是敬孔。利玛窦对此进行去宗教化的解释，说中国的祭祖仪式不是要向祖先念祷文，不是一种宗教仪式和异教仪式，而是一种维持孝道世俗伦理的习俗。敬孔也可以解释说不带有宗教性，是完全能够容忍宽容的。所以他允许中国教徒参加祭祖敬孔仪式。康熙皇帝把它叫做“利玛窦规矩”，这种规矩可以说体现了基督教的人文主义精神。

此外，他采取哑式传教。西方传教通过布道和滔滔不绝的口才来吸引群众，但是利玛窦发现这在中国行不通。他主要通过中文著作来传教，写了很多书，比如说《天学实义》《西国记法》《交友论》等等。他还采取科学传教，因为他发现经常和他交往的那些人对西方科学技术非常感兴趣。科学传教方法满足了一部分士大夫在科学知识方面的追求。下图是利玛窦最有名的一本书——《几何原本》，是同徐光启合作翻译的。

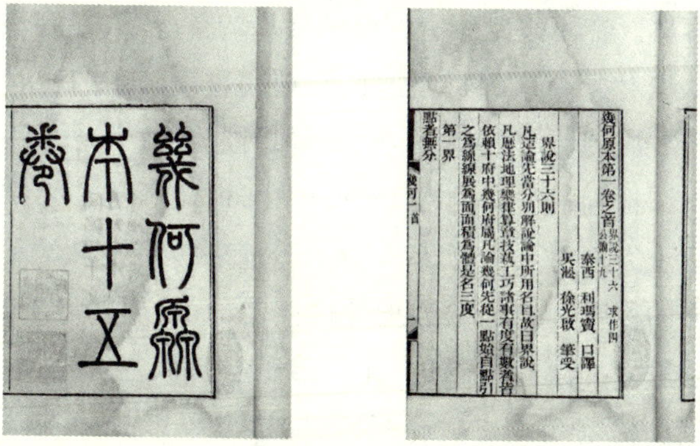
幾何原本第一卷之首 界說三十六 公論十九 求作四
泰西 利瑪竇 口譯
吳淞 徐光啟 筆受
界說三十六則
凡造論先當分別解說論中所用名目故曰界說
凡歷法地理樂律算章技藝工巧諸事有度有數者皆
依賴十府中幾何府屬凡論幾何先從一點始自點引
之為線線展為面面積為體是名三度
第一界
點者無分

图二 《几何原本》

这些传教士当时之所以能够在中国立足，很大原因是他们满足了士大夫甚至皇帝的需要，才使得中西文化对话延续下来。他们输入的科学主要还是前近代的西方科学，跟近代科学有一些差距，但是对中国的士大夫来说，因为中国的科学缺乏系统化公理化等特征，很多士大夫对这个也很有兴趣。

1616年曾经发生所谓的南京教难，南京礼部侍郎沈漼上书万历皇帝要求驱赶传教士。最后驱赶了几位传教士，但是没有导致全面禁教。1634年到1639年在浙江福建，主要是福建发生过民间的反教，但是也没导致全面禁教，影响有限。

耶稣会士陆陆续续来到中国，这里面比较重要的有艾儒略、汤若望等。当时他们到中国传播的西学范围相当广泛，包括天主教神哲学、伦理学、语言学、逻辑学、地理学、美术、音乐、西洋火器、历算、数学等。当时中西文化交流的深度也非常可观。主要原因就是出现一批文化心态相当开放的中国士大夫，比如明末最有名的被称为"教内三大柱石"的上海人徐光启、杭州人李之藻和杨廷筠。这些接受了西方科学和天主教的士人都采取一种所谓拟同的思维方式。"拟同"是一个发生认识论的概念，就是认识的主体以自己的概念格局接纳客体。在不改变原有的概念格局的情况下，很容易把陌生的认识对象纳入到自己的认知结构里面。它的哲学基础就是陆九渊的所谓"东海西海，心同理同"的哲学观念。

所谓拟同，第一是让天学圣学化，即儒教化。天学是当时中国士大夫对天主教耶稣会士传过来的西方科学和天主教信仰的称呼。他们努力把他们接受的西洋科学纳入到神学体系里面。徐光启讲过，孔门弟子身通六艺者，才可谓升堂入室。就是周孔之教包括六艺，数学不能排除在圣学之外。因此接受传播研究西方科学，这是完全正当且合法的。徐光启还认为天主教的教义实质和儒家的忠孝大旨完全相合。这当然是因为传教士采取附儒的做法，两者之间当然是相合的。

另外一点就是任何宗教到中国以后，都要正确地、适应性地处理同中国的政府、政治之间的关系。中国人传统的政教关系的框架就是宗教绝对不能凌驾于政治之上，也不能跟政治并肩而行构成一个平行的所谓二元的张力。只能服从普遍王权，自觉地把自己置于普遍王权的约束之下。这叫做政主教从，这是中国国家政教关系传统。那些皈依天主教的士大夫比如徐光启等都努力证明天学就是符合中国传统模式的。徐光启说，“天学可以补益王化，左右儒术”。杨廷筠论证天主教跟白莲无为教不一样，对社会秩序不构成危害。他们还说崇拜天主，实际上就是儒家的事天敬天，跟儒家经典里面的思想完全一致。

那么拟同的旨趣是什么？它是赋予天学一种价值意义，天学对圣学道脉不仅无害还是有益的。采用这种方式可以营造比较开放的文化氛围，另外使得他们接受天学的时候，有一种心理上的安全感。因为中国人如果把一切权威都诉诸圣学道脉，就可以避免把接受的外来东西视为异端邪教。这些接受天学的中国士大夫采取同化的方式时，他们对天主教跟儒学之间的差别并不是没有认识，实际上他们很充分很深入地认识到两者间的差异。比如中国人都有一种泛道德化的思维方式，看到一个东西，首先要做判断，它是好还是坏？是善还是恶？有一些接受天学的士大夫用这种认知结构阐释宣传天学意义的时候，就发展出比较的眼光，对中国传统儒家的人伦道德做过反思批判。

比如在1616年教难的时候，徐光启写过《辩学章疏》为天主教辩护。他说天主教有一种道德功能，就是其法能令人为善必真，去恶必尽。原因就是因为天主教的信徒心目当中有一个至上神的观念，这个神创造了宇宙万物，降生成人，拯救人类的恩典。另外天主教讲的赏善罚恶的道理都是明白的真切的，它可以耸动人心等等。所以他认为天主教的伦理规范获得一种所谓普遍的有效性，对每个教徒都有约束力。另外他对儒家的古来帝王之赏罚、圣贤之是非也做了批判。他说，虽然儒家的伦理政治规范至详极备，但是客观效果只能约束人的外在行为，不能使人在内心产生一种真实无为的道德情感和善良意志。另外一点就是现实生活当中的善恶无报、德福不一致，让人们怀疑所谓帝王的赏罚圣贤的是非是否有效，是否公正，是否导致道德社会与政治生活当中普遍存在各种虚伪欺诈的现象。所以徐光启说在中国需要有一个颁布神圣道德规律的至上神。我觉得这是一种由中国的所谓内在超越转向外在超越的非常自觉的转化。

接受天学的中国士大夫在拟同之外，还建构了一种关于生命生活的意义系统。比如杨廷筠引用《论语》里面的“人而无信不知其可也”，这个“信”在原文里面是诚信，但是他解释为信仰。这是很巧妙的解释，信仰的对象就是天主，他说这个信仰是获得天主恩宠的前提，人世间所有的善和恶、苦和乐，你只有在信仰的基础上才能获得意义。有的话他讲得很极端，他说信仰是人生意义的终极源头。如果不信天不信天主，那就是自绝于天主，你即使有其他的美德美行，也是无法抵恕你的罪行。然后他讲中国的士大夫、佛教徒虽然是宗教徒，习苦克已，但是这些都没有意义，都是徒劳的，只有信仰天主，才能获得意义。

另外当时接受天主教和天学的士大夫做的一些事就是把天学实学化。明末由于阳明心学末流的影响，学风比较玄虚。所以一些士大夫倡导实学，希望振拔一下学术界的颓风。接受天主教的士大夫受时代精神的影响，到处探求实学，当时他们就把探求实学的眼光投向了天学。

明末教内三大柱石里面，徐光启、李之藻都是对西方的科学技术非常精通,他们主要从科学的角度赋予天学以实学意义,他们翻译了数学、几何等著作。有的人认为说这个不切实用。徐光启辩护说,“不用为用,众用所基”,而且还说从他们接受的西洋历算里,可以推展出很多有用的学问。徐光启的特点就是对几何非常着迷,他翻译了《几何原本》,他欣赏的是几何学里面“丝分缕解”的分析方法和精神。他也倡导学好几何,认为只要精通《几何原本》,可以说无一事不可精,好学此书者,无一事不可学。我们把它跟稍后的启蒙哲学比较一下,有个西方学者在《启蒙哲学》里面讲十八世纪认定,只要把几何精神认定为纯分析精神,那么它的用途就绝对不受限制,就可以应用于任何特殊的知识领域。徐光启倡导的所谓实学确实就具有启蒙的意义,因为他倡导的就是要运用和分析理性。

另外李之藻对数非常着迷,他在《同文算指序》里面讲过,数是具有普遍性的,数的作用非常奇妙,无所不在,已经存在的事物里面如果没有数,就没法记录,没有数就什么都搞不清楚。然后他讲,必然性的真知,如果没有数,你就没有办法验证,而且数的确定性是诡辩掩盖不了的。当然数在现在也很重要。李之藻把对知识的确定性和对真理的追求引入到中国士大夫的精神生活当中,从这个角度对当时的玄虚学风展开深入批判。在他之后稍晚一点的笛卡尔和斯宾诺莎也喜欢把数理的方法引入对真理的探求,这点很相似。

天学实学化的目的就是从现实功用的层面说明传播“天学”是正当的合法的,它还可以满足现实需求。实学化和圣学化相比,其文化策略的成分要少一些,认知性意义更明显一些。

明末接受天学的人是有远大理想的。比如李之藻就主张对西学要“并蓄兼收”。他希望“藉异己之物,以激发本来之真性”，达到“终实相生”的创造性结果。这是一种对自己的文化非常自信的开放心态。另外他们是有文化战略的，比如徐光启就非常反对在科学领域里面的闭关之术，认为闭关导致错误。他还提出会通以求超胜。我觉得这是一种竞争观。这个竞争观念有多大的文化上的意义呢？美国学者勒文森就说，“名副其实的旧式中国文化主义者是没有竞争观念的”，因为“竞争的观念是国家主义的本质”。徐光启将对天学的接受同一种比较原初的国家主义结合起来。它突破了传统的文化主义的文化倾向，以军事强盛、科技发展、经济增长为目标。

明末清初有一些基督徒，可以说是徐光启的这种竞争观念激进的呼应者。朱宗元，生平不好考证，他讲了一段话，非常有意思。他讲，中国当时是什么都不如西方。要注意明末就有人提出这种非常激进的差不多要全盘西化的观念。第一是中国的风俗不如西方，第二是中国的治安不如西方，第三是中国的学问也不如西方，还有中国的繁华不如西方，技巧不如西方，武备也不如西方，富饶也比不上西方。万事都不如西方。

再从休谟—康德假说看一看竞争观念的意义。休谟—康德是比徐光启要晚一两个世纪的著名的西方哲学家。他们曾经提出一些论述，后来有人总结成休谟—康德假说——毗邻而又独立的若干国家之间的竞争有利于艺术与科学的创新以及国力的增长。这个假说是在徐光启的竞争观念之后一两个世纪提出来的。我们没有意思说西方很多东西我们中国都是古已有之，我们不争知识产权，我们是想用这个影响更大的休谟—康德假说来说明徐光启倡导的竞争观念是多么有价值、有意义。当然遗憾的是他的这种文化战略在明末没有有效地贯彻执行。

另外在明末的时候，还有一种逆流，有一些知识分子没有开放的文化心态，他们对西学天学持一种拒斥态度。比如1639年左右在福建出现的《破邪集》对天主教与儒学两者之间的差异是有深刻认识的，但是他们夸大了这种差异和张力，以及其对中国所谓圣学道脉、传统文化的危险。这些知识分子主张全面闭关，全面地把天主教传教士赶出中国。明末的时候虽然有几次反教浪潮，但是没产生非常实质性的影响。

二、清初的传教士和西学东渐

但凡中国改朝换代，一般来说前代的东西都得被毁灭掉。比如朱元璋灭了蒙元帝国之后，把元朝输入中国的天主教当成一种元帝国的政治建制灭掉。但是明清之际改朝换代的时候，清朝进关并没有把所有的传教士都赶出去，中西文化交流得以延续下来。主要的一个原因是德国传教士汤若望在当时起了很重要的作用。1630年的时候，徐光启推荐他进入历局，参与修历。

图三　汤若望像

清兵进入北京之后，命令城内居民三天之内全部搬出禁城。这时汤若望给清廷上书，说耶稣会士的住院里面有很多历书和科学仪器，还有很多西洋书籍，三天搬出去很不容易，希望能够保留他们的居留权。当时的摄政王多尔衮和在北京具体管事的范文程同意了汤若望的要求。后来汤若望在清廷当中的地位不断上升，主要就是靠他们为中国的所谓制历授时做了很多事。他们主要是通过“通天之才”——如天文学、数学等技术，一度让天学在中国大行其道。

按照惯例，改朝换代之后，清廷要颁布一个新历法。当时钦天监用的还是大统历推算出来的历法。汤若望1630年就进入明廷，参与修历，对这里面的事情非常清楚，就指出监官们所献历书哪些是谬误的。摄政王多尔衮决定顺治二年的历书由汤若望来制定。汤若望很快献上他的历书和科学仪器，开始了一段与清廷充满希望和宠幸但又非常危险的生死之交。

1644年7月29日，汤若望预报了9月1日的日食，其他的钦天监监官则依大统历和回回历做了预报，结果证明他们是错的，这就提高了汤若望和耶稣会士的声誉。皇帝在历册上提了五个字“依西洋新法”。1644年11月，汤若望掌钦天监印信。清朝本来就是异族入主中原，很开放。后来汤若望获得很多封赏。顺治皇帝叫他“玛法”（即满语里的“爷爷”），可以随时觐见，不用三跪九叩。1646年授予汤若望太常寺少卿的官衔。1651年诰封汤若望为通议大夫，追封其父母跟祖父母二品官爵，汤若望的祖父母在德国，所以清廷把诰命卷轴寄往德国。1653年又给他一个“通玄教师”的美誉，可以说汤若望是如日中天，地位很高。他的传教工作因此获得很大的方便。

根据统计，从1581年罗明坚来华始，至1664年杨光先教难为止，到中国来传教的耶稣会士共82位。这期间，耶稣会士共刻印天主教的宗教书籍131种，历算类书籍100种，其他的伦理、物理类55种，可以说是非常高效率地推动了西方文化传入中国。

但后来汤若望从如日中天一下子跌到深渊，这个发难的人是杨光先，杨光先是安徽歙县人，回族人，他很会打官司。1659年，他递呈礼部《摘谬论》，指斥汤若望所制历书有错误，违背中华古法。其中最大的罪是他所进的历法只有200年，这是诅咒清朝短祚。这是一个很严重的指责。1660年底，杨光先又出奇招，说汤若望所献时宪历书封面题“依西洋之正朔”，完全是毁灭我国圣教。顺治皇帝当时就是把这个字改一改，礼部奏准。1661年，顺治帝驾崩，8岁的康熙皇帝继位，鳌拜掌势。鳌拜对传教士很不友善。1664年，杨光先上疏控告传教士潜谋造反，邪说惑众，历法荒谬，一个比一个重。礼部经过审判，做了一个很可笑的判定，“各言己是，历法深微，难以分别”。对汤若望作出缓期死刑的判决。一些监官也是天主教的信徒还被杀了。有的传教士如利类思、安文思和南怀仁被判充军，各省传教士悉数押往广州，递解出境。汤若望在执行死刑之前，北京突然发生一次地震，康熙皇帝的奶奶孝庄太皇太后就说，这是迫害一个先帝勋臣导致的天谴，要立即开释汤若望。汤若望被放出来，没有死。但历狱的后果非常严重，清廷宣布禁教，废除新历，恢复大统历，后又改用回回历。汤若望1666年在郁郁当中弃世。他的时代就结束了。

汤若望虽然死了，但是西洋科学毕竟是一种有生命力的东西。比利时的传教士南怀仁用西洋的科学技术把天主教从深渊里面再次拯救出来。

历狱之后，杨光先担任了钦天监监正的职位，但是他实

图四　康熙帝像

在是不学无术的外行。1667 年，皇帝对这个事已有觉察。1668 年 12 月 26 号，康熙皇帝给杨光先、南怀仁一道谕令，大意是：天文最为精微，历法关系国家要务，你们不要怀着老仇，各执己见，应该是以谁观测的天象对来颁布施行。然后传了一个上谕，"历法以合天象为主，其不合天象者，必不可用。尔等悉心考察，谁人合天象，谁人不合天象，要据实奏闻"。后来经过多次观测比试，南怀仁所言都是正确的，杨光先自己不懂，他的部下所献的历法或者观测天象的东西都是错的。1669 年，议政王会议判定杨光先革职，交刑部从重议罪。南怀仁在历法之战中打了一个胜仗，并于 1669 被任命为钦天监监副，没有汤若望监正那么高。1670 年清朝决定恢复使用西洋新法，南怀仁得理不饶人，他得到信任，还要给汤若望平反，目的要恢复天主教在华传教的自由。所以他向康熙上一奏疏，证明天主教不是邪教，传教士从来没有谋反过，主张给汤若望等人昭雪。议事大臣最后决定为汤若望平反，认定天主教不是邪教。但是康熙皇帝仍然还是禁教，这个局面一直延续至1692年。

康熙皇帝对天主教是禁传其学，节取其技能。康熙皇帝对西洋科学非常有热情，他是一个少年天子，他像海绵一样吸收西洋科学知识，非常勤奋。这给南怀仁带了荣宠，同时也带来另外一次西学东渐的高潮。1671年前后，康熙皇帝就让南怀仁进讲天文学和欧氏几何学。南怀仁经常跟皇帝进讲科学，甚至陪他去巡幸，增进了他与皇帝之间的个人友谊，逐渐影响康熙皇帝对天主教及对天学的政策。1674年南怀仁当了太常寺卿，1678年他又升了个二品官。另外南怀仁周旋多次，康熙最后在1670年全部释放在广州关押的耶稣会士。南怀仁不失时机，推荐耶稣会士闵明我和徐日升等人到钦天监供职。1685年他又推荐安多到北京接替自己为康熙进讲几何学算术。南怀仁于1688年去世，但是他死后，康熙对传教士还是非常信任，重用他们。康熙皇帝对天主教信仰的态度比较独特，他不信天主，但尊重天主，他把天主教与邪教区别开来。当然这都是南怀仁努力的结果。

南怀仁在1677年担任了中华传教区的副省长。他多次写信到欧洲，请求派更多的传教士到中国传教。他在1678年写了一封信："中国人所重视的科学中有天文学、光学、力学、最感兴趣的是数学……看来，在这个国家，用天文学装饰起来的基督教易于接近高官们"。这封信在欧洲颇有影响，法国的太阳王路易十四也知道这一封信，他派遣法籍耶稣会士赴远东传教，以增加法国在世界大格局当中的全球化时代影响。中选者有洪若翰、李明、刘应、白晋和张诚。1688年3月，康熙皇帝召见了这五位耶稣会士，还决定将张诚和白晋留京伴驾，其余三人到外省传教。后来，又有蒋友仁等耶稣会士来华传教。这些人都得到康熙皇帝的信任和重用。此外由于南怀仁生前推荐，徐日升与张诚参与中俄边境问题的谈判，1689 年 9 月促成中欧关系史上第一个平等条约《尼布楚条约》签订。南怀仁他们制造的西洋火炮在收复台湾（1679 年）和雅克萨战役（1685—1688 年）中都发挥了重要作用。

所有的这一切让康熙皇帝开始逐渐改变对天主教的政策，并在 1692 年颁布"康熙宽教敕令"，实际上就是天主教从此可以在中国自由传播。"康熙宽教敕令"使得天主教在中国达到一个所谓的高潮，也导致所谓西学东渐的一个高潮。但是随后的一个礼仪之争，又使后果非常严重。

礼仪之争指 17 世纪 30 年代到 18 世纪 40 年代在中国发生的关于能不能允许中国教徒参与敬孔祭祖仪式的争论。这个争论还涉及另外一个问题，就是可不可以用中国儒家典籍中的"上帝""天"等等概念来称呼天主教的天主。礼仪之争的全称叫"中国礼仪与译名之争"。礼仪之争涉及到四方人士，第一方就是宽容中国敬孔祭祖礼仪的耶稣会士，以及各传教修会皈依的中国信徒；另一方是反对耶稣会传教策略的其他来华传教的修会，如多明我会、方济各会等；第三方是只能听取各修会的报告而难以决断是非，但是又不得不做出决定的罗马教廷；第四方是捍卫中国文化传统和主权的康熙皇帝。礼仪之争的后果很严重，导致后来康熙皇帝直接禁教。因为教廷派来的特使一再重申，中国天主教徒不能参加敬孔祭祖的活动，这是异教徒宗教仪式，天主教绝对不允许。康熙皇帝后来就非常愤怒，认为西洋人"跟和尚道士小人一样"，以后天主教"不必在中国传教，禁止可也，免得多事"。这件事争来争去，康熙皇帝非常不耐烦，直接禁教。禁教对东西文化交流影响非常大,直接导致东西文化交流中断。

康熙禁教之后,乾隆时期,郎世宁这些人在中国的宫廷里面还挺受重视和礼遇,但是那时基本上皇帝只是把他们当作玩物,不怎么看重,中西文化交流的深度和广度都不行了。

三、清初的士人与西学的流播

在礼仪之争导致宣布禁教之前,思想界、学术界内西学东渐很重要的一点是,当时的少年天子康熙皇帝学习西学的热情非常高,有些士大夫上行下效,清初西学东渐达到一个前所未有的高潮。康熙皇帝对西学的热情主要就是在历法之争中被激发出来的。他晚年曾经讲,他亲政之后对朝廷里面没有人懂历法非常愤怒。之后他就开始专心学习天文历法,20 多年一直在学,保持不变。后来他也达到一定境界,至少可以知道一个大概,不会被人忽悠。白晋在他的书里面曾经对当时康熙皇帝学习的情景做过记述。他说南怀仁神父曾经跟康熙主要讲解一些数学仪器的运用,还有几何学、静力学、天文学等等。康熙皇帝在南怀仁去世之后,又召见一些其他的耶稣会士跟他讲几何算术等。康熙皇帝学习非常勤奋,他每天要跟耶稣会士学习两三个小时。他自己还做预习,做习题,津津有味,涉猎的范围也很广,还学过哲学。他甚至对西方的解剖学都有兴趣。当然火器他是很有兴趣的,如果当时把康熙皇帝对西洋火器感兴趣的传统一直延续下来,而且不断向西方学习改进火器,我想鸦片战争就不会是那种情况。可惜这种东西在中国往往都没有可持续性。康熙皇帝甚至对西洋的音乐、机械制造也有涉猎。他对地理学的兴趣导致他派遣传教士到全国各地测绘,绘制一个《皇舆全览图》,这是中国历史上首次完成的大规模的三角测量,为证实当时英国学者牛顿的地球扁圆说提供有利的实测数据。学术界公认这个工程是当时世界上一流的成果。它不只是亚洲当时所有地图中最好的一幅,也比当时所有的欧洲地图都更好更准确。1693年,康熙派白晋返回欧洲招聘更多的耶稣会士(主要是科学家)到中国。白晋不负所托,在1699年招了10个耶稣会士回到北京。可以说他为康熙在位时期西学东渐的持续热潮奠定了一个基础。

还要说的一点就是康熙皇帝是学习并推广西学,他的热情影响了士风,对清初的学风是有影响的,最典型的一个例子就是李光地。李光地本来是一个理学名臣。当官做到大学士,这个官位是很高的。他本来对天文历算和西洋的科学技术没有什么兴趣。但是1689年,康熙皇帝召见过他一次,对他进行一次近乎刁难性的考问,问天文历算这些知识,反正就是很刻薄地把李光地训了一通。那次召见之后,李光地很倒霉,几乎连降三级的官,后来他没办法,就揣摩上意,首先在学术思想上主张崇奉朱熹的理学,另外就是开始学习西洋的科学技术,主要是天文历算。李光地跑去找梅文鼎,梅文鼎还比较厚道,教他学了不少。1692年,康熙皇帝召见他的时候,他就能回答一点了,后来慢慢的通过多次召对,李光地都能一一答出来,康熙皇帝龙颜大悦,把他的官又给升上来了。

李光地学习传播历算知识没有原创性的贡献,但是他促成梅文鼎撰写一些历算类著作,比方说《古今历法通考》等等。另外他还延揽一批人才专门研究天文历算,还有就是他到处传扬西学精妙实用的名声,这对传播西学也很重要。当然他作为理学名臣接受西洋的东西,说明正统的儒家在当时被迫打开封闭的心态,向西洋科学技术开放。

清初出现了一些历算专家。薛凤祚跟从一个波兰籍会士穆尼阁学习西洋新法,有一个重要的贡献是把对数表传到中国。另外他还采纳属于哥白尼日心体系的行星运行图形和行星位置的计算方法，这是典型的近代科学。还有一位王锡阐。梅文鼎的成就在前面两个人之上，影响也很大。他的著作非常多，他的学生也非常多，一个一个要到他家里去学习，非常热闹。可以说他当时是站在汇通东西科学技术的最前沿，非常有名。他的文化理念比较开放，在天文学方面的贡献很多。数学方面也有很多贡献。比方他创造性地介绍了西方的方法和工具。编了一些传播三角学的教材。研究出了立体几何，因为《几何原本》只有六卷，没有提及立体几何，这个很厉害。

当时还有一些其他的启蒙思想家，比如方以智。他跟传教士是有接触的，主要是跟毕方济，后来又认识了汤若望，他对西方科学技术比较了解。他的著作比如说《物理小识》里面据说有5%的材料来自西学著作。他还阐发了一种学问分类的观念。首先是所谓的"通几之学"即哲学，另外就是"质测之学"即自然科学，还有"宰理"实际是社会政治哲学。他判定说"万历年间，远西学入"。西方人学问不错，但是他们"通几"不是太好，就是说西方哲学不太行。方以智有一些代表作涉及很多西学。他有一种所谓的科学哲学思想，他说"质测"与"通几"相辅相成，脱离"质测"的"通几"一定会陷于虚空。清初一种风尚是研究和传播利用西学，这对当时中国学术发展起到了推动作用。当时天文学跟数学非常时髦，大概跟改革开放之后"学好数理化，走遍天下都不怕"的风气差不多。根据统计，《四库全书》里面所收的自然科学著作当中，1600年到1677年出现的天文学著作在历代天文学著作总数中占74%。只有一百多年，同一时期出现的数学著作在历代数学著作当中占了74%。以前一直在宫廷里面倒腾的天文学的重心后来转向民间。这个转向很有意思，"南王北薛”和梅文鼎都是布衣历算学家。根据研究,从哥白尼之后,天文学里面的各项重大发现,没有一个是中国人做出来的。为什么会出现这个情况?西洋的哥白尼的日心体系都传到中国来了,为什么中国人就倒腾不出来新的天文发现呢?望远镜也传到中国,为什么中国搞不出来?就是当时出现“西学中源”的潜流。意思就是所有西方人现在传到中国来的不过都是原来从中国过去,然后发展了一下的知识学说,这叫西学中源。西方的学问都是来源于中国。这种思潮在梅文鼎、方以智,甚至是康熙皇帝那里,达成一种共识。这让当时所谓的中西会通潮流走入歧途,这是一个很重要的原因。

康熙皇帝在 1692 年建立如意馆,1713 年在畅春园蒙养斋建立算学馆。有一个汉学家讲,康熙是世界历史上所有君主当中对算术和天文学最了解的,但是他创立的科学机构是以项目为基础,项目结束了,机构就没有了。这是康熙皇帝的一个悲哀,如果他当时成立科学院,代代相传,那就更辉煌了。

四、中西文化的双向交流

当时的中西文化交流不是单向的,而是双向的,开始了中国的文化向西方传的过程。它最初始于器物文化向欧洲的传播,主要是 1557 年澳门被葡萄牙租借,澳门其实是他们经商的一个据点。从此中国的瓷器丝绸等等都通过葡萄牙人输往欧洲。要知道当时 17、18 世纪,欧洲家庭里如果摆了一套景德镇的瓷器,那是非常了不起,值得炫耀的一件事。在艺术上首先影响了欧洲。比方说 18 世纪之前欧洲的建筑风格是巴洛克风格,庄严恢宏,特点是雄浑。后来出现一种洛可可风格,主要的特点是精美雅致。根据中外美术史家的研究,洛可可风格直接来自于中国。这是器物层面的。

18 世纪,欧洲还出现一个中国热。不仅器物层面的中国文化影响了欧洲,思想层面的中国文化也影响欧洲,以至于有的汉学家把当时的欧洲叫中国的欧洲,就是中国思想占领了欧洲思想界。出现了这么一件事,这是现在可能想象不到的。欧洲的思想家对中国的印象主要是靠到中国来传教的传教士的著作来塑造的。比方说利玛窦写过一部《中国传教史》,实际上就是中华书局出版的《利玛窦中国札记》,书里把中国描写为花园般的理想共和国,把孔子说成像古代希腊的大哲学家一样。还说中国人虽然失去古代的天神崇拜传统,但是在儒家思想的指导下,遵循自然理性的指引,过着非常良善的道德生活。据说这本书在 17 世纪是对欧洲思想界影响最大的一部书。另外还有其他的很多著作,比方说曾德昭的《中国通史》、卫匡国的《中国新图》、安文思《中国新纪闻》等等。其中《耶稣会士中国书简集》在欧洲影响非常大。

另外中国的传教士把儒家经典也翻译成西方文字在欧洲出版。这就是在欧洲传播中国文化,当然他们这么做的目的是为了让欧洲大本营理解他们对中国文化的界定,理解支持他们的传教策略,但是他们却导致了理性的狡狯。那些阅读了这些书的欧洲思想家从中国文化里面吸收了很多资源,主要就是中国人的所谓自然理性,用自然理性批判欧洲的宗教。启蒙运动精神用康德的话就是要大胆运用你的理性。运用理性的时候,有一个矛头就是天主教,他们要猛批天主教。有一个叫培尔的人认为中国是由清一色的无神论者组成的国家。无神论者组成的国家是完全可能的,所以一个健全的社会不一定需要宗教来维系。他说中国的无神论者永远没有阻止中华民族形成和生存下来,这种无神论似乎帮助他们维持生存和繁荣昌盛。

这完全是一种误读,根据现在一个著名的宗教学研究者杨庆堃的说法,中国人哪个旮旯里都有宗教,怎么是无神论?一点信仰都没有?这是错误的。18世纪,有人说孔子成了这个世纪的庇护神。伏尔泰曾经讲过,《圣经》是由疯狂的无知者在极坏的地方所写的著作。他用了一个例子,说中国文化是《圣经》以前的文化,更是《圣经》以外的文化。这种文化跟基督教完全不同。中国文化不讲灵魂不朽,也不讲来世生活,这种文化的集大成者孔子不以神或弥赛亚自命,他不语怪力乱神,真理在他那里绝不与迷信混同。孔子的形象是伟大光荣正确的。伏尔泰是孔子的一个超级粉丝,他把他家里原来的耶稣画像换成孔子画像,诚心礼拜,还写了一首赞美诗,"孔子,真理的解释者,他开发了人心"。他说圣人之道绝不是预言者的那一套,因此信仰他的人,本国外国都有,基督教完全是虚伪的迷信,是人类不平等的根源,应该从根本上废弃。但是他相信一点,中国其实很少有无神论者。可见西方人对中国的解读完全是矛盾的。培尔说中国全部都是无神论者,伏尔泰说根本没有什么无神论者。为什么?就是因为他们阅读的材料不同。不同的传教士因为礼仪之争,确实对中国持完全相反的观点,结果导致西方的启蒙思想家对中国形象的界定也完全不同。伏尔泰批判天主教,但是他不是说不要宗教,他要宗教,他要建立一种理性的宗教,这个东西就在中国,只有中国是世界上最公正最仁爱的民族。人类社会不能想出比中国还优良的政治组织。我们老是批封建专制,但是人家觉得我们多美好。他说对中国文明应该赞美,尤其是要模仿。

还有其他很多启蒙思想家都对中国文化有所接触,受益不少。德国思想家莱布尼茨跟中国的耶稣会士闵明我、白晋有过会谈和通讯,接受耶稣会士对中国的文化观。他成为欧洲对儒学最有研究的一个启蒙思想家,说孔子是中国哲学家之王,他批判龙华民认为中国人皆为无神论者的观点,坚持中国人是以理为神,中国宗教是他所倡导的自然神论。

西方启蒙思想家的特点不一样。莱布尼茨倡导自然神论,他发现中国文化就是自然神论。他说,谁人过去曾经想到,地球上还存在这么一个民族,他比我们这个自以为在所有方面都优越的民族更加具有道德修养?中国人满街都是圣人,如果说我们在手工艺技能上与之相比不分上下,在思辨科学方面要略胜一筹的话,那么在实践哲学方面,即在生活与人类实际方面的伦理以及治国学说方面,我们实在是相形见绌。莱布尼茨号召说,首先请求中国人派他们的教士来传播儒教。他们不知道中国人有个传统"礼闻来学,未闻往教"。中国的文明就是这么高雅,你要学就来学,我是不会教你的,出去教你,这事我不干。莱布尼茨讲,首先应该学习中国的实践理性和生活方式等等,他认为中华民族是最杰出的民族。

莱布尼茨的学生沃尔夫也是德国的启蒙思想家,他要设立一个判定哲学的基础。这个基础是与人的自然理性相合的一些东西才是真的,跟它不合的就不是真的。他说,如果用这个标准来判定,中国哲学基础是大有其真。中国哲学里面就充满了自然理性,而且他还提到一点,即中国人的行为都是出自自由意志,不服从任何的外在权威,也不听从主子的意见等等,中国人的行为里面到处都可以发现自然权利,这就更美好了。这是沃尔夫在一个关于中国人的道德观演讲里面的一段话。沃尔夫本来是大学教授,他演讲之后被勒令 48 小时之内离开国境,很悲惨。

可见西方的启蒙思想家吸收了中国所谓充满自然理性的思想精神之后,他们阐发的那些思想在欧洲非常具有革命性,在某些政府看来是具有颠覆性的。这就是吸收中国文化的一个很重要的成果,影响也深远。

五、结语

明末清初的文化交流在广度和深度上是史无前例的。涉及面非常广泛，影响也非常深远。在当时的这种交流当中，中国人和西方人彼此对对方的了解都不那么准确，有很多误读。中国有那么美好吗？当时没有那么好，但是这种互相美化可以廓清思想家思想和想象的空间。很重要的一点，借理想化的对方形象来反观自己的文化缺陷，这个很好，这总比互相妖魔化要好得多。然后从这种比较当中发现或者说探讨自己可以用来建设一种新的文化的思想资源。所以明末清初的思想文化交流，你怎么谈它的价值和意义都不算夸大，确确实实是人类文明史上非常重大的一件事。所以各大文明之间的交流是他们得以存续演进、不断进步的外因之一。史学家许倬云讲过，“外在因素的重要性不会逊于内在因素，两者都是促进人类文化演变的动能”。20 世纪英国哲学家罗素在 1922 年写过一本《中国问题》，他说，不同文明的接触常常成为人类进步的里程碑。希腊学习埃及，罗马学习希腊，阿拉伯学习罗马，中世纪的欧洲学习阿拉伯，文艺复兴时期的欧洲学习东罗马帝国。学生胜于老师的先例有不少。至于中国，如果视之为学生，可能又是一例。就是说中国将来很可能要超过欧洲，超过英国。他还讲，中西交流对双方都有好处，中国人可以从我们这里学到必不可少的实用的效率，而我们则可以从中国学到一些深思熟虑的智慧。这种智慧使其他古国都已灭亡之时，唯独中国还生存下来。罗素是比较亲近中国文化的一个人，他讲过，中国人摸索出的生活方式已沿袭数千年，若能够被全世界采纳，地球肯定会比现在更加欢乐祥和。

莫小也

岁月流珍：西洋画家笔下的华南沿海风貌

莫小也，浙江理工大学艺术与设计学院美术系教授，艺术理论研究所所长。发表专著《17—18世纪传教士与西画东渐》(2002年)、《澳门美术史》(2013年)等，论文《铜版组画〈平定苗疆战图〉初探》(2006年)、《近代西洋艺术传入中土的序曲》(2010年)等，译文《明清时期中国人对西方艺术的反应》(英文，1998年)、《乾隆画院与铜版画》(日文，2001年)等60余篇，计80余万字。先后出访并讲学日本、美国、葡萄牙等国以及港澳地区。

今天我要讲的是《岁月流珍:西洋画家笔下的华南沿海风貌》。“岁月”,主要是指1600年到1900年,更明确地讲是1860年前,内容是华南珠江口,像澳门、广州、香港这些地方城市与农村的面貌。这些画作主要是各个国家的画家画的,现在全世界大概留有几千幅,我只是选择了一部分。我把亲眼看见的或者是比较可靠的作品带给大家,大概120幅。这些画主要记录的是照相机出现之前的景象,以绘画方式留下的华南地区的一些山川、河水、人物、风貌。一些优秀的作品像珍珠一样,洒在世界的各个博物馆,所以我取了这样一个名称。

一、序言

这幅画,大约是1860年左右的广州城,但是它里面有很多不确定的信息。当时有一些外国人记载,19世纪的广州城比法国的巴黎还要大,人口也基本上差不多。从中国的书上看不到像这样的一个完整的、立体的、全面的图像。但事实上这幅画既带有一定的想象,也带有很多真实性。比如右面那个地方,就是今天广州城的白天鹅宾馆,上面外国人的很多旧建筑都在这里,去的时候还要穿过一条小河,穿过一座桥,它是一个独立的区域。还有海珠炮台,是在一块石头上建起来的,是专门守广州城的一个清军炮台,有20门炮在这里,可以有40个士兵同时在上面。外城城墙,里城城墙,还有当时广州的一座塔,上面还有五层楼,外面有很多建筑。因为广州城曾经被英军战争破坏,中国人自己没有画下来当时的城景,这幅画可以说是那个时代的记录。但很可惜,这幅画现在不知道是谁画的,该画现存美国波士顿。

图一 《广州城图》

今天就让大家一边看画,我一边来谈画的内容。第三个部分重点介绍两位画家,一位是在澳门去世的,还有一位在澳门住了将近一个月。他们画了很多画,重点介绍一下。想通过这个讲座来看一下三百年前的西方人画的这些画,对我们今天来认识历史,认识我们自己民族原来的那些生活有什么作用,有什么价值意义。

我主要介绍有关华南沿海城镇乡村自然地貌的一些画,还有在那里交往或者居住的中外人士的人情风貌。这些画能够跟历史书进行对比参照来考证那段历史。内容分成四个部分,第一部分讲澳门开埠以后,东西方美术怎样直接进行接触;第二部分讲欧洲画家眼里的华南风物,也就是他们所画的内容;第三讲英国人钱纳利,这是他的中国名字,钱纳利和法国人博尔杰在华南的经历;第四就是这些绘画慢慢在中国南方引起了中国的绘画转变。

二、澳门开埠后东西方美术的相遇

澳门开埠以后大约1553年，由于传教士和外国使节的进入，在粤澳、华南地区形成一种吸收西洋文化的民间艺术。这种艺术是跟北京的宫廷艺术、南京的文人画艺术有区别的。澳门实际上到150年以前，还只有2.78平方公里，非常小，人口也只有1万左右，但因为它很早就是一个避风港，是海上经商的要道，因此大约在1600年，这里就是欧洲人来亚洲的一个定居点，也成为文化交流的桥头堡。从近代中国美术史看，澳门比较重要，因为过去的艺术品是通过澳门输入的，中国西洋风格的绘画，也是在那里开始形成。很多传教士画家、外交使团的画家、旅行家，往往是经过澳门来到中国内地，这个地方也最早培养了西洋画人才。

圣保罗教堂是今天还留在澳门的最重要的罗马式建筑。1602年始建造，大概建造了30年。上面有当时耶稣会的创始人之一沙勿略的形象，他在广东上川岛去世的。这个牌坊式建筑是1835年被大火烧了以后留存的，是远东最大的一个天主教教堂，汇集了很多当时中国文化跟西方文化的元素。

图二　圣保罗教堂前地

这是圣母像遗址，这个像表现的是圣母引导航海，下面是一条大船。可以看到中国式的狮子作为漏嘴，雨水从它的嘴巴出来，下面是罗马式柱子。

图三　圣母像

最重要的是到今天为止，澳门不仅有 26 个西方教堂，还有 40 多个中国式寺庙。这座寺庙和刚才那座教堂紧挨着，寺庙跟教堂在很小的澳门都有共存。

图四　哪吒庙

最早在16、17世纪，传教士来华并在教堂里画油画。这是一位跟着传教士学油画的中国修士倪雅谷画的。穿戴明代服装的是意大利耶稣会士利玛窦，他在1582年来到澳门学习中国文化，1595年来到南昌、南京，1601年到了北京，得到万历皇帝的信任，建造了教堂。当时他画了这幅图叫作《坤舆万国全图》，他把中国画在地球中间。在他之前，中国是画在地球的边上的，因为他通过跟中国文化的调和，把中国画在世界的中间，以此来取悦皇帝。

图五　倪雅谷所画利玛窦像

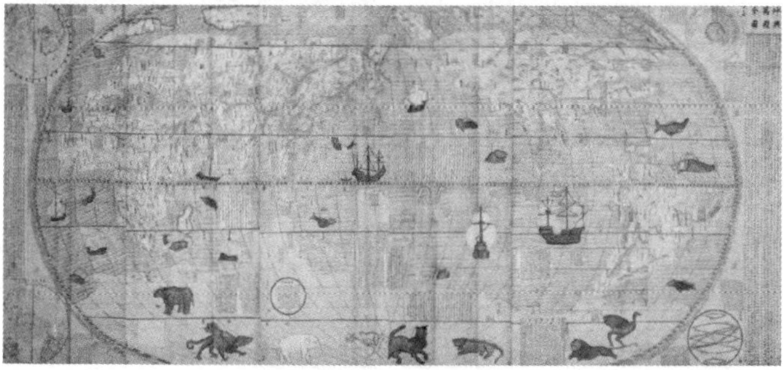

图六　(仿)利玛窦绘《坤舆万国全图》(南京博物院藏)

当时传进来教会的书，也传进来铜版画。这幅铜版画画的是承德避暑山庄。作者为意大利传教士马国贤，他不仅是画家，还是翻译、医生、植物学家。

图七　承德避暑山庄图

后来又有一位画家名叫郎世宁，他在北京住了半个世纪，帮助乾隆皇帝画了很多中西结合的绘画。下面两幅图左为乾隆的《大阅图》，右为《乾隆万树园赐宴图》，这只是局部。

图八　《乾隆大阅图》(左)与《乾隆万树园赐宴图》(右)

表现的是乾隆接见少数民族的场景,今天故宫墙上还留存这幅画,当时在北方还留下像圆明园这样的组画。郎世宁虽然在北京,但他也经常到南方去,因为他负责到景德镇帮助烧窑的人画美术图案,所以他可能跟中国画家画过一张广州城门外的风景。但是他所画的风景还是中国画的形式,当然也结合西洋画法,比如灯光的运用。

我讲的这些主题的画,主要都放在澳门艺术博物馆以及香港艺术博物馆。20 世纪 80 年代初,随着香港、澳门的回归被提上日程,从中国香港开始,接着是中国澳门、美国、葡萄牙、英国,他们都很着急想对这些画以及画里面所表现的内容做一份说明。像"香江遗珍:遮打爵士藏品展",是香港一位已经过世的商人遮打的收藏,他原本收藏 440 余幅这样的画,但在抗日战争中几乎全部遗失,现在捡回来 79 件,做成一个展览。还有"珠江风貌——澳门、广州及香港"展,这些画又称为历史绘画。这是澳门艺术博物馆的外景,这座大楼里就有一个专门的三楼展厅叫澳门历史绘画馆,持续展览这些画。其中葡萄牙的画也经常拿到澳门来展出。

图九　澳门艺术博物馆

下面这幅是最早的澳门想象画,1598 年由荷兰一位商人出版家兼画家德布里所画,以想象中的建筑与人物来说明半岛地形图。它实际上是图书中的一幅插图,但基本上根据当时的文字情报进行了创作。进入中国的莲花茎就是一条路,北面是香港,南面是横琴岛。他画了半岛的一个总趋势。还有教堂,这些教堂的位置跟现在基本上差不多。这些大的三桅帆船上是葡萄牙人。还有印度或者非洲的奴隶,他们带着这样一种太阳伞。这些景象是最早的想象图,但是根据文字记录也基本上是准确的。

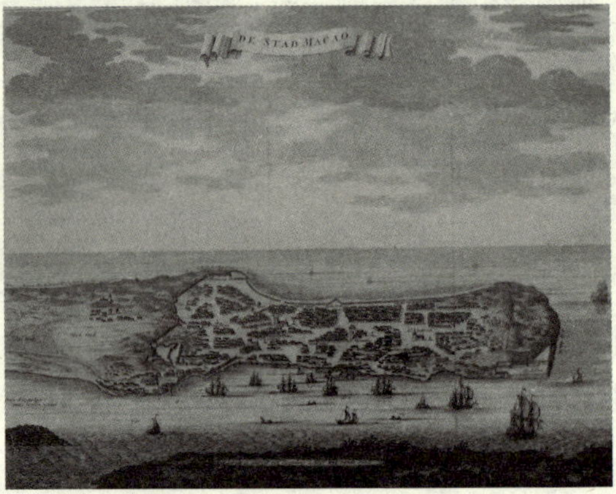

图十　最早的澳门地图(想象画)

当时有很多这类画作也是荷兰人所做。因为荷兰跟葡萄牙是竞争关系,后来葡萄牙定位为向东发展,经过印度到中国;西班牙则向美洲去。荷兰竞争不上就到了台湾,当时就画了这幅地图。具体看这幅图,街道、房屋、教堂全都有了。城墙画得非常准确,碉堡都非常准确。这条海堤今天叫南湾,后来的图上不断地反映这个信息,还有内港。

图中有一个通向澳门的大门,这个大门其实在 1849 年以前是中国人造的中国式的门,就像故宫的那些一样,后来葡萄牙把我们的建筑全部都毁掉,造了他自己的一个门,这个门今天还在澳门。为了防止葡萄牙人再进来捣乱，清政府在这里专门造了一座城堡叫前山。当时清政府的态度是“申明约束，设官驻军，严加管理”，专门在澳门设立“澳门海防军民同知”，相当于县长，驻在澳门里面。这些图是研究中葡历史很重要的材料，但目前这幅图的作者不知是谁。

图十一　广东广州府舆图——香山及澳门地图(1685 年)

美国波士顿皮博迪博物馆里都是当年中国南方的出口物、贸易品，包括家具、瓷器、油画，有西方人的也有中国人的，有几千件。香港一个英国人办的威帝斯画廊专门收藏广东的地图跟绘画，英国还有一个马丁画廊，这两个画廊都是以收集中国近三百年的地图跟美术作品为重点。

最近三十年，国内很多专家学者包括我的导师都很重视这一类绘画的研究。上海图书馆编了一本《西方人笔下的中国风情画》，收录大概五百幅绘画；我导师黄时鉴编的《十九世纪中国市井风情三百六十行》；还有以中山大学为主的许多单位合编的《西方人眼里的中国情调》，大致讲的都是西方人画的那些作品。还有很多港澳跟美国展览的时候出版的图书，说明这个问题在学术上比较受关注。

西方研究者中最重要的是孔佩特(Patrick Conner),他是英国的艺术史博士,正在写画家钱纳利(George Chinnery)。这位画家1852年死在澳门,他在澳门住了27年。还有一位画家万青力在研究19世纪中国绘画史时,专门对当时的洋画、油画进行了评判。因为这部分在过去的中国美术史上一字未提,而他在19世纪就已经把它作为问题提出来了。

三、欧洲地志画家眼里的华南风物

第二个问题讲讲画家画了些什么。先整体地把所有代表性画家的画都看一下,然后再讲两个最有代表性的。1492年麦哲伦发现新大陆,全球新航线开始以后,当时就出现一种地志图(Topographical Paintings)。这种地志图取代照片的作用,就是来到全世界各个地方,赶快把那里的地理、风情、人物、穿戴都记载下来,向自己的国家汇报,便于决策要不要开发殖民主义,有这样一种目的。当然有很多艺术家虽然是带着这种任务出发的,但他们也创作了许多自己爱好的艺术,比如说水彩画。

这一类画的题材在中国也就是在今天我的讲座里,大概分四个部分:第一部分是自然环境,当时的城市与建筑;第二部分是典型的人物肖像,比如说外国人的形象、商人的形象与日常的风情;第三部分是特殊事物,包括少数民族、动植物、车船等等;第四部分是生产与行业,比如说丝绸与茶叶的生产。西洋人绘画的题材大多是前三类,最后一类对于当时中国学画的人画得比较多。西洋人以我们的少数民族之一的“疍民”为对象画了很多画,等一下再介绍。大致有这样几个著名的作者,荷兰的尼霍夫(Johan Nieuhof),英国的亚历山大(William Alexander),英国的韦伯(Webber John),英国的丹尼尔以及他的侄子威廉(Thomas & William Danniell),英国的罗伯特·埃利奥特(Robert Elliot),英国的乔治·钱纳利(George Chinnery),法国的奥古斯丁·博尔杰(Auguste Borget)。

下面几幅图的顺序大概从澳门开始到广州,以及广州的周边,再到香港。因为从时间上来讲,澳门开发比较早,然后再到广州,1840 年以后,香港才比较有规模的开发。并且 1840 年以后摄影已经出现,所以香港绘画总体价值就比较小一些。

(一)澳门风物

最早的是荷兰画家尼霍夫画的。实际上荷兰最早派出使团来到中国进行谈判,第一次出使中国的荷兰贸易使团随行画

图十二 《澳门群岛在望》

图十三 《澳门远眺及海港上的荷兰船只》

家尼霍夫,他画了80余幅作品,写了一部带有插图的报告。

《澳门群岛在望》画于1657年,他的画实际上是水彩加上弱色笔,是速写。他的画在回国以后的1667年出版时改为铜版画。图十三《澳门远眺及海港上的荷兰船只》就是以刚才那幅画作为资料,再拼凑其他的画而成。这是荷兰的船、荷兰的旗。尽管他有速写,但在做插图的时候,有一些内容也是夸张的。比如这个碉堡已经建得非常好了,里面的城市也已经非常丰富了。实际上那时候澳门还没有达到这样一个城市规模。这雕版画、铜版画是根据他的手稿绘制的。

图十四　西望洋山的主座教堂

图十五　《吸烟的少女》

以上两幅图来自一幅手稿,是英国使团的随行画家亚历山大所画，他在1792年到1794年间，两次经过澳门，画了三百多幅作品。上面这一幅画的是澳门的西望洋山的主座教堂，下面画的是中国的一个吸烟少女。亚历山大回去以后也是把这些图做成一本书，而且写了很多文字，他讲到中国的官员跟女性都会抽大烟，图文结合起来进行了汇报。

下图是澳门靠香港这一边的南湾当时的景色，是在教堂前，神父正在跟一个中国人讲话，这里有修女。像这一类图虽然比较模糊，但是可以告诉我们很多信息。这幅图是1720年左右画的。这里的一个炮台当时还在水里面，到了1800年的时候，这个炮台已经在陆地上了，反映出这种信息。还有西望洋山，还有今天大三巴所在的地方，刚才的教堂所在地。今天我们叫它大炮台山，澳门博物馆就在这个山顶上。以前这个山顶是总督住的，里面有地下工事，山上可以镇守且全是西洋建筑，在1700年左右就已经很完备了。

图十六　澳门南湾

图十七是一幅手绘的水彩画，这幅水彩画比较大，完成于1824年，实际上中国跟英国1816年就已经交过战。但是当时在力量上，英国还没有完全压倒中国，所以有一些军舰驻扎在澳门休整。罗伯特·埃利奥特是其中一位舰长，这幅

画表面来看并没有军事上的意义，但是从海军的角度来讲，他们描绘这些东西本身带有一种军事目的。比如说这是当时的炮台，山顶有城墙，他对自然的客观环境的描绘达到一种军事侦探的目的。他画得非常非常仔细，是用水彩画画的。

图十七 澳门港船舰

图十八是英国人阿罗姆 1843 年画的《由北向南眺望澳门南湾》，但是他并没有到过中国，这幅作品是根据很多其他作品组成的这样一个景色。但是他很清楚，比如南湾是中国的税馆，抬的轿子什么样，当地渔人的船他都很清楚。1900 年之前，很多没有到过中国的文人艺术家都是根据有关的资料进行创作。他们自己没有条件或者没有时间来，但创作了很多画作为当时书的插图，基本上是准确的。

图十八 《由北向南眺望澳门南湾》

图十九是1863年德国的希尔德·布兰德所画,他是水彩画家,也到澳门进行写真,他的画画得比较有艺术性,带有一些印象派的色彩,比如这幅《夕阳下的澳门景观》。

图十九 《夕阳下的澳门景观》

德国的一位艺术家海因画的也是比较真实的,大炮台、东望洋山。下图有修女跟黑人,其实澳门在没有正式签订文件以前,把大量的印度人跟非洲人移到澳门作为奴隶。一个葡萄牙人有六到七个仆人,他们不仅会做事情,也能保护他们的安全。

图二十 《从主教山外眺望南湾》

葡萄牙人进来澳门以后，除了建造比较大的景观以外，还一直宣传葡国文化。有一位叫贾梅士的诗人，在16世纪后期因为跟葡萄牙政府政治上的冲突，被流放到印度，然后又从印度流放到澳门，在山洞里住了3年，写了一首5万字的长诗。这首长诗里面有关于中国长城、中国少女等等的描述。所以贾梅士就成为澳门文化的一个标志，他曾经住过的石洞上建起了公园。现在里面有一个雕塑，当然现在已经城市化，周边都已经是建筑了，这个公园还在。所以当时西方人除了画城市景观，还画大量的标志性的文化圣地。比如“妈阁庙”，当时的“妈阁庙”是从山上走下来，庙前是一个很大的市场。当时中山、江门、广州的老百姓都到这个市场做生意。后来中国政府在这里也有一个税口，收外国人的税。这是一幅铜版画。今天“妈阁庙”整体的建筑风貌跟当时画里的一模一样。

图二十一　妈阁庙及附近景色

除此以外还有教堂。图二十二是最早的教堂——望德堂，是1814年画的，但这个教堂是1568年由葡萄牙人始建。虽然改建过了，但今天的位置是一模一样的，上面是东望洋山，东望洋山也有一个小教堂叫圣母小教堂。2000年左右，这个教堂的墙壁被挖开,发现里面有很好的壁画,而且是用中国的毛笔画的小飞天。东望洋山是珠江进入内地河流最重要的灯塔,亚洲第一个灯塔就建在这个地方。

图二十二　澳门圣母望德堂景色

下图是《圣方济各教堂与炮台》,现在炮台的位置还在这里,这座教堂已经改建了,但这些绘画能让我们知道这些历史建筑的原貌。需要修复的时候,也可以通过它们来进行考证修复。

图二十三　《圣方济各教堂与炮台》

下图是圣保禄教堂,中文叫三巴寺。这个教堂在 1835 年被烧掉,就剩下前面的石碑石壁,台阶现在完全都不在了,这里可以看到当时整齐的宗教活动队伍。

图二十四　大三巴

（二）广州及珠海沿岸风物

下面讲讲广州及珠海沿岸。广州曾经开放、关闭，再开放、再关闭，经历了多次反复，原因是清代的官员非常不放心葡萄牙人等西方人进来，按照他们当时的说法，西方人把坏的东西都带进来，包括梅毒，如果在澳门半岛上还可以，但如果到了广州就都散开了。从澳门到广州 80 里路，中间有火门这个重要炮台，当时认为如果把炮台守住了，西方人就不能随便进内陆。清代康熙年间，1685 年开放海禁，广州、福建、泉州、浙江宁波，江南的松江，都对外开放。外国人陆续来到广东，粤海关每天的外洋洋船接踵而至，货品名目繁多，利钱丰厚。这是当时外国人记的，又记此处村落无数，繁盛富庶。但是 1757 年，清政府把其他的海关都关闭了，只剩下广东，而广东也要求他们十月份来，一月份之前要回到澳门去，所有的女人都不准进广州城，即使他们来到广州，也必须住在离广州 10 里远的地方——黄埔。每个月都只能玩一天，都有规定的地点路线。即使开放了广州，还是控制得非常严。但是划了一个地方给广东的商人跟外国人做生意，就是十三行，即“买办”。这些商人代表政府控制着所有来做生意的外国商人，规定了地点，也规定了内容。

下图是尼霍夫画的广州城景象，虽然它不是完全真实的，但可以想到这个城市的繁荣和广大。它有外城墙、内城墙，还有光塔，登上光塔可以看到城市全景，光塔九层高，八角楼。还有花塔，五洋楼当时都已经有了。最早的光塔是627年建造的，花塔也是当时的僧侣在6世纪建造的，其他还有一些亭子。也可以看到当时外国的船跟中国的船在黄浦江上非常繁荣的景象。

图二十五　尼霍夫所画广州城

比较正式到广州作画的是丹尼尔叔侄。实际上他们通过英国的东印度公司，在1785年就来到中国写生。图二十六这一排是当时广州城外被称为十三行的建筑，实际上是中国有钱的商人把这些房子建起来以后，租给各个国家。红白蓝的是荷兰馆，还有英国馆、美国馆、加拿大馆等等。基本上楼上住的是商人，楼下是仆人、水手、雇佣者。等生意做完了他们也就回去，所以是租用这些房子。这些商馆曾经在1822年和1856年两次着火，1822年可能是自然原因，1856年是战争原因，基本上全部烧光了。

图二十六　广东十三洋行

下图是史贝霖，也有翻译成斯波义隆的，画的《广州法廷外景》，也是画的十三行馆室。其中有旧英国馆，当时有四个英国的水手打死了一个中国人，他们喝酒以后打架，图中表现的是开庭进行审判，中国官员准备进去，很多老百姓在打听消息，这个建筑刻画得比较具体。但这位画家的身份目前不明确，有的说那时他已经到了欧洲，这幅画是1807年画的，也有说18世纪90年代他已经到美国去游学画油画，很多画都用了这个名字，但中国文献里关于他没有一个很明确的有针对性的名字。

图二十七　《广州法廷外景》

下图是广州的同文街，同文街是很多街道中的一条，大多是在使馆区做生意的中国商人，各种各样的货物都在这里出现，让西方人在这里订货。

图二十八　十三行同文街一景

下图是英国画家钱纳利画的珠海炮台，这是在珠江中间一块石头上面建立起来的炮台，离广州大概一里路左右，后来被英国人炸平了，在1856年第二次鸦片战争的时候，这个炮台被拿下。第一次鸦片战争虽然签订了不平等条约，但广州城还是守得很牢，火门还是守住的。它的对面是商馆，可以看到这个地方多么重要，它有20多门炮。清军并非无能，

图二十九　珠海炮台

慢慢地我们想从这些画上找到一些史实，实际上当时对于英国的挑衅，清军做了很多准备，包括林则徐去的时候。

下图是在长洲岛上画的，对面就是黄埔，有一个塔在后面，远处就是广州城。这里有当时的西方大船，美国、英国、荷兰来的时候，往往为他们的船专门画一张画，因为这些船可能会损坏，可能会沉船，所以画画作为纪念。据记载，在江门附近有200多个塔，外国人来到华南后非常喜爱中国的塔，按照他们的说法，塔可以计算其间的距离，根据塔就可以目测离广州还有多远。塔又可以登上去，看周边环境，所以西方人对塔非常感兴趣。现在广州黄埔那里还留着这两座塔，现在已经改造成公园了。这是英国皇家美术学院的著名艺术家托马斯·丹尼尔所画的画，实际上他并没有到过中国，他也是根据其他记录的速写而画了这幅画，这幅画是很生动的。

图三十　珠江塔影

图三十一是珠江口进来的第一个塔，《莲花山城及莲花塔》，也是英国人丹尼尔画的水彩画。1793年，这一片看到的其实是一个采石场。澳门跟香港在清代的时候都有大块的采石场，犯人都被送到那里去采石。画这幅画的时候，这个采石场已经废弃了，但画出来的感觉非常漂亮。

图三十一 《莲花山城及莲花塔》

除了风景，画家们也画很多中国有特色的地点。图三十二是珠江边上的一个村子，村口有一个小庙，一个人正要进去。还有人好像是要把一头猪装进去，这是村口的样子。这位画家叫博尔杰，他说当时走到庙门口就被景象迷住了。很多人都来看他的画，这幅画已经是回到法国以后重新做成的版画，原来都是速写。他后来出版了一本书，叫做《中国与中国人》，其中大量描绘了华南的生活景象。

图三十二 博尔杰所画村庄

图三十三是1850年左右所画，记录了传教士在传教，一个清朝官员在读《圣经》，还有传教的活动。

图三十三　传教士与访客

(三)香港风物

下面讲到香港。1816 年英国第二次使团来到中国的时候,他们被乾隆皇帝藐视了一下就回去了。威远炮台和虎门炮台紧紧地守住了广州大门,一直到第二次鸦片战争的时候,才被英国侵占。下图是到达北京的英国使团的船,《马嘎尔尼使团撤离虎门情景》,亚历山大所画。这是在鸣礼炮,他离开的时候,中国要鸣三声礼炮表示欢送,这艘船是“狮子号”。

图三十四　《马嘎尔尼使团撤离虎门情景》

1816 年,他们派了一位画家威廉·哈维在船上,来到香港附近的一道瀑布,哈维把它画了下来。这道瀑布被当时香港改成维多利亚城,为什么要占领这个地方?因为瀑布可以保证生活水源,现在这个地方已经做成一个大水库,淡水非常丰富。

图三十五　香港仔附近的瀑布

图三十六是 1856 年"维多利亚城"的石版画。这张景色图是代表性的维多利亚港的景观,后面就是太平山,现在太平山顶上都是一些建筑。这幅画大概成于 1854 年,传为煜呱所作,但是我认为应该是西方画家所作。这个景观以油画形式出现在香港的很多店里面。这个景观实际上是西方占领香港以后,他们自认为这幅景象象征了香港的繁荣。香港 1840 年以后划给他们,广州很快就衰落了。因为过去在澳门做生意的那些人都跑到香港去了,修船也好、补给供养那些人也好,全部都住到香港去了。当时英国人戴维斯是香港总督,他马上就把他们占领的地方划成 50 块地,就像今天一样来卖土地给商人,然后各地的商人马上就在那个地方建设了自己的洋房跟仓库来做生意。所以广州的十三行就受到影响,1840 年以后,中国广州的经济受到了极大的影响。

图三十六　维多利亚城

下图是1834年的《"伊莫金号"及"安德劳玛琪号"攻打虎门》，那时候英国已经跟我们在交战了，但是还没打下虎门，真正虎门沦陷是1856年。义律实际上老早就在这里活动，他就坐在这个船上。这些画不是一张而是一组，从战争开始到结束都有，而且不止一套。义律打厦门，打浙江定海，一直打到天津，每打一仗，都有一个军事画家跟在后面画画，画好以后回去汇报。这一批画有殖民主义的性质，而且有些地方丑化了中国人，而把他们的军人画得趾高气扬。

图三十七　《"伊莫金号"及"安德劳玛琪号"攻打虎门》

(四)钱纳利与博尔杰

下面讲两个代表性的画家。乔治·钱纳利如果在英国生活的话，他能够跟现在英国那些代表性的画家齐名，比如说水彩画家特纳。他和特纳是同时代在英国皇家美术学院毕业的，而且他做过爱尔兰美术协会的秘书长。但是后来他的兄弟在印度，他了解印度很需要画画的人，也可能在印度会赚大钱，他就在1802年跑到印度，在印度住到1825年。后来他又知道澳门发展得比较好，他又跑到澳门。1852年他死的时候，中英关系已经不行，所以他死在澳门的时候很穷困，死的时候连房租都没钱付。他的画马上就被拍卖掉了，转到私人手里，除了一些很有代表性的画现在在日本东洋文库，还有个别的在美国的博物馆。最近30年，澳门大概收了30张左右，香港也有几幅，英国有几幅。他的画绝大多数都流散了。过去连澳门人都不知道，其实他在华南澳门住了27年，估计他的画在5000张以上。

下图是钱纳利的自画像，画家其实也很孤独，有时候也没有生意，特别是在澳门，西洋人可能也就三四千，人非常少，他就画了很多自画像。他一方面以新奇的眼光发现中华大地的人文景观，一方面开始画油画肖像。这张是1835年，他来到澳门10年后所画。

图三十八　钱纳利自画像

在广州最初的 10 多年他有很多生意,因为当时行商很多,这些行商代表清政府跟外国人做生意,往往穿着官服,非常富有,他给他们画肖像。下图左边有商人卢文锦的肖像,可以看到西方式的背景,有天空,有原野,中国的金鱼缸、官服、补子,官府布置画得非常全面。过去中国人不能画活着的肖像,如果有的话,那些皇帝、大臣都是毕恭毕敬的,不能像这样坐着。西方人来了之后为这些人画了很多肖像,包括女性。下图右边是住在澳门的玛丽·布鲁斯女士的肖像,1830 年绘制。

图三十九　卢文锦画像(左),玛丽·布鲁斯画像(右)

除了给个人画,他还给来到澳门的商人画画,图四十是《查理马奇班克斯家族》。画上的商人本来在印度做生意,是一个大老板,1830 年到 1832 年,他是英国东印度公司驻广州的主席。钱纳利来澳门也是搭了他的船"海特号"。他在澳门生活,有三个小孩,还有他在中国的保姆。我们称这样的画叫家族画,往往有一种摄影作用的纪念。有一些家族画要寄回英国去,让他们知道在这边的生活情况,所以画这些画能赚大钱。当时钱纳利来到广州这一带,一开始非常富有。

图四十 《查理马奇班克斯家族》

他还画了像下图这样的医生与病人,这是广州的眼科医院,主要治疗白内障。旁边是医生的中国翻译,下面是助手,坐着的是等着的病人。医生还要教会病人怎么用眼镜。道具都画得非常仔细。这幅画现在在美国。新教是通过医院、报刊等慈善事业来进入中国的,所以这些油画带回去是捐款用的,拿到美国、英国,让那里的教徒知道我们在中华帝国已经办了医院,起到这样一种作用。现在美国很多大学还保留

图四十一 郭雷枢医生与病人

着这一类画。

没有生意的时候他就画风景画，这一类画也能够卖。当时的商人来到澳门，做完生意就离开了，带着这些油画回去做纪念品。下图是英国驻澳门的商馆，他也是有目的地描绘。可以看到夕阳下景色非常漂亮。

图四十二　从西南角鸟瞰澳门(1838 年)

除了画这些以外，他也画很多速写性质的建筑局部或者风景局部。下面这一幅在日本东洋文库，他们已经把钱纳利的画全部重新裱装了。可以看出他的画是画在速写本上的，

图四十三　圣若瑟修院壁龛式的入口大门

跟一般的纸一样大,每一页都画得很满,有水彩画,有铅笔画,有水墨画,看了这些画就知道他当时多么热衷于当地风景。因为澳门很小,他可以拎着画架,随时出去画画。

下图是澳门慈善堂,这个楼现在还在,重新建造了,还有玫瑰塔,还有今天还在的澳门博物馆,称为大炮台。这是用铅笔、水墨、钢笔画的,我们也可以把这幅画看成油画的草稿,这样的画他画得很多,先画水墨,再改为油画。

图四十四　澳门慈善堂

他还有一个特点,他每一幅画都有记录、文字说明,但是他的文字是用一种特殊的速写方法,现在很多人都在考证他记录的究竟是什么,如果全部的语言都查出来的话,那就是一本很好的书。图四十五是当时的中国税馆,可以知道它建筑的形状。这是当时的枷思栏炮台。澳门有很多教堂,教堂石头是从哪里来的?很可能是用海边那些最好的花岗岩来建教堂。

图四十五　税馆与炮台

下图是他速写本的一页，可以看出这边画完，又到那边画，那边画完，又到这边画。他满意的时候，他就用一个十字号把它画一下。这里写着“西辕门”，我认为是当时的中国官方机构。这是前面的市场，很多人都在这里摆摊、喝稀饭。像这样的作品非常重要，对于我们回忆研究澳门的日常生活穿戴都非常有意义。

图四十六　关部行台前的小食摊

他最有艺术价值的创作是水彩画，这些水彩画都是现场描绘的。图四十七是妈阁庙前面的码头，对面是珠海，他的用笔非常轻松，这里留着一些白的颜色使这幅画非常透明。当时妈阁庙前面有一块市场，大家在这里上下船，像这个《薄暮下停泊的渔船》。虽然是没有用颜色的画，但是感觉到水面的颜色非常丰富，因为澳门处在海上，风云变幻，暮色下的颜色非常丰富，所以很适合画家进行即刻的创作速写。我觉得他也很可能是用毛笔画的，笔尖用得非常自然。

图四十七　《薄暮下停泊的渔船》

图四十八和图四十九这两幅重点讲一下。这是蜑族。我 1999 年去的时候还有一点人，过去他们住在船上，现在他们全部上岸了。1850 年大概还有七八千人左右。传说他们在宋代灭亡的时候被元军赶到海上面，他们就成为海上民族。海上民族是走婚族，没有男性，是以女性为中心的走婚族。她们的脚是大脚。图四十八这幅画在钱纳利画了以后，专门送到英国皇家美术学院展览，所以这幅画现在保留下来了。这个民族的穿戴跟清代的人不一样，他们就住在后面的小船里，平时的工作就是把大船上的人和货物从大船接到岸上，然后把岸上的东西送到大船上去，把人从这个码头送到那个码头。他们的水性和驾船技术非常好，还可以根据气象随时搬家，是一个旅行的民族。

图四十八 《濠江蜑家女》

这组画说明当时画家没有歧视他们,他是人道主义的画家,而不是那些带有军事目的或政府派来的人。他当时画了很多油画,下图这张画也是歌颂蜑民的,《濠江渔歌》,濠江是珠江旁边靠澳门的一条小河,靠横琴岛。还有葡萄牙的国旗,这是葡萄牙的炮台,还有西望洋山。水画得非常好,动感很强,而且阳光下的处理非常好,有云在动的效果。

图四十九 《濠江渔歌》

另外一位画家叫博尔杰,他有明确的目标,就是要去周游世界、画画。他 1840 年到澳门的时候,发现澳门最美,他就住了十个月。下图这幅传说是他画的蜑民。这是他画的一张比较完整的作品，人在爬上爬下，下面还养猪。这张版画是根据他的素描所作。

图五十 《蜑家船屋》

下图是他画的妈阁庙。这里面有70多个人，有卖肉的、回家的、剃头的、算命的、乞丐、富人、贵人等等。这是妈阁庙的门口，可以看到1840年，妈阁庙门口是一个非常繁荣的市场。

图五十一 妈阁庙前的广场

他还画了很多建筑的局部,下图是上山进香的一个场景。澳门之名的由来,就是因为当时妈阁庙前面的一位中国人回答葡萄牙人,说这里是妈祖庙。葡萄牙人听不清楚,他就说那就叫 Macao 算了。现在的考证是在 1480 年左右,澳门的妈阁庙就已经存在。所以过去葡人说他们发现了澳门,这是不对的。

图五十二　妈阁庙进香

图五十三是妈阁庙内部的景色,这里有画家本人,他把自己画在中间,很多中国人在观赏他画画。他说他每天都要到妈阁庙来转一转,这里的日出和晚霞非常漂亮,中午可以在庙里的树荫下休息,这个景色令人难忘。

图五十三　妈阁庙内景

他还画了澳门的全景。下图是1842年印出来的。表现了中国人的丧葬场景。他画得很具体,有挖墓的、棺材、幡旗上的字等等。大炮台、西望洋山、东望洋山,景观也很明确。

图五十四　澳门全景

图五十五是他平时画的有关中国人玩耍的铅笔画。

图五十五　街头玩耍的中国人

图五十六是他画的庙前面的景象,水彩画。这幅画是后人根据他的画临摹的,有很多像这样的画,他们并不说出自己的名字,仍旧签名说是博尔杰画的,因为原稿是他的。

图五十六　庙宇前的小食摊

四、华南沿海民间艺术的转折

最后讲一讲这些画家的作品在中国几百年中，慢慢影响了我们的民间艺术。这里分成三个层次，第一个层次就是画家周围有一批西洋人、葡萄牙人，他们已经移居澳门，他们本来不是画家，慢慢地跟着学画；第二个层次是一些有名气的华人画家，他们也开店、卖画；第三个层次是现在相对来说完全无名的作品，很多画在进行复制。

下图廉威·普林塞普的画中，红头巾的是蜑民，他也对

图五十七　普林塞普所绘澳门

澳门的文化感兴趣。画家本人正在跟中国人谈话。他业余时间画了广州的商馆、街道，画了不少水彩画，但是他的画并不是很好。

下图作者是葡萄牙的后裔，巴普蒂斯塔，他是在澳门出生的。因为他小时候碰到钱纳利，便跟在他身边学画，他的画法看起来比较粗略一点，但是已经学会用西洋手法进行表现。

图五十八　巴普蒂斯塔的画

下图这幅《澳门南湾》肯定是一个中国人画的，因为用的是水彩、水墨，是中国颜料，但是他学了一些西方的技法，比如远近，把天画得很大。这些画作为装饰来讲是很漂亮的。

图五十九　《澳门南湾》

图六十这张画用的方法也是西画方法，表现了玩纸牌的

家庭，有人还抽着香烟，一看是富贵人家，这种画也有很多。

图六十　玩纸牌的家庭

下面这幅画表现的是外国人挑画、买画的一个画店。其中出现了中国画的味道，但又使用了西洋画法中的阴影等等，有一定的立体感。这些画都是卖给外国人的。

图六十一　永泰兴通草画店

1818 年的澳门，有一个叫张宝的富家子女，她整天画画游玩，也到珠海去画了一张澳门。图六十二是她画的木版画——《澳门远岛》。这说明到 1818 年，繁荣的澳门景象已经客观存在了，澳门到今天为止也是外国人经常来的城市。

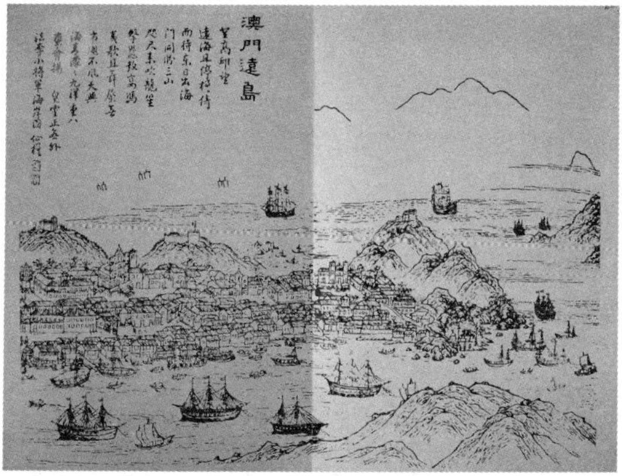

图六十二 《澳门远岛》

西洋画家的华南风貌绘画对促进中西美术交流，丰富中国近代绘画内容和形式有着不可忽视的意义。第一，留下一批具有观赏价值的艺术作品；第二，从视觉角度提供了丰富的历史文献资料；第三，为培养西洋美术人才打下一定基础，一种西洋形式的绘画形态逐步在南方沿海地区普及。此后中国各地西洋绘画、建筑与装饰兴起，范围从南方沿海开埠城市向内地、向小城镇发展；第四，出现《点石斋画报》等西洋风格的报刊插画及西洋美术的理论书刊；第五，各地基督教会办的西洋美术教育及复制的西洋宗教艺术品开始涌现。另外，直接带动了国人到欧美留学并直接学习洋画的风潮。

林梅村

汉代皇家艺术中的汗血马

林梅村，北京大学考古文博学院教授。1956年4月生，祖籍广东，生长于北京。1977—1982年，就读北京大学考古专业，毕业分配至中国文物研究所，历任助理研究员、副研究员。1994年，经季羡林先生和宿白先生推荐，受聘于北京大学考古系（今北大考古文博学院），历任副教授、教授。1984年至今，在英国《伦敦大学东方与非洲学院院刊》（*BSOAS*）、《古物》（*Antiquity*），德国《中亚杂志》（CAJ），日本《古代文化》，中国《考古学报》《文物》《考古》等海内外学术刊物发表论文百余篇，出版《楼兰尼雅出土文书》《大朝春秋：蒙元考古与艺术》等学术专著14部。

今天讨论的话题是当下比较关心的一个问题——丝绸之路，我们以汗血马为切入点，实际上主要内容还是讲丝绸之路的一些基本情况。大概分五节来讨论这个问题。

一、张骞墓

要讲丝绸之路，首先要了解张骞。尽管有很多著作讲张骞，讲丝绸之路，但是真正讲清楚、讲好的其实并不多。北大有一门专门给本科生开的课，是我 1994 年到北大之后创立的，叫作“丝绸之路考古”，我那时候就开始研究这个问题了。我在北大的讲义后来整理成书——《丝绸之路考古十五讲》，书里有一些介绍张骞出使西域的内容。

张骞是中国历史上第一个到达中亚的探险家，也是西汉著名的外交家，他是陕西汉中城固人。他的墓在城固西北，现在博望镇饶家营村。

图一　陕西省城固县城西北约 3 公里处博望镇饶家营村的张骞墓

这座墓的前面是清代或民国时期立的碑，后面是一个覆斗形的汉墓,就像把斗倒过来的形状,汉墓的标准形制就是这样。这座墓的规模很大,南北有170米,东西有80多米。丝绸之路天山廊道申遗成功,其中有一个地点就是这里。张骞墓前还有一对石虎,但石虎的年代要晚于西汉,因为西汉墓前是没有石刻的,除了茂陵的霍去病墓前有一组马踏匈奴石刻,但那是很特殊的,真正陵前开始有神道石刻,是东汉时期。所以现在张骞墓前的石虎,最早也是东汉时期。张骞早年的事迹主要见于《史记·大宛列传》以及《汉书·张骞传》,但都讲得很少,他早年的情况不清楚,只知道他去西域的时候身份是"郎",所谓"郎"就是宫廷的侍从,在皇帝身边伺候的人。

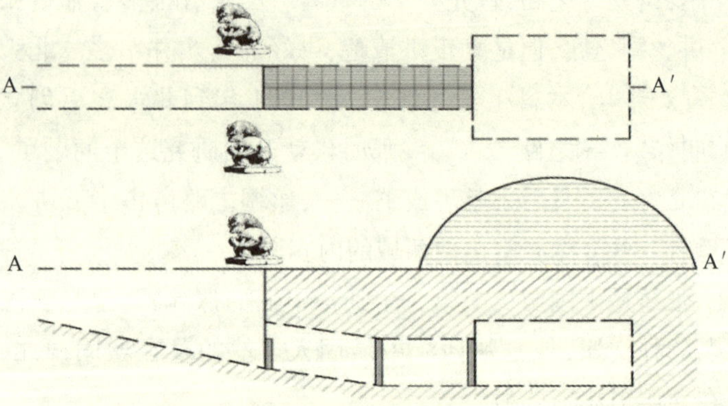

图二 张骞墓平剖面复原图

这就是所谓覆斗形的墓,图上看得很清楚,汉墓一般都是这个形状。中国墓上有坟是比较晚的事,原来像安阳殷墟或者周原西周王墓地上都是没有坟丘的。后来学欧亚草原的斯基泰人,他们都喜欢做这种大的坟丘,所以到春秋战国时期就开始有这种地面标志。这也给盗墓贼提供了方便:有地面标志的墓葬很容易被盗,所以战国以后的墓经常十墓九空。历史上像农民起义及其他社会混乱的时候,墓葬就经常被盗。张骞出使西域，后来被升成太中大夫，还封为“博望侯”。张骞的墓实际上是被盗过的，《南史·齐宗室传》有记载：

> 梁州有古墓名曰“尖冢”，或云张骞坟。欲有发者，辄闻鼓角与外相拒，椎埋者惧而退。斅谓无此理，求自监督。及开，唯有银镂、铜镜、方尺。

抗战时期，西北联合大学迁至陕西汉中，正好就在张骞墓的旁边。当时有几位老先生就对张骞墓做了发掘，挖出了这个封泥，上面的字是“博望侯印”。

图三　张骞墓中发现的篆书“博望矦印”封泥

以前都只是传说这是张骞墓，这次从考古上证明这确实是张骞墓，这是一次很重要的发掘。但是当时正准备挖墓室的时候，张骞后人没同意，所以就只挖了一个墓道。这批文物中除了封泥以外，还有一些汉代的瓦和绿釉陶片，都是西汉的东西。这批东西现在在故宫博物院，一直都没怎么整理，我只找到一张黑白照片。西北联大后来好多东西都在现在的西北大学，这是西北大学到故宫去复制的照片，封泥上的字现在已经不清楚了，可能当时挖的时候还是很清楚的，也做了释读，还在1938年西北联大的校刊上登过考古简报。这就是现在对张骞墓唯一的考古工作。

汉墓的形制是这样的，一般如果墓主是侯一级的，那么侯这一级的墓制就基本相同。可以根据同一级别的墓葬对该墓进行复原，基本就是现在我给大家看的这个样子，有斜坡墓道，上面有坟丘。实际上这个墓已经被盗了，但是上面那个石虎的年代要晚于西汉。这个石虎风化得很厉害，现在加了一个玻璃罩把它罩起来了。从石雕的类型看，我们也能判断应该是东汉的东西。西汉的石刻是不透雕的，但这只石虎的腿是透雕的。霍去病墓前石刻没有一个是透雕的，那些马，那些牛，马踏匈奴都不是，马腿都是在一个自然的石头上面。汉代的玉也具有此特征，很多透雕应该都是东汉的，西汉的玉也有个别透雕，但主要的艺术风格都是不透雕的，所以这件石虎应该是东汉的东西。

图四　张骞墓前的地面石刻——石虎

二、张骞出使西域与最早的丝绸之路

（一）张骞出使西域

元朔六年（前123），张骞以击匈奴立功，汉武帝封他为博望侯。但张骞的仕途并不是很顺利，他是随着李广西征匈奴的。李广是汉代有名的大将军，但是运气不好。他每次去漠北打匈奴，要么敌人不在，要么就走错了路，不像卫青、霍去病等人虽然岁数小，都二十几岁，但经常能打大胜仗，歼敌数万人。张骞很倒霉，有一次跟着李广去打匈奴，一无所获，当时打仗一无所获就是犯罪，等于犯了死罪。但是他之前立过功，将功折罪就贬为庶人，所以他第一次出使西域回来后，有一段时间被贬成平民。后来他第二次去乌孙，才恢复官职。公元前114年，汉武帝又派他出使乌孙，给他官拜大行，大行是九卿中的一个官。所以他死的时候官位还是很高的，是九卿之一。

《史记》中司马迁对张骞的评价非常高，称为"张骞凿空"，给他出使西域的行为定了很高的地位，说这是史无前例的行为。1877年德国地理学家李希霍芬（Richthofen）提出"丝绸之路"。其实"丝绸之路"这个词不是汉语词汇，是一个德语词汇，Seidenstraβe，后来英文翻译成Silk Road，日文翻译成"绢之路"，都是从德文翻译的。这是一个现代词，它实际上是表示中外文化交流、中西交通的一个代名词。李希霍芬把丝绸之路开通的时间定在公元前114年，就是根据张骞出使乌孙回来的时间定的。张骞走的路实际上就是最早的丝绸之路，丝绸之路究竟指的是哪些地方，今天讲座需要讲明白。

张骞第一次出使西域是在汉武帝建元三年（前138）。当时他率百余人的庞大使团，从西安出发，经陇西踏上通往中亚阿姆河的征程。那时塔里木盆地、新疆、天山都在匈奴的控制之下，所以他没走多远就被匈奴扣在西域了，而且一扣就是13年。但是他持有汉节，表明了他的使者身份。匈奴便给他找了一个胡女做太太。但是13年以后，他还是找了个机会摆脱匈奴控制,“西走数十日”。我为什么要说“西走数十日”,这是《史记·大宛列传》里面的原话,这是很重要的一句话。现在的教科书都把张骞被扣在西域的地方说成是鄂尔浑河外蒙古,这是因为《史记》里面讲到一些张骞和“单于”(匈奴王)的对话。和匈奴王的对话就一定是在鄂尔浑河吗?这个逻辑是错误的。因为这个单于不是指大单于,而是指西域的地方官,也叫单于,跟“可汗”类似。可汗中有大可汗,比如毗伽可汗就是第二突厥汗国的大可汗,另外还有很多小可汗。这个当时跟张骞对话的单于应该是西域的地方官,不然他不可能西行数十日就到达大宛。从鄂尔浑河走十日连新疆都到不了。所以他“西走数十日”到费尔干那盆地,那一定是在新疆境内,他是在离费尔干那很近的地方才有可能“西走数十日”到大宛。读史书的时候要把具体的一些事情弄明白。

还有一个线索是张骞的出使报告,就是现在我们能看到的《史记·大宛列传》《汉书·张骞传》都是根据张骞回来写给汉武帝的报告所作。这里面提到很多地名,比如提到楼兰、姑师、仑头、扜弥,这些地方都在新疆,没提到外蒙古的任何一个地名。把张骞报告里面提到的西域地名连成线,就是最早的丝绸之路,所以这个问题也不是那么复杂。他在报告里提到的新疆地名中,没有疏勒,疏勒是今天新疆的哈什,说明他走的路线要再往北一点。他基本上是从楼兰,即今天的罗布泊附近,经过姑师、仑头、温宿,经过一个山口,喀什北面的图尔噶特,现在这里也是一个国际贸易口岸,从这里过的天山,最后到达大宛国。

(二)楼兰

以下两张照片是1995年我在直升机上帮北京电视台拍节目时航拍的LE古城。西汉时罗布泊有很多城,但是真正

图五上　罗布泊东北岸楼兰 LE 古城

图五下　楼兰 LE 城东南部

属于西汉的城就这一座，所以我们认定张骞当时是通过这儿去西域的。楼兰城叫“LE”，这是斯坦因编的，“L”就是楼兰，其中又有 A、B、C、D、E 城。LE 古城我们认为是西汉的，现在经常说的楼兰城是 LA 城，那是魏晋时期的城，是西域长史的一个治所，张骞时代还没有那座城。

西域古城在西汉时期很有特点，西汉时西域的城都不应该是方的，因为它不是中国系统的。中国内地的城，自春秋战国以来基本都是方城，而西域都是圆城。但是 LE 城是方的，为什么是方的？因为它离中原最近，离敦煌很近。张骞

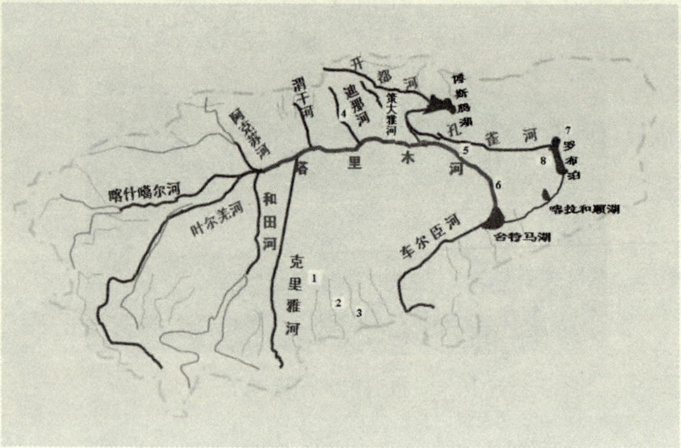

图六　新疆水系图

去西域的时候，当时据说西域有所谓三十六国，实际上有的很小，主要分布在新疆的九大水系。所以要想研究西域三十六国，首先要对新疆的水系有所了解。九大水系最后都从天山、昆仑山汇总，形成塔里木河，这是中国最大的内陆河。其它支系就是各国的支流，有从天山发源的，有从昆仑山发源的，所谓西域三十六国都在这些小水系形成的绿洲上。

张骞说的西域古城，我们基本上都能确定它们的地点，即塔里木河九大水系与西域三十六国：1. 扜弥（圆沙古城）；2. 精绝（尼雅古城）；3. 安迪尔古城；4. 仑头（卓尔库特古城）；5. 墨山（营盘古城）；6. 姑师（麦德克古城）；7. 楼兰 LE 城（罗布泊东北岸）。《史记·大宛列传》载："楼兰、姑师邑有城郭，临盐泽（今罗布泊）。"楼兰地区唯一的汉代古城是英国考古学家斯坦因（M. A. Stein）在罗布泊东北岸发现的 LE 城。历史上，罗布泊比今天大得多。姑师城即今若羌县麦德克古城，斯坦因调查过该古城。

我写过一本书叫《寻找楼兰王国》，上面有古城的经纬度，现在有 GPS，很容易就可以找到。实际上离现代的公路没多远，30 多公里。有的古城离公路有 100 多公里，30 多公里已经算是很近的一个。这也说明现在塔克拉玛干地区的考古还有很多工作可以做，并没有让斯坦因、斯文·赫定都发现完了，其实很多城现在还都没发现，西域三十六个王国也有很多需要探索。有的古城保存得很好，有些木头还能看得很清楚，一层柴草一层砂石基的墙也有保存，这是西汉建筑的一个特征，跟西汉时期敦煌长城的构筑方法是一样的。到了魏晋的时候，就开始用砖了，土坯的没有烧的那种，楼兰的城、房子都是用那种砖建的。我们从建筑方式、地理位置，可以断定麦德克城就是张骞说的姑师城。

（三）康居、粟特

张骞西行数十日到的是大宛。大宛在今天的费尔干纳盆地，属于乌兹别克斯坦。大宛王早就听说汉帝国广阔富饶，但是碍于匈奴的阻碍，没法跟汉朝通使。张骞一来，大宛王很高兴，当即给他派翻译和向导。因为张骞的目的是要去找大月氏，在今阿富汗西北地区的阿姆河北岸，中间要经过一个叫康居的国家，康居是锡尔河北岸一个斯基泰人部落。中亚的水系分成阿姆河和锡尔河，南面是阿姆河，北面是锡尔河，这两条河都发源于帕米尔，然后流入咸海。中亚地理情况是，南面是农业地区，北边是草原，康居就是锡尔河北岸的一个斯基泰部落。

那时锡尔河南岸有一些农业文明，就是所谓的粟特。粟特，安禄山、史思明的祖先都来自这个地方，它在汉代的时候也是受北方草原部落的统治，所以“粟特”这个名字在较早的文献里是看不到的，看到的都是“康居”。“粟特”在 3 世纪才出现在魏晋的文献里面，但实际上这个民族特别古老，它之所以不叫粟特叫康居，是因为它的统治者叫康居。所以早期很多粟特来的和尚都被称为康某某。在中亚工作的法国考古队，最近几年在乌兹别克斯坦的撒马尔干城东北郊外发现一座公元前2世纪游牧人的古墓，为什么知道是公元前2世纪的？因为这里面出土了西汉的铜镜，这个铜镜是公元前2世纪铸造的。而且还有青铜镀，这些都是游牧民族的。粟特是一个农业民族，可以知道康居人是他们的统治者，这座游牧人古墓就是康居人的墓。

图七　乌兹别克斯坦撒马尔干城郊外公元前2世纪游牧人古墓（康居古墓）出土文物

上图是撒马尔干城博物馆里面的藏品，有西汉的铜镜，还有一些铁刀、银颇罗、喝酒的银碗。这个发现很重要，由此可以知道张骞那个时代康居人的文化面貌。

张骞经过楼兰、大宛，经过塔什干后进入康居、粟特境内。粟特就是现在的乌兹别克斯坦，中亚这几个国家从苏联独立以后最穷的就是它，它没有资源，历史上也是最穷的。它后来为什么变得很富？就是因为它发展商业，把中国的东西贩运到欧洲，贩运到拜占庭、东罗马，然后把欧洲、波斯的东西卖到中国，专门做生意。《唐书》里就讲粟特人如何会做生意。公元前329年，亚历山大东征，这是中西文化交流史上一个重大的事件。亚历山大从欧洲一直打到中亚，占领了大夏、犍陀罗、粟特。大夏就是阿富汗，犍陀罗就是巴基斯坦，粟特就是乌兹别克斯坦。而且希腊远征军每占领一个地方，就盖一座石头城，叫亚历山大城。亚历山大时代在亚洲、在东方，一共建了70多座亚历山大城，从埃及一直建到阿富汗，这70多座城有40多座已经被考古发现了。法国人在阿富汗挖的阿伊·哈努姆城，是最靠东方的一个希腊城，城里有希腊的体育场、神庙、神像。这是一个重大的事件。

当时亚历山大征服粟特以后，怎么实施统治呢？通婚，亚历山大直接娶粟特的公主禄珊妮，他的部将也娶粟特酋长的女儿。通婚以后，原来的敌人就成为今天的亲家。粟特公主的名字很有意思，叫“禄珊妮”，“禄珊”就是安禄山的禄山（珊），男的叫禄珊，女的叫禄珊妮，跟安禄山（珊）是一个名字。16世纪初意大利文艺复兴很有名的画家拉斐尔，他就创作过一幅跟禄珊妮有关的名画。文艺复兴时期绘画的几个重要题材，一个是《圣经》，一个是希腊神话，还有一个就是历史故事。拉斐尔画的就是亚历山大攻打粟特以后的故事，他把亚历山大、禄珊妮都画成裸体。当时人们认为只有凡人才穿衣服，不穿衣服的是神，由此可见他把亚历山大和禄珊妮都尊成神。

公元前5世纪的波斯王宫前面有一大组石雕，雕的是二十八国使者进贡图像，都是牵着驴，抱着小狮子，反映了各国物产，很震撼，在伊朗的设拉子。很多研究民族学的学者，想知道当时粟特人的装束什么样，到那里找就行了。德国博物馆里就有一个带着风帽的粟特人的浮雕图像，那是德国人从设拉子带走的。

康居王对张骞很友好，他派人护送张骞到阿姆河北岸的

图八　亚历山大和禄珊妮的婚礼　拉斐尔绘

大月氏王庭，据说当时的大月氏是由前王夫人或太子当政。

大夏实际上也是亚历山大征服的城市，所以大夏的古都叫“蓝氏城”，实际上就是亚历山大城(Alexandria)的谐音，翻译方法不一样，译名也多种多样，比如“埃及亚历山大城”就翻译成“犁靬”，实际上指的同一个名称。

（四）大月氏

南哈萨克斯坦有一个叫卡尔加里的地方，这里发现过公元前2世纪一个大月氏女王的墓，里面出了很多黄金。原来大月氏是从敦煌祁连山迁到中亚去的。这个墓的重要性在于它出的一组陶器，器纹有点像瓜棱纹。新疆尼勒克的奇仁托海也发现过这种陶器，新疆尼勒克就是大月氏一开始被匈奴打败的地方。大月氏第一次没有直接迁到阿姆河，而是先迁到伊犁河，这是他们在伊犁河时期留下的墓。类似这样的墓在吐鲁番也有，叫苏贝希文化，经考察已知所谓的“苏贝希文化”就是大月氏文化。

大月氏女王墓里出了很多金器，比较震撼的是一件金

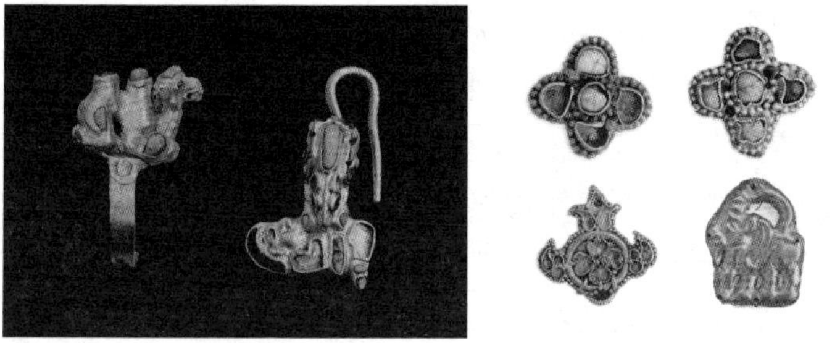

图九　大月氏女王墓出土的金器

饰，上面有一只像汉代漆器上的带翼兽，像带翅膀的马，很像西汉的漆棺画，这件金饰应该是大月氏女王的王冠。俄罗斯学者看到墓主人是女性，都愿意说成是萨满、巫师，《中亚文明史》中也这么说。但这个东西还应该是属于王的，因为墓里有300多件金器，是一个非常富有的王，应该是跟张骞同时代。

后来学者在做大月氏研究时，也发现一个问题，大月氏往往是女王当政，还没有发现男性当政的。这就与西王母传说联系起来了，实际上西王母传说跟大月氏有很大的关系，她们都是在"昆仑"，常说西王母在昆仑。而先秦时代的"昆仑"都是指天山，现在的昆仑山在汉代叫作南山。张骞去大月氏的时候，大月氏还在阿姆河的北岸，张骞回来没多久，大月氏就南下占领了大夏的城。

大夏古都在阿富汗北境马扎里沙里夫城西23公里。早期中亚的城是圆的，实际上张骞去的时候，蓝氏城还没有外面的方城，只有圆的部分，这座方城13世纪时被成吉思汗毁了。美国和法国的考古队20年代的时候在蓝氏城做过一些发掘，1979年苏联入侵阿富汗以后，阿富汗持续混乱。其实阿富汗对我的研究很重要，但是我没机会去，因为它一直都是战乱状态。

（五）张骞出使西域的收获与最早的丝绸之路

由于在中亚的生活条件还不错，大月氏便在中亚安居乐业。尽管当年匈奴把他们从老家打到中亚，他们跟匈奴是世仇，但他们也不愿再跟匈奴厮杀。张骞在中亚住了一年，没有说服大月氏王和汉朝联盟打匈奴，就只好回国。回来的时候，他怕再被匈奴抓着，就没走塔里木河北岸，从南边走和田那条路，从塔什库尔干就是现在昆仑山这条路走，当时是叫南山。《史记》里讲"并南山，欲从羌中归"。这条路上就有刚才说的扜弥城，今天的克里雅河终点，在和田附近。法国和新疆考古队联合发掘过扜弥城。

这是西汉的城，里面出了陶器，有草原风格的铜器，这都是张骞当年访问过的城。这里离绿洲大约 90 多公里，需要骑骆驼。当年斯文·赫定往和田沙漠考察的时候，可能要深入沙漠 100 多公里。西域古国一般都在那些水系的尾闾部分，就是支流最后流的地方能够形成大绿洲，早期的西域三十六国就在这样的地方生活。有学者做了复原，这些城都是很中国化的，城门都是过梁式的。《清明上河图》里的汴梁城门也是过梁式的城门。这种城门怕火攻，一点火就把过梁给烧断了，它不像伊朗或者西方的拱形门是石头的。现在像天安门等很多老城门里面都是拱形的，那是元代以后才从伊朗传到中国的，早期中国用的是过梁式的城门。所谓南山是指昆仑山，汉代文献里的祁连山、昆仑山都是指天山，都是指的今天新疆、哈密这些地方。

张骞去的时候带领了浩浩荡荡一个百余人的使团，回来的时候就只剩他和他的翻译甘父，在当时付出的代价还是很大的。张骞走南山本来是想躲匈奴，但还是没躲成，被匈奴扣了一年多，后来匈奴人争夺王位而发生内乱，张骞乘乱就跑回来了。

图十　扜弥城——克里雅河下游圆沙古城城门复原图

尽管张骞没有说服大月氏联合汉朝共同攻打匈奴，但是他的中亚之行有许多意外的收获，中国人了解到帕米尔以西还有另一个文明世界。张骞详细介绍了帕米尔以西的国家，像大宛、康居、大夏。他还提到一个很重要的信息：在大夏的南边还有一个身毒国，就是印度。身毒、天竺这些古代表示印度的词都不是指今天的印度，而是指巴基斯坦。英国人将印度一分为三，把该地区信伊斯兰教的分成一个国家，信印度教的分成一个国家。巴基斯坦本来还分成东巴和西巴，后来东巴、西巴一分裂就分出来孟加拉，孟加拉就是原来所谓的东巴。张骞在中亚的时候不但了解到有身毒国，还了解到当时云南、四川的一些特产被贩运到中亚，这也是一个很重要的信息。这说明张骞通西域以前，中国和中亚就开始有一些民间贸易。张骞走的这条路，作为官方的外交活动来说，他是第一次，但实际上这条路上早就有人在做贸易了，这条路在历史上早就有了，这在张骞的报告里面也有很明确记载。如此一来，我们把刚才讨论的这些地方用线标出来，这就是最早的丝绸之路，后来的各个支线是逐渐在这个基础上发展起来的。这是张骞走的第一条路，最早的丝绸之路就是这条路。

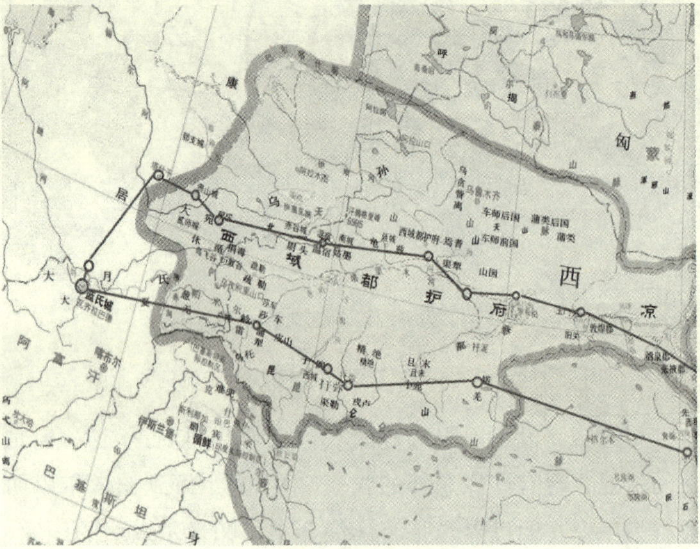

图十一　最早的丝绸之路

三、李广利伐大宛

李广利伐大宛就是按照张骞给的图纸走的，李广利怎么去打大宛？一定是张骞给他提供了路线，所以他不是从外蒙古的鄂尔浑河走。研究李广利伐大宛的路线，就能知道张骞开辟的丝绸之路是怎么走的了。李广利是汉武帝宠姬李夫人的哥哥，汉武帝为了让李广利立战功，派他到中亚去打仗。

《史记·大宛列传》记载，汉武帝听说有汗血马，很喜欢，他先派壮士车令、长安车令等拿着黄金和金马去贰师城(今吉尔吉斯斯坦奥什城)买汗血马,但是人家不卖,还被轰回来了,这才派李广利去打它。当时的黄金有几种:一种是饼金,西安发掘出来过;还有一种叫马蹄金,实际上这个不是流通用的,一般用作赏赐。像霍去病、卫青打仗胜利了,赏金数万两,就是马蹄金。中亚的国家喜欢黄金,所以买马的时候也用这个。这其中提到的金马也很有意思,说长安车令除了拿黄金以外,还拿了金马。开始我以为是用跟大宛马一样大的金马去买,其实不是,拿的这马叫"马法",就是模型,相马师都得有。千里马长什么样?空口无凭,得做一个模型,这也是我主题里面为什么说"汉代皇家艺术中的汗血马"的一个原因。这类马法实际有很多,很多人没太注意,不知道它的性质,实际上长安车令拿的金马就是相马师的模型——马法。喷泉有水法,比如圆明园的大水法,实际上就是喷泉。古书里面说的马法实际上就是相马师用的马的模型,当时长安令就是拿着模型和黄金,照着模型来买马的。

汉武帝的茂陵在长安,茂陵里没有皇后墓,皇后墓的位置是李夫人的墓,由此知道李夫人在汉武帝心中的地位非常高,所以他也很看重李广利。为了让李广利封侯,就派他打大宛。李广利伐大宛的路线,是从长安经过敦煌玉门关、新疆罗布泊、吉尔吉斯斯坦的奥什城(即"贰师城",李广利被称为"贰师将军",就得名于此),最后抵达大宛国的都贵山城(今乌兹别克斯坦卡散塞城)。这条路实际上是张骞给他提供的,我之所以讲李广利伐大宛,就是要证明丝绸之路不是到鄂尔浑河再往西走,不是很多人讲的在天山北麓,也不是现在说的丝绸之路南道,因为那里有匈奴,他不会走那里,一定是我现在说的这条路。

李广利带着好几万人去打仗,而他根本打不了仗,《史记·大宛列传》记载他“引兵而还。往来二岁(前104—103年)。至敦煌……”打了两年,只不过百分之一二十的兵回来了,“使使上书言:‘远多乏食,且士卒不患战,患饥。人少,不足以拔宛。愿且罢兵,益发而复往。’”武帝听了大怒,觉得太给他丢人了,下令说这个仗打不赢,谁也不许进玉门关,进了就斩,李广利就这样在玉门关外候着。后来汉武帝又给他从全国调兵,又筹备了一年多,第二次打大宛才打下来。汉武帝有一篇很有名的文章叫《轮台罪己诏》,他批评自己为此事耗尽国家财力。这跟后来永乐皇帝派郑和下西洋差不多,对老百姓没什么好处。

玉门关,当时叫玉门都尉,现在还在敦煌,如果要去敦煌,除了看千佛洞以外,还应该看看汉代长城,汉代长城的关口就在那里。但那还不是真正的关口,真正的关口在玉门侯关,是都尉级别办公的地方,是管理玉门关的上级单位,现在这个地方叫小方盘城,这个城还在。

图十二　敦煌汉长城遗址

这个地方的汉代长城跟刚才说到的麦德克城的构筑是

一样的，铺了一层柴草。因为甘肃、新疆不怎么下雨，所以也不需要烧砖。包砖的长城到明代才有，明代以前元代大都的城墙只有城门有砖，但宋代可能已有包砖的城门，《清明上河图》里面画的城门是有砖的，其他地方都是夯土的。

玉门侯关，在敦煌西边马圈湾，是70年代发现的，它有一个城堡叫坞壁，有墙的部分是长城塞墙，敦煌以西有一个地方叫榆树沟，就没有墙了。再往西只有烽燧线，隔几公里就有一个烽火台，这种烽燧线一直修到新疆的阿克苏，是一个比库车还往西的城市，这里的长城不光是有塞墙，实际上还有烽燧线的概念。

太初三年（前102），李广利再伐大宛。《史记》上说，随李广利远征的大军有6万人，在当时来说是很多的，还有许多私自跟随大军一道出征的人，总数应该不下6万之多，又有牛10万头，马3万匹，驴和骆驼又当以万数计。规模庞大的十几万大军，经过西域小国时莫不出迎，出食给军。但是李广利行至仑头城（今轮台县卓尔库特古城）攻城数日，屠之。所以这座城的废弃年代很清楚，我们在考古过程中已经找到了这座城，它很有特点，是个圆城，也是一座大城，在迪那河流域。

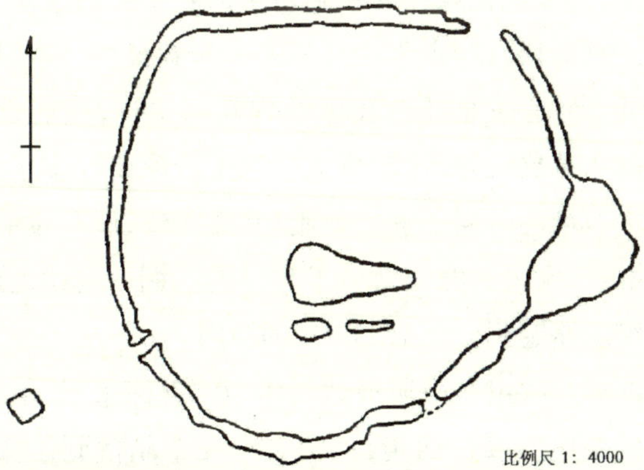

图十三　轮台县卓尔库特古城——汉代仑头城

为什么要找仑头城？因为《史记·大宛列传》记载李广利至此而西，平行至宛城（乌兹别克斯坦卡散塞城）。他从仑头城直线往西走，路线很容易画，最后汉兵到者3万人，10万人去，3万人到，也损失了7万人。太初四年（前101），李广利带3000匹大宛马凯旋，汉武帝高兴坏了，作《西极天马歌》来抒发他当时获得大宛马的心情。大宛马的优点很多，“二战”的时候，一匹马能拉一门喀秋莎大炮，所以西方的马真的特别好。当时跟匈奴打仗，需要改造骑兵，只有改良中国的马种才有可能打得过人家，所以获取大宛马匹具有重大的军事意义。

四、汗血马的原始故乡

张骞第一次出使西域并没有说服大月氏和汉朝结盟，于是他想派使团跟乌孙结盟，得到了汉武帝的支持。乌孙和大月氏原来都是在祁连山游牧的部落，当初匈奴把大月氏打到中亚去，大月氏在往中亚跑的时候把乌孙洗劫了，所以大月氏跟乌孙之间是有仇的。公元前116年，张骞派300人使团到伊犁河，乌孙就在现在的新疆伊犁河到中亚的伊塞克湖之间游牧。这时候张骞走天山北麓还是先到楼兰，但从楼兰就不往西走，而是往北经过吐鲁番到新疆昌吉，然后再往西。这条路的水草比较好，比走塔克拉玛干沙漠要好多了。张骞第一次去西域的时候了解到中亚“其他无漆、丝”，没有漆器、丝绸，他第二次去的时候就带了大量的丝绸。这就是李希霍芬把丝绸之路定到公元前114年的原因。

张骞第二次出使西域最远到伊犁河就回来了，但是他派了大量的副使继续往西走，其中有十几个副使到了大宛、康居、大月氏、大夏（今阿富汗北部）、安息（在阿富汗的西边，今天的伊朗和土库曼斯坦),还到了身毒(今巴基斯坦印度河流域),到了奄蔡(今俄罗斯北高加索),到了条支(今叙利亚)、犁靬(埃及),最远到了今埃及亚历山大城。《史记·大宛列传》还记载张骞派出的使者把到访国家的回访使团带到长安,为什么说张骞"凿空",就是这个意思。所谓的安息是在伊朗、土库曼斯坦建立的一个大帝国。西方史学家叫"Parthian Empire",翻译为"帕提亚帝国",但是我国习惯叫他们王族的名字"安息"。最早来中国的大和尚安世高就是安息的王子。安息早期首都并不在伊朗,而是在尼萨,在土库曼斯坦阿什哈巴德附近。

安息王国的首都尼萨古城保存得很好,这座城市也很希腊化。亚历山大东征后有很多希腊士兵就定居在中亚,像土库曼斯坦就有很多希腊艺术遗存。尼萨古城出土的象牙雕刻也很震撼,多用印度的材料雕刻希腊的神。

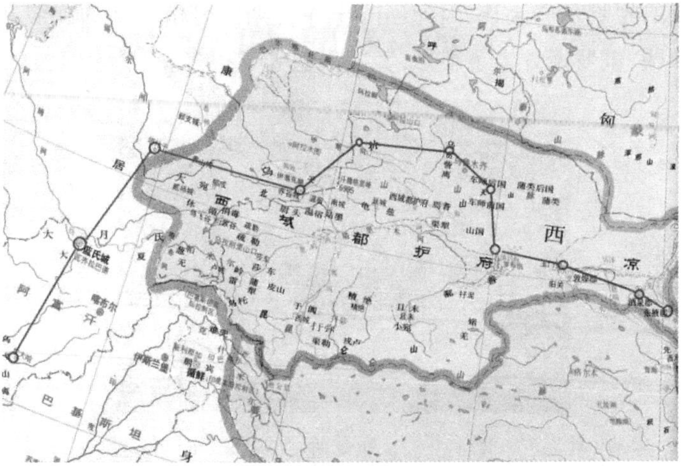

图十四 公元前116—114年张骞出使乌孙路线图

张骞到了楼兰以后,经过吐鲁番,沿着天山南路一直到伊犁。张骞到伊犁之后就回来了,他的副使按线再往西走,去了西亚、埃及和北高加索地区。

张骞去了乌孙以后，注意到那里的马。汉武帝为了从乌孙弄到好马，把他弟弟的女儿封为细君公主，嫁到乌孙，换取乌孙的马。一开始汉朝人把乌孙的马叫“天马”，李广利打了大宛后，带来了3000多匹马，人们就开始把乌孙的马叫“西极马”，把大宛的马命名为“天马”。大宛天马确实不错，其大规模东来是在公元前102年，史书称大宛马，实际上这种马的原始故乡并不在大宛，不在费尔干纳盆地，而是在土库曼斯坦。它有个名字叫“阿哈尔·捷金马”(Akhal-Teke)，土库曼人对马很重视，阿哈尔捷金马是地位和身份的象征，其形象还绘制在土库曼斯坦国徽中央。目前阿哈尔捷金马在全世界范围内约有3000匹，其中，土库曼斯坦有2000多匹，中国约有300匹。江泽民同志担任总书记的时候，土库曼斯坦总统就送了一匹，胡锦涛同志担任总书记的时候又送了一匹，后来习近平总书记的时候又送了三匹。俄罗斯也有一定数量的阿哈尔捷金马，因为当时土库曼斯坦是俄罗斯的加盟共和国，俄罗斯弄走了很多，美国人也弄了很多。

图十五　土库曼斯坦的汗血马

五、未央宫的金马门与汉代皇家艺术中的汗血马

下面讲一下未央宫的金马门。研究艺术品、文物的最高

境界是真正了解它们的价值，当然不是金钱价值，不是拍卖会卖多少钱，而是要了解这个东西为什么产生、怎么产生的。

汉武帝很贪婪，李广利带来3000匹大宛马，他还不满足，每年还派大批使者到西域继续索取良马。派出的使者前后相继，不绝如缕，《汉书·张骞传》中记载派出的使者“相望于道，一辈大者数百，少者百余人”，丝绸之路一开始像是一些马贩子贩卖良马。天马东来，极大激发长安宫廷艺术家的创作热情，很多汗血马的造像在汉代皇家艺术中应运而生，其中最有名的就是未央宫金马门的金马，这是汉代汗血马形象的代表作之一。很多人不知道金马门怎么回事，实际上金马门就是前面有一个大铜马，金就是金属，所以才叫金马门。金马门的名字特别多，有“皇门”“玄武门”“北阙”等等十几种名字。金马门是在做了金马以后开始叫的。这匹金马的真正作用还是马法，当然有一些艺术创作在马法上。按照《史记·滑稽列传》记载：“金马门者，宦者署门也。”实际上宦署门就是金马门，门旁的金马不是纯黄金的，可能是鎏金铜马。金马门原来叫鲁班门，后更名金马门。《后汉书·马援传》说：“孝武皇帝时，善相马者东门京铸作铜马法献之，有诏立马于鲁班门外，则更名鲁班门曰金马门。”

关于未央宫的考古，西安考古队长年在做挖掘，现在已弄得很清楚了。天禄阁是汉代的国家图书馆，曾是汉武帝专用，也是天子读书的地方，金马门就在天禄阁的前面。

这是西汉长安城全图。那时还没有现在北京城中轴线的概念，金马门还是在一个角上，金马门往前有横门，横门和金马门之间是藁街。汉代曾把西域小国的王子押在长安城当人质，就住在藁街。攻打匈奴胜利以后要献俘，要悬首藁街，就把匈奴或者西域叛王的脑袋吊在北阙，吊在金马门上。实际上金马门是未央宫的宫门，跟现在天安门的性质一样，

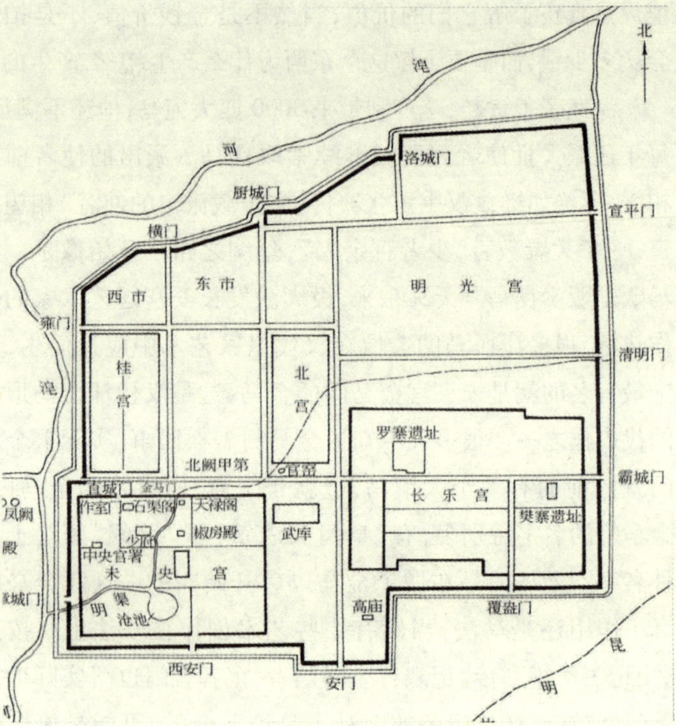

图十六　西汉长安城全图

只不过天安门是在北京城的中轴线上，但是中轴线的概念是后来逐渐发展建立的，西汉时还没有，这对我们研究中国城市的发展是很有意义的。

未央宫北门的金马，到东汉时被汉明帝搬到洛阳，张衡《东京赋》里有一个注，“天马，铜马也。……明帝至长安迎取飞廉并铜马”。“飞廉”是什么不太清楚，“铜马”就是汉武帝时金马门前的金马，都搬到洛阳的上西门去了，上西门就是西阳门，这是我能追到的金马最后的行踪，搬到洛阳以后就下落不明了。

尽管金马门前的金马不知所踪，但是仿照这匹马做的铜马非常多，很多东汉墓里出了各种铜马，实际上都是仿西汉未央宫、东汉西阳门前的金马，造型都一样。这些为了解汉代皇家艺术提供了很重要的材料。美国华盛顿赛克勒博物馆有一匹铜马，应该是按照金马门前面的铜马做的，尺寸稍小。1969 年在擂台西晋墓出了 90 多匹铜马，当时认为是汉代的，这里还出土一个著名的马踏飞燕。后来发现它不是汉代的，因为考古报告说墓里出了很多钱币。五铢钱是汉代的，北大历史系研究钱币的吴荣增老先生专门去了一趟张掖，一看里面有大量西晋的钱，所以判断这座墓不是西汉的。考古断代一定要根据出土物最晚的年代，不能根据墓里面最早的东西断代，由此知道这个墓的年代是西晋。而且这座墓里出土的铜马跟金马门铜马的造型不一样，有波斯马的特征。

图十七　咸阳杨家湾汉高祖长陵陪葬坑出土汉兵马俑

1965 年咸阳市杨家湾刘邦墓出土 3000 件文物。刘邦墓和秦始皇陵一样，都有兵马坑，跟秦皇陵兵马俑的性质一样。刘邦长陵周围兵马俑的特征很明显，马的造型跟之前那几种都不一样。项羽《垓下歌》有诗曰:“力拔山兮气盖世,时不利兮骓不逝。骓不逝兮可奈何,虞兮虞兮奈若何。”项羽跟刘邦打过仗,他们的马应该是一样的。刘邦项羽争天下时还没有汗血马,汗血马要到70多年以后才有。

长沙马王堆三号墓里出了很多帛书,其中有帛书《相马经》。马王堆汉墓的年代是西汉初年,所以西汉初所抄的这篇文书,很可能战国时期就有了。相马要靠《相马经》,这本书很难读,在介绍马的部位时都文学化了,用了很多文学词汇,根本就看不懂讲的是哪个部位。有一些还稍能看懂,“如剥兔头”,脑袋像兔子似的,战国时就认为这种马好。

汗血马的马法是在汉武帝茂陵区内阳信公主墓里发现的。阳信公主是汉武帝的大姐,她的墓里出了很多好东西,像“阳信宫灯”“长臂香炉”等等。这里还出土一匹金马,是目前所知唯一一件经科学发掘的大宛马金铜造像。宋膺《异物志》说“大宛马,有肉角数寸”,这匹马上面有一个肉角,因此推定是大宛马。挖出来的时候,陕西文物局局长张廷皓写了一篇文章考证这就是大宛马。我们能见到真正的皇家艺术就是这匹马。这是铜马,上面鎏金,大概有70厘米高。《史记》上说壮士车令(长安车令)抱着一匹金马去买这样的马,人家没给,实际上不是说拿了一个纯金的马,而是这种马法是相马师用的。马法除了黄金的还有玉的。

汉昭帝的平陵出了一块和田羊脂玉。和田羊脂玉的玉料本身就很珍贵,再把它做成艺术品,而且是皇家艺术品,那就相当珍贵。新石器时代中国还没有青铜技术,所以祖先们就把所有的智慧都用来做玉器了。这种智慧从新石器时代到汉代已积累几千年,所以这是几千年的艺术结晶。汉代以后这种技术就不行了,董卓之乱,把洛阳城人杀没了,工匠全死了,而且一种古代技艺的传承一旦中断,再想恢复太难了。

图十八　阳信公主墓陪葬坑出土的鎏金铜马

图十九　汉昭帝平陵出土的和田羊脂玉马

这个技术在西汉中断后一直到明永乐帝时才恢复，虽然唐宋时也有玉，但是做工很差，法门寺出了很多唐代和田玉，工艺都不能跟这个比。

和田玉的产生跟汉宣帝有关，宣帝在新疆建西域都护府，把新疆收入中国版图，由此就把和田的矿区归中国人管理。很多人都愿意把自己的玉器说成是和田玉，但战国和商代哪有和田玉？张骞通西域以后，尤其是到把和田这条路打通了以后,和田玉才逐渐闻名于世的。有些玉有点像和田玉,比如现在流行的俄罗斯白玉,真正的和田玉可以以这件羊脂玉作为标准。

考古发掘已经找到西域都护府的遗址,在乌垒城,离仑头城很近,也在迪那河附近,现在叫奎玉克协海尔古城,在新疆轮台。我在一篇文章中介绍过这座城,我亲自去做过调查(《考古学视野下的西域都护府今址研究》,《历史研究》2013年第6期,43—58页)。西域都护府是在乌垒城的基础上建的,这座城必须要有两个条件:一是要有西汉原来乌垒城的圆城,再一个还要有西汉的方城,而且这座方城还要按照西汉的制度来做。就是要建一个正方形方城,边长大约230米,100丈左右,正好就是都护的级别,都护是两千石级别的官。我们从烽燧线、居延、敦煌发现的古城,都有都尉这一级的,两千石级别。因为这座城的出现,新疆并入中国版图,长安城的艺术家才能够得到和田玉,才能激发他们的创作热情,才有条件产生这件令人震撼的艺术品。

六、结语

总之,中国在西汉王朝进入中外经济文化交流的黄金时代,张骞通西域以后,汉武帝"闻天马、蒲陶则通大宛(今费尔干纳盆地)、安息。自是之后,明珠、文甲、通犀、翠羽(孔雀毛)之珍盈于后宫,蒲梢、龙文、鱼目、汗血之马(都是马的名字)充于黄门(未央宫金马门),钜象、师(狮)子、猛犬、大雀(鸵鸟)之群食于外囿(上林苑,即皇家动物园)。殊方异物,四面而至"(《汉书·西域传赞》)。阳信公主墓出的金铜大宛马、汉昭帝平陵出土的羊脂玉做的汗血马,都是汉代皇家艺术品,生动展现了汉帝国的辉煌与梦想。

耿　昇

法兰西学院汉学讲座200周年与伯希和的贡献

耿昇，中国社会科学院历史研究所研究员，中外关系史学会会长、中国敦煌吐鲁番学会和中国蒙古史学会理事，法国亚细亚学会会员，主要学术专长是西域史、法国汉学、中西文化交流。1995 年获法国政府“文学艺术勋章”。主要代表作有译著《丝绸之路》《西藏史诗和说唱艺人的研究》《法国学者敦煌学论文选萃》《中国社会史》《中国和基督教》等 50 多部，译文近 200 篇，论文及译介文 100 余篇。

一、法兰西学院的汉学讲座

今年是法兰西学院创设汉学讲座200周年，汉学是由此堂而皇之地首次进入西方大学的神圣殿堂的。今年又恰逢中法建交50周年，双喜临门，值得我们隆重地庆祝与纪念中法交流史上的关键一年。

法兰西学院具有悠久的历史和有口皆碑的盛誉。它是法国历史上几位最早具有开放性视野和高度注重文化建设的文化政治强人，睿智决策与锲而不舍努力的结果。它既完全符合世界文化史上的一大规律，盛世办教育；也符合当时欧洲文艺复兴的思想，知识界向前所未知的事物开放，冲破基督宗教的长期羁绊，适应教育大改革的潮流。法兰西学院的雏形，应归功于16世纪法国文艺复兴时期的艺术与学术的倡导者，并具有十足骑士风度的法兰西斯一世（François I，1494—1547年）国王。他在皇家文库主任纪尧姆·比代（Guillaume Budé，1467—1540年）的推动下，于1530年创建了“皇家六教授团”（Six Lecteurs Royaux）。17世纪时，亨利四世（Henri Ⅳ，1553—1610年）国王号称“波旁王朝第一国王”，并在劳利公爵贝蒂纳的辅佐下，使法国呈现了一片欣欣向荣的景象。他制订了创立“皇家公学”的初步方案。路易十三（Louis ⅩⅢ，1601—1643年）国王号称“正义者路易”。他由首相黎舍留公爵（Duc de Richelieu，1585—1642年）枢机主教的匡扶，使法国成为欧洲最显赫的国家。他在9岁时便为“皇家公学”（皇家学院或“高卢皇家学院”）奠基，这就是沿革至今的法兰西学院的雏形。自该院于1772年对讲座教席重新大分配之后，才逐渐形成了现今的法兰西学院的建制[①]。

法兰西学院自草创伊始，便美名四溢。它的教育宗旨及其徽章上的格言，始终是“有教无类”（Vocation ā tout enseigner）。

但直到18世纪末，法兰西学院的东方语言讲座，在古典语言文学方面，却只限于突厥语和波斯语、古叙利亚语与阿拉伯语，后来又增加了希伯来语。因为这几种语言都是东西方交流的中介语言、桥梁和工具。希腊和拉丁古典文学和语言始终是其中的重点之重。印度和中国的语言文学，尚未被纳入到该学院的教育大纲中。

18世纪下半叶，法国政界仍有几位主张向东看的知华派人士。如路易十六的财政大臣和法国重农派的代表人物杜果（Jacques Turgot，1727—1781年）、国务部长贝尔坦（Henri Bertin，1720—1792年）、法国传教士企业家和东印度公司驻交趾支那的代表彼埃尔·普瓦弗尔（Pierre Poivre，1719—1786年），法国黄经局局长、曾与法国入华耶稣会士宋君荣（Antoine Gaubil，1689—1759年）保持通讯关系并被誉为“法国牛顿”的天文史学家拉普拉斯（Pierre-Simon Laplace，1749—1827年）等人。这些人都希望恢复或再现法国于17—18世纪上半叶曾涌现出的那种“中国热”的强劲势头。正是由于他们的努力和活动，才使中国语言文学的课程，最终被纳入到法兰西学院的讲座中了。

在法兰西学院的阿拉伯语教授和当时法国东方学界的领军人物希尔维斯特·德·萨西（Sylvestre de Sacy，1758—1838年）的多方游说和周密安排下，在1814年才出版了自

1776年起就陆续推出的由入华耶稣会士们写作的《中国杂纂》第17卷。他利用这种有利的气氛以及他在东方学界的声望，推动法兰西学院教授委员会，于1814年12月11日做出决定，在该院开设"汉语和鞑靼—满族语言文学讲座"(通称"汉学讲座")。法兰西学院决定由年方27岁，从未到过中国和非汉学科班出身的少帅雷慕沙(Abel Rémusat，1788—1832年)执掌教席。当时正值法国拿破仑第一次复辟期间，也就是介于他1814年4月6日逊位与1815年3月1日自厄尔巴(Ilbe)复归之间，也可以说该讲座是在法国动乱的政局中诞生的。经过积极筹划之后，该讲座于1815年1月6日正式开讲。"汉语和鞑靼—满族语言文学讲座"一直维持了104年，直到沙畹于1918年逝世为止。此时满清王朝已经灭亡，"鞑靼—满语"已经不再有理由于该讲座中存在了。当马伯乐于1921年执掌该讲座的教席时，便将该讲座易名为"汉语语言文学讲座"。此后，该讲座的名称曾经历过数次变迁，但始终被称为"汉学讲座"。

法兰西学院的"汉学讲座"，是西方第一次让汉学登堂入室地进入文化金字塔的顶端大学。这是法国在西方汉学史上创造的多个"第一"之一。法国国王路易九世(圣路易，Louis Ⅸ，1214—1270年)于1253年派遣法国方济各会士鲁布鲁克(Guillaume de Rubrouch，约1215—1257年)出使元帝国，这在西方基督教列强国王中，当属首次。鲁布鲁克的出使报告，属西方最早有关中国国情诸方面的著作之列。1685年，法国就派遣"六位国王的数学家"耶稣会士入华，实际上在北京组建了一个小小的"法国科学院"和"法国传教区"，而且他们在日后的法国汉学研究的兴趣中起了巨大作用。这种王家钦差的科学家传教士入华，亦属首例。仅就汉学被列入大学课程的历史来看，俄国于1851年，荷兰于1875年，英国于1876年和德国于1912年,才在大学里开设了汉学课程。1822年,西方的第一个亚洲研究学会——法国亚细亚学会成立,并发行出版会刊《亚细亚学报》,一直延续至今。1890年,法国与荷兰联袂创办西方第一份国际汉学期刊《通报》,一直持续至今。1920年,由法中两国总统为最高赞助保护人,利用庚子赔款,法国成立了西方第一家汉学研究所(当时归属巴黎大学,现已划归法兰西学院)并陆续建成了西方最佳的汉学图书馆,出版发行高质量的《汉学研究所文库》和《汉学研究所丛刊》,一直延绵至今。1840年,法国教育部组建东方现代语言学院并于1843年开设汉语课程。它甚至仍早于西方其他大学汉语教学课程的开设。这些"第一"为中法文化交流,为法国汉学的兴起与发展都做出了杰出贡献。

在法兰西学院的汉学讲座历史上,尤为可贵的是,无论世界政局发生什么变化,诸如动乱、战争、冷战,还是法国自己历史上的革命与复辟制度交替变化以及多次经济危机,也无论是中国政局的严重动荡和中法之间多次发生冲突与战争,该讲座却始终不受任何干扰,不仅顺利坚持下来了,而且始终处于发展之中。

在法兰西学院讲座200年的历史上,共有9位世界顶级汉学家执掌教席。他们分别是雷慕沙(Jean Pierre Abel Rēmusat,1788—1832年,1814—1832年执教)、儒莲(Stanislas Julien,1797—1873年,1832—1873年执教)、德理文(Hervey de Saint - Denis,1823—1892年,1874—1892年执教)、沙畹(Edouard Chavannes,1865—1918年,1893—1918年执教)、马伯乐(Henri Maspero,1883—1945年,1921—1945年执教,他将该讲座易名为"汉语语言文学讲座")、戴密微(Paul Demiéville,1894—1979年,1946—1964年执教。戴密微又与马伯乐形成了长达40多年由瑞士汝拉山区血统教授主持的

法兰西学院汉学讲座的奇观)、石泰安(Rolf A. Stein,1911—1999年,1966—1981年执教,该讲座又被易名为“中国社会史研究,制度与观念”;这是该讲座中唯一一位精通汉藏两种语言和文学的教授)、谢和耐(Jacques Gernet,1921—,1973—1991年执教,他又将该讲座易名为“中国社会文化史”,他是考据派汉学与近代汉学之间的过渡人物)、魏丕信(Pierre-Etienne Will,1944—,1991年开始执教,讲座的名称又改为“中国近代史”,他是率领法国汉学界走向近代中国史学研究的代表人物)。

这九大教授,在200年期间,是法国汉学界世代薪尽火传的掌舵人。他们培养了许多名扬学界的汉学人才,组织撰写并出版了很多誉满书坛的汉学刊物和汉学名著,创建了多所具有明显时代特征和创新价值的汉学研究机构,积累了丰富的汉学研究资料,为西方汉学的发展和中法文化交流,做出了卓而不群的贡献。这一切对于中国国内学术研究的发展,也是一种促进因素。中国国内外的学术研究,从来就是相辅相成的。

法兰西学院汉学讲座的九大教授,基本上都涉及了西域史的研究,包括西域历史、地理、考古、佛教、社会史和人类学史。这基本上形成了法国汉学的一大特征,也是法国汉学对中国西北边疆历史,特别是中国与周边国家关系史研究的重大贡献,这更是法国汉学在整个西方汉学界绝无仅有的传统。如中国的典籍《大唐西域求法高僧传》(沙畹,1894年)、《大唐大慈恩寺三藏法师传》(儒莲,1853年)、《大唐西域记》(儒莲,1857—1858年)、《法显撰〈佛国记〉》(雷慕沙,1836年)以及宋云、悟空、王玄策等人有关中国与西域关系的经典,都被法国汉学家们首先译作法文,使它们得以被西方学术界所熟识。其译注者正是法兰西学院汉学讲座的主持人,如雷慕沙、沙畹和儒莲等。这批中国高僧大德们的游记和传记，堪称当时的一部部亚洲史。这些著作均为丝绸之路研究的奠基著作。正是由于它们的法文译本在西方的流传，才促使普鲁斯舆地学和地质学家、近代地貌学的创始人、旅行家和东方学家李希霍芬（Ferdinand von Richthofen，1833—1905年）在他死后才出齐的5卷本《中国亲程旅行记》（1877—1912年）中，结合个人的亲历考察记，最终于19世纪末叶提出了“丝绸之路”的概念。“丝绸之路”概念经过一段沉寂之后，是由法国汉学家们把它推到学术研究的最前沿。法国学者最早使用“丝绸之路”者，应为法国的“超级编书匠”格鲁塞（René Grousset，1885—1952年），他于1942年出版的《中国通史》[2]第4版中，加入了共14页的“丝绸之路”一章。“海上丝绸之路”的概念，最早也是由沙畹大师提出来的。所以，法兰西学院的汉学讲座，对于“丝绸之路”学的形成和发展，都做出了有目共瞩的贡献。

但法国对于丝绸之路、中西交通史和西域史研究，做出更大贡献的学者，还是应首推法兰西学院的另外两名教授和另一个与中国有关的系列讲座的主持人伯希和与韩百诗先生。

法兰西学院在上述“汉学讲座”系列之外，还曾设置过另外一个系列的两个有关中国西部地区的讲座（西域语言、历史和考古讲座）。

伯希和本来就是沙畹大师的大弟子，是法兰西学院汉学讲座系列的传人，与该讲座永远有密切的关系。他于1906—1908年西域探险之后，携归了大批古文书、文物、文献和口碑资料。为了表彰伯希和西域探险的成功并诠释其所获丰富文献，法兰西学院于1909年，为伯希和专门开设了一个“西域语言、历史和考古”讲座（简称“西域史讲座”），它实际上于

1911 年正式开讲,并且一直持续到伯希和于 1945 年逝世为止。这个共持续 35 年讲座的内容,都是伯希和从中国新疆和甘肃发掘到的文书和文物,涉及了西域的民族、历史、语言文字、宗教、地理、文学、艺术诸多领域。伯希和是一位天才的史语学家、历史学家和考古学家,他除了精通欧亚两大洲多种现代语言之外,还懂得许多古文字和西域文字。其学问几乎涉及了东方学的所有领域:汉学、伊朗学、蒙古学、突厥学、藏学、满族学、印度学、西域南海史地、基督宗教、伊斯兰教、道教、佛教、摩尼教、祆教和各种巫教。所以,他被人称为“超级东方学家”。他在法兰西学院主持的这个讲座,实际上是利用他自西域携归的古文字文献和文物来诠释西域(特别是中国西部)的历史,它是雷慕沙讲座系列的一个重要支系。伯希和一生中的许多学术成果,也应归于该讲座。他讲述的许多内容,都属于“绝学”范畴,振兴和复活了许多已经湮灭的学科,也开拓了许多新学科,而且大都与中国西北史地有着密切的关系。如吐火罗文(焉耆语和龟兹语)、佉卢文、于阗文、突厥文、回鹘文以及摩尼教、景教、祆教、佛教的许多民间宗教的稀见经典。他有关西蒙古史的力作,虽然也均属此范畴,但略有小异。

伯希和在二战中忧国忧民,积劳成疾,于二战结束的当年便逝世了。德国法西斯侵略军在二战期间,使法兰西学院丧失了两名汉学大师——伯希和与马伯乐。

伯希和逝世后,法兰西学院的这个“西域讲座”便停顿下来了。直到 1963 年,法兰西学院又为伯希和的大弟子韩百诗(Louis Hambis,1906—1978 年)设置了一个“西域历史文明”的讲座,以延续伯希和的学统。该讲座一直持续到韩百诗于 1977 年退休为止。其内容不仅涉及西域史,还特别涉及了蒙古史和南西伯利亚史。

二、伯希和的西域探险

在西方和日本争相向中国西部派遣考古探险团的热潮中,尤为注重文化事业的法国却姗姗来迟。在19世纪下半叶,只有几名法国旅行探险家进入过西域。如博楠(Charles Eudes Bonin,1865—1929年)于1899—1900年、吕推(Dutreuil de Rhins,1846—1894年)和李默德(Joseph Fernand Crenard)于1889—1894年、沙畹于1907年、古伯察(E.-R. Huc,1813—1860年)和秦神父(Joseph Gabet,1808—1853年)于1843—1845年、多伦(Henri d'Ollone,1868—1945年)于1906—1907年、陪同奥尔良公爵的邦瓦洛(G. Bonvalot,1853—1933年)于1895—1896年等,都曾先后赴西域不同地点旅行探险。虽然法国在西域考古探险起步较晚,人数较少,毕竟也获得了不少珍稀文物与文献。因为等到法国科考探险团远涉西域时,那里的几大重点考古发掘地点(喀什、库车、吐鲁番、敦煌、于阗),均被其他国家的同行们捷足先登,掠起精华而去了。

西方列强在西域科考探险方面的竞争,形成严重对峙的局面。他们为了在西域避免冲突,而从事更加系统且有条理的考察,决定分工对几大重点地区进行系统发掘,并且筹划统一协调该领域的工作。1890年,在罗马召开的东方学家代表大会上,初步决定组建一个"西域和远东历史、考古、语言与民族国际考察委员会"。1902年在汉堡召开的新一届东方学家代表大会上,这个西域国际考察委员会最终组建起来了。其总部便设在西方列强中离西域最近的国都——俄国首都圣彼得堡。在国际委员会之下,还设立了各个成员国的国别委员会。

西域国际考察委员会的法国委员会主席，法国著名东方学家埃米尔·色纳尔（Emile Sénart，1847—1928 年）先生，出身于豪门富户，终生酷爱学术。他年轻时就深受印度佛教，特别是“北宗佛教”的诱惑，最终成为一名卓有成就的印度学家。他曾出版过有关巴利文语法、印度文碑铭、印度种姓制度、《正法华经》和《大事》（*Mahavastu*）的研究论著。他从 1882 年起便当选为法国金石和美文学科学院士，同时又受聘为意、比、荷、俄、德诸国科学院的院士。他担任法国亚洲委员会主席一职长达近 30 年，曾大力推动筹建法兰西远东学院，也曾参与组织法国考察团赴伊朗和阿富汗的考古活动，当时正任法国地理学会主席。所以，正是他提议和推荐派遣法兰西远东学院的汉语教授伯希和率团赴西域考察[③]。正是由于这一原因，伯希和在 1906 年 7 月至 1908 年 10 月的西域探险期间，曾大量致信色纳尔，仅《伯希和西域探险日记》中就发表了 31 封，而且全都是“学术书简”。所以，色纳尔先生不仅是推荐伯希和赴西域探险的“伯乐”，而且还是为他筹措经济赞助的幕前幕后的监护人，更是自始至终鼓励他的精神支柱，也是后期伯希和科研成果发表的推动者。没有色纳尔的精神和物质支持，伯希和西域探险就成败难测了[④]。

伯希和率领的法国西域科考探险团具有明显的官方性质。它首先是根据西域考察国际委员会的法国委员会，与其他国家的国别委员会充分协商之后，才组织起来并划定了活动地盘。法方又将此事通知了中国政府，以便办理签证，并要求中国各地方当局给予协助。法国资助伯希和西域科考探险团的是法国外交部、教育部、科学院、地理学会这些官方和半官方的机构。法国的奥尔良公爵和罗兰·波拿巴王子也都亲自出面赞助。在伯希和一行回国后，于 1909 年 12 月 10 日在巴黎大学阶梯教室举行的欢迎大会上，法国内阁的多位阁僚以及赞助单位的头面人物莅临恭贺。名星巨擘济济一堂,美誉之辞不绝于口,充满着对未来科研的憧憬。这些都证明了伯希和探险团的官方或半官方特征。

对于这一切,伯希和于其《西域探险日记》中也有详细记述。如他于1907年4月12日致色纳尔的信中就写道:“我通过我的兄弟而得以获知,罗兰王子已经支付了他许诺的赞助款。您在国民教育部的干预,又使我们获得了一笔5000法郎的补充津贴。这一切太好了。但科学院尚未行动,如果加尔尼埃(Garnier)基金的经费允许的话,那么它也准备再次帮助我们。对于转到我们手中的所有资金,我们始终都试图作最佳使用。这是因为我看到了您的活动范围该是多么广阔啊!我感谢您为我们而敲开了所有的大门。”⑤“我还感谢您在文化部,罗兰·波拿巴(Roland Bonaparte)王子处,利用一切机会奔走,为我们所付出的辛苦。”⑥

在中国人一方,也按照与法国外交部的协议,而给予伯希和一行必要的帮助。伯希和每到一处,总要去拜访当地最高官员,中国官员也去回访他。他们每到一个重要地点,中国官府也总会提前作安排。当他与民工或当地人士发生纠纷时,中国官府也负责调解;在遇到诉讼时,中方也负责审理。伯希和自己就曾讲过:“我们必须经过安班(Ambol,参赞大臣)处。大雨助人,我们一直在策划让他友好地招待我们直到明天。”⑦

安班(昂邦)王大人(Wang Ta-jen)是一位江南人。他对于听到一位用其母语与他交谈的外国人,似乎并不感到惊奇,这就相当于对我们的一种友好接待。后来,当我们向他解释我们是谁时,其师爷便于档案中寻找,并且带回了与我们有关的一份官方通知。其中提到法兰西科学院院士色纳尔、学者伯希和、瓦阳博士以及一位摄影士将前往旅行等，应该给予他们帮助和保护，一切均按由吕公使(Dubail)[8]致大清国外务部照会的意见去办。

伯希和时任设立于河内的法兰西远东学院的汉学教授。他从年轻时代起，就是一名崭露头角的优秀东方学家。他是当时法国少有的“知华派”教授，也是法国大学讲堂上的中国文明的宣教师。他在22岁时，于法国驻华使馆武官处工作，恰逢义和团围攻外国驻京使领馆的骚乱。他竟然不顾排外情绪亢奋的义和团团民的围攻，赤手空拳地跑到大街上与团民搏斗，而且还夺取一面义和团团旗，至今仍收藏在巴黎荣军院(残老军人院，Invalides)，这就充分表现了伯希和一种争强好胜的精神。伯希和于1899年赴河内法兰西远东学院。当他1906年受命率西域科考探险团出发时，他不但已经是一位颇有名气的汉学教授了，而且还有望竞选法兰西远东学院院长的职位。但他放弃了这一切名利，而全心全意地去投身并主持其前途未卜、成败难定且艰苦卓绝的西域科考探险事业中了。这不能不说明他是一名很有头脑、很有理想、很有魄力和很有为科学献身精神的人物。

西域探险需要多种语言。其中包括汉语、阿尔泰语系的突厥语族诸语言(维吾尔语、柯尔克孜语、哈萨克语、乌兹别克语)、蒙古语(特别是卡尔梅克蒙古与和硕特蒙古语)、梵语和其他的印度语言、阿拉伯—波斯语、俄语，甚至还包括印支半岛上的某些语言。对于如此之多的语言，伯希和有时是在途中边走边学习或边进修的。伯希和本人实在是一个语言天才，他几乎精通中亚和东亚的所有语言。他的汉语文化知识也较当时西方赴西域探险的其他人要精深得多。我们从敦煌千佛洞“取舍文书”过程中便可窥见其一斑。斯坦因作为一名资深的考古学家，对于汉文和有关历史知识却远远不足。他先于伯希和到达敦煌千佛洞，首先挑选的都是些整齐而又漂亮的文书，这从考古学观点上来看，无疑是正确的。但这批文书大都为当地僧俗二众作为功德而供养的佛经写卷。伯希和挑拣的许多文书，却是双面都有文字和初看起来“破烂不堪”的卷子。其实，它们都是价值最大的社会经济文书（籍账文书、契约文书、借贷文书、小部佛典俗文学文书）和史地文书。伯希和对于有关的中国历史典籍的熟悉程度，连当时中国的大文豪们都叹为观止，刮目相看，如王国维、罗振玉和沈增植等人。

伯希和一行是于 1906 年 6 月 15 日离开巴黎的。直到 1908 年 9 月底，他又从郑州乘火车赴北京，共历时两年零 3 个多月。伯希和于 10 月间到达北京；于 12 月 12 日到达河内，一直停留到 1909 年 5 月；然后又经过北京，停留 4 个月，于 1909 年 10 月从北京出发返回巴黎。包括伯希和在中国内地其他地方的滞留，以及等待其行李文物运抵法国的时间在内，他们共用了近 3 年的光阴。直到 1909 年 12 月 10 日，法国各界在巴黎大学阶梯大教室举行欢迎大会，才使这次西域探险落下了大幕，史称“伯希和西域探险 3 年”。

伯希和西域科考探险团在我国西域地区的活动，主要分成了四大块。他们从 1906 年 6 月 15 日从巴黎出发，于该年 8 月间，开始进入中国境内。他们首先在喀什地区，主要是在莫尔佛教遗址、三仙洞、特别是在图木舒克作考察和发掘。伯希和一行于 1906 年 12 月 15 日离开图木舒克，于 1907 年 1 月 2 日到达库车绿洲。他们在库车地区停留近 8 个月，其重点目标是苏巴什佛寺大遗址、都勒都尔—阿乎尔遗址和克孜尔千佛洞。尽管该地区已经被俄德日等国科考探险家们仔细发掘和筛选过了。伯希和探险团在这里仍有重大收获，并由此而形成了在库车地区的一系列考古报告，诸如《都勒都尔—阿乎尔和苏巴什》(1982 年,文字版和图版版)[9]、《图木舒克》(1961 年版,文字版与图版版)[10]。伯希和一行于 1907 年 9 月 3 日离开库车赴乌鲁木齐,然后又到达吐鲁番地区。但由于德国人已经在吐鲁番大举发掘过,致使法国人收获不大,主要是对吐鲁番的交通路线作了考察。伯希和对吐鲁番地区的考察,导致他后来写成了《唐代吐鲁番的道路》[11]一书(作为伯希和遗作之一,于 2002 年出版)。由于伯希和在乌鲁木齐与清朝谪居新疆高官名流们的交往中,获知了敦煌藏经洞收藏有宝藏之事,所以他们才匆匆忙忙向敦煌赶去。他们一行于 1908 年 1 月 28 日离开哈密,并于 2 月 12 日到达沙州。伯希和等人对整个敦煌地区,特别是对宕河与疏勒河流域、西千佛洞和榆林窟等地分别作了详细考察。然后他们便进入了敦煌千佛洞(伯希和始终称之为"沙洲千佛洞"),在洞中主要作了四项工作:对石窟作编号,由此而产生了敦煌石窟的所谓"伯希和编号";对石窟内容(壁画、彩塑和题识等)作了记述和抄录,由此而产生了其《伯希和敦煌石窟笔记》[12](法国 20 世纪 80—90 年代分 6 册出版)。至于伯希和在这些遗址的具体考察过程、他们搜集到的资料信息和文献文物,在有关伯希和西域探险团的几部档案文献中,均有详细记述。

伯希和西域考古探险团最重要的文献,也就是伯希和亲笔记述的《伯希和西域探险日记,1906—1908 年》[13]一直未能公开刊布。2008 年,为纪念伯希和西域科考探险活动结束的 100 周年的机会,由法国的集美博物馆负责,具体由该馆时任馆长的法国科学院院士贾立基(Jean-François Jarrige)主持,最终出版了这部伯希和西域科考探险日记。伯希和的这部日记并不像普通旅行家、探险家或一般学者们所做的那样仅记述那些耳闻目睹的趣闻轶事。伯希和无论是在书信中,还是在日记中,所记述都是学术上重要问题,很少有闲话和废话。他将考古资料与文献资料相结合,以考古补史料,以史料证考古。这种做学问的方法,只有像伯希和那样的大学问家才有可能问鼎。

三、伯希和探险团对于库车地区的考察

由于伯希和西域探险团发现汉文字和民族古文字两类文书最多的地方,当属库车地区。故而笔者于此想单独讲几句。伯希和一行于1907年1月2日到达库车。他们于3月16日—5月22日在库木吐拉(Kumtura)停留,于4月17日—8月5日发掘了都勒尔—阿乎尔(Douldour-Âqour),于6月10日—7月25日发掘了苏巴什(Soubach)。

伯希和随身携带玄奘的《大唐西域记》、郦道元的《水经注》和刚出版不久的李光廷《汉西域图考》,在敦煌还专门利用县衙中收藏的雕版而抽印了一套《敦煌县志》。他以这些汉文史籍充作其作地理、文献和民族学考证的史料依据,再作田野考察发掘。

玄奘于630年经过屈支(龟兹国,今库车)国,并对昭怙厘二伽蓝作了描述。伯希和根据玄奘的生动记述,曾对该地区的考古发掘寄托过很大希望。伯希和将都勒都尔—阿乎尔寺比定为阿奢理贰(屈支语,意为"奇特"。但伯希和认为应读作"阿奢理腻")大寺,同时又将苏巴什双城比定为昭怙厘二伽蓝。1907年5月28日星期二,伯希和在都勒都尔—阿乎尔度过了自己29岁的生日。正如他于1908年5月28日在敦煌度过其30岁的生日一样。

伯希和在库车地区有些独特的收获。

法国探险家李默德(J. L. Dutreuil de Rhins,1846—1894

年）于1891—1894年间发表的《高地亚洲探险记》中[14]，将玄奘所说的跋禄迦国（Baluka）考证为拜城县的亚恰—艾日克（Yaqa-aryq，Yakka-aryq），这曾导致了国际汉学界的一场争论。伯希和经过一番详细考证之后，坚决摒弃了这种比定。

1907年4月1日，伯希和去拜访了当时正在阿克苏城的库车县长袁彦勋和某位李副县长。他在袁府又偶遇布古尔县（轮台县）的县长荫铣。袁县长过去曾陪同肃亲王善耆于1906年视察伊犁，考察在那里修建一条铁路线的可能性，这引起了伯希和的极大兴趣。促使法国在中国修铁路是伯希和念念不忘之事，其考据学名著《交广印度两道考》就是为法国修建从越南到广东的铁路而写成的。

伯希和将考察团的大营扎在了库车城内，四处从事调查发掘。他们再次去拜访了库车县长袁彦勋、李副县长和一名驻军武官。该武官也是因镇压太平军军功卓著而被晋升的湘人。县长袁彦勋还是一位当地文化的爱好者。他家的“镇宅之宝”正是新疆藩台王树楠的《陶庐丛刻》（经检索，伯希和误作《陶庐业稿》），该丛书中有一部涉及法国的书。伯希和未指出书名，但它实际上应指《欧洲族类源流考》或《欧洲列国战事本末》。县长很重视这本书。这说明当时在偏僻的库车，仍有人关心遥远欧洲乃至法国的局势。伯希和对这件事感到非常欣慰。

对于喀什和库车地区的阿卜达尔人和作为多览葛人后裔的多浪人，伯希和在1907年后就已经作了详细研究，曾有专门论文发表[15]。他在当地向阿卜达尔人和多浪人作了口头调查，是从事这些小部族研究的先驱学者。

伯希和于1907年1月13日，从库车写给色纳尔的信中指出：“今天清晨，我从库木吐拉渭干河西岸的一名老翁手中，获得了史前时代的3把玉斧。有人向我确认，它们是在通古斯巴西(Tongouz bachi)古城废墟周围捡到的。那名土著人自告奋勇地要带我去原地点勘察,我也完全有理由相信多人指出的其确切出处。事实上,有人曾在西伯利亚发现过史前时代的玉斧。但这3把玉斧没有任何可能出自西伯利亚,最终流落到塔里木河支流畔阿合雅尔(Aq-yâr)某位土著人手中。那里是一片至今很少有人往来的地区,却有丰富的古代遗址……如果它们是此类玉斧中的最早几件实物,再若我们确实能够考证出其确切出处,并且有可能还会拾捡到其他样品,那么这就是我们在库车居住期间,所能搜集的最宝贵的文物了。”伯希和后来又打听到,这个老人居住在都(排)先拜巴札附近。他于1907年4月21日,还专门去寻访这位老翁,以做进一步核查,可惜未获得进一步的成果。

这3把玉斧在西方学术界引起了广泛关注。许多东方学家,包括伯希和本人,都对它们作过专门研究并有专题论文发表。它们至今也是法国集美博物馆的“镇馆之宝”。伯希和过去出于各种原因,只笼统地称它们是由他自西域探险中携归的。伯希和日记的公布,多少也算揭开了有关这3把玉斧的一层神秘面纱。

伯希和一行于5月14日去考察通古斯巴西古城遗址,在当地的霍加吐鲁斯收购到了一枚大印,还有一枚被制成形态严肃狮子状的印鉴。

对于阿克苏地区今新和县和沙雅县境内的乌什喀特古城遗址,伯希和在1907年4月12日致色纳尔的信中指出:《晋书》提到龟兹国“俗有城郭,其城三重,中有佛塔庙千所”。现在于渭干河西岸,有乌什喀特古城遗址,乌什喀特本义恰恰为“三重城”(Utch-qât)。它由3道不太规则的同心城墙组成,带有相当数量的土丘。这道城墙应该有4公里周长,因而相当于一座规模实为可观的城市。伯希和由此而断定,乌什喀特古城遗址正是晋代古龟兹国的国都。早在 1907 年 4 月间，伯希和就做出了这样的推论，实在有点出手不凡。当时，在西方汉学界，唯有沙畹对此略有提及，其他人基本上都未曾做过这样的考证。

伯希和在他于 1907 年 4 月 25 日致色纳尔的信中提到，他在库木吐拉地区的发掘共有三大目标：对库木吐拉千佛洞和渭干河右岸都勒都尔—阿乎尔的发掘、对该地区东部的荒废古城通古斯巴西和乌什喀特等遗址的发掘。但他只完成了前两项计划。由于第三项工程的工作量特大，他基本上未曾下功夫去做。所以，通古斯巴西和乌什喀特古城，均未被发掘而保存下来了，直到由黄文弼先生于 20 世纪上半时从事部分发掘为止。

伯希和于其 1907 年 4 月 17 日的日记中，对于神秘的“都勒都尔—阿乎尔”作了注释：“阿乎尔”（Âqour）的本义是马厩或马槽子。都勒都尔（Douldour）则是东察合台汗国羽努思汗阿力（Ali，歪思汗的长子）坐骑的名称。传说中认为，阿力汗曾于此饲养其马。这正如图木舒克（Toumchuq）本意为“鸟喙”，意指“岬角地”；苏巴什（Soubach）意为“水之源头”一样。伯希和为这个神秘的地名，提供了一种可信性很大的解释。

伯希和在都勒都尔—阿乎尔的发掘成果非常丰富，有五铢钱、婆罗谜文题记残片、婆罗谜文宗教文献残卷[16]。其中最丰富的收获出现在 4 月 24 日，伯希和等人发掘到了都勒都尔—阿乎尔佛寺的“藏经室”。它侥幸逃脱了火灾的焚烧。大批纸本写卷虽被倒塌的墙壁搞乱了，散落在黄沙与卵石之间，而且其中有些已经有所腐烂并严重浸水，但它们毕竟还是有幸被保留下来了。这批写本中的汉文写本，已由法国国家科研中心的童丕先生于 2000 年整理发表。它们共有分成 249 个号的 212 件文书（DA. M. 1-156、157. 1-7、201-249 号），另外有两件被编入“伯希和龟兹文特藏”中了。所以全部文书应该是 214 件。其年代最早可以上溯到 690—705 年(DA. M. 52 号),因为文书中出现了武则天的“新字”;最晚的应为 784 年(建中五年,DA. M. 104-106 号),这正好相当于从唐军于 697 年大败吐蕃军队并驻军龟兹到 790—791 年间这段时期。事实上,现已考证出其中的 12 件文书发掘自苏巴什[17]。

当伯希和一行对都勒都尔—阿乎尔作发掘时,瓦阳测绘了夏克吐尔或玉其吐尔的平面图。他们 5 月 25 日用梯子登上了德国人未曾进入的两个石窟。最有意义的是伯希和于其中捡到了一些小立方体的木块和泥块,它们是印度佛像或佛经的“活字印版”。由于这些字模或图模应该与那些写本是同时代的,即应该断代为 8 世纪末叶之前。它们应该要比敦煌藏经洞发现的那些“字模”更早一些,比那些西夏文字模更要早得多。由此推断,库车也可能是中国最早从事活版印刷的地区了。

伯希和特别关注库车地区历史上的柘橛关问题。他于 1907 年 5 月 19 日星期日和 20 日星期一的日记中写道:“今天有人为我带来了阿克苏道台的一封信,其中包括对刘平国作亭诵碑文的释读文,还有我的一位朋友寄来的有关库车以西拓厥关(T'o Kiue-Kouan)的价值很大的资料。”柘厥关是悟空法师(法界)当年入天竺时所经过的地方。因为悟空当年曾经由耶婆瑟鸡寺[18]、东西拓(柘)厥寺和阿遮哩贰寺。伯希和当年特别倾向将都勒都尔—阿乎尔考证为玄奘法师所提到的阿奢理贰(阿遮哩贰)伽蓝。他于 1934 年在《亚细亚学报》中发表的《吐火罗语和龟兹语》一文中,烈维(S. Lévi)于 1913 年于《亚细亚学报》发表的《乙种吐火罗语—龟兹语》中,都曾作过类似考证[19]。季羡林先生等在《大唐西域记校注》中也采用了此说[20]。据悟空的记载,东西拓(柘)厥寺与阿遮哩贰寺明显为两地。玄奘认为阿奢理贰伽蓝"位于会场西北,渡河至"。阿奢理贰伽蓝,"式旌美迹,传芳后叶"。伯希和认为"阿奢理贰"应为"阿奢理腻"之误[21],却语意不详。

《新唐书》卷四十三记载:有"安西西出柘厥关"。其他中文史料中也作"柘厥",西方汉学家一般均拼音作 Zhejue。悟空作"拓厥寺"。"拓"与"柘"号字形相似,而又绝不通假。况且,"拓厥"或"柘厥"应是龟兹文 Cäkür 的汉文对音。伯希和探险团在都勒都尔—阿乎尔发掘到的汉文文书 DA. M 第 80 号是一份报告,其录文如下:

东界移伐离支　界田苗今见乾燋不得水

石啜祇承上户差科不曾有(閒?)□[上]件　田苗乾

渴其水频至柘厥所由相推其麦在伤内伏望[22]

所以,伯希和在对都勒都尔—阿乎尔的地望作考证时,更多的是坚持"阿奢理腻伽蓝"之说。

尽管伯希和在库车地区的考古笔记本中,包括 6 月 19 日—7 月末的一册已经丢失。但伯希和于其 1934 年发表的《吐火罗语和龟兹语》[23]一文中,他尚记得自己发掘到的一卷写本,即 DA. M 第 27 号文书:"我于 1907 年曾发掘到一片残纸,可现在已不在我的掌握之中了,但我很准确地记得于其中读到了'至柘橛(厥)'的记载。非常遗憾的是再无其他说明,但我于苏巴什西部废墟中搜罗到了其中提到'柘厥'的这件残卷,也就是说它是在西柘厥寺的遗址上发现的。这种巧合令人费解。"因为伯希和似乎将苏巴什西部考证为柘厥寺了,故而他认为不可能从"柘厥"再到柘厥了。这件文书的原文应为:

]□秋(伏?)至柘橛(厥)□[[24]

伯希和的记忆也绝非是永远准确无误的。他在发掘某一残卷时，偶然将都勒都尔—阿乎尔与苏巴什相混淆，这也完全在情理之中。首先是在自库车发现的大批匿名文书中，这卷文书完全有理由引起那位考古学家的高度注意，因为其中含有一个史学家们所熟悉的地名“柘厥”。

悟空法师提到的东西拓（柘）厥寺使问题更加复杂化了。伯希和以其坚实可靠的语言学和地理学论据为基础，将柘厥关与另外两个更为古老的地名作了比较。据伯希和认为，苏巴什双寺（二伽蓝）的遗址位于今城之北的库车河两岸，分别相当于鸠摩罗什（Kumārajiva）时代的雀梨（Cäkri）大寺、玄奘于630年提到的昭怙釐（Cogüri）寺和悟空于788年提到的柘厥[25]寺。伯希和也没有忽略将悟空提到的柘厥寺与柘厥关相比较，尽管《新唐书》将柘厥关置于了龟兹绿洲的西出口。

但伯希和还是在1907年2月3日致色纳尔的信件中指出：“有人刚刚为我带来几支婆罗谜文木简，残损严重，是在盐水沟（Chalderang）大峡谷发现的，位于库车西北15公里左右。在这个盐水沟大峡谷，今天已经设立了一个关垒，它是在拜城与库车之间，仅有的一条可通行的交通道路。此外，本处所说的‘峡谷’即盐水沟大峡谷，可能曾在中文文献中出现过，完全属于玄奘在屈支国（龟兹）和跋禄迦国（阿克苏）之间所走过的那条道路。我相信已经向您提到了有关这个问题的只言片语，我在有关沙畹的问题上曾经写过一长段文字。直到收到新的数据之前，尽管贝勒佐夫斯基支持指雀离塔克山以南的一条路，但我还是倾向于认为玄奘基本上是沿现今的那条路前进的，曾经经过拜城。根据这种假设，毫无疑问，盐水沟关垒应为柘厥关。它在贾耽的文献中，就被提及了。”

总之，伯希和在库车地区，既获得许多西域古文字和汉文字的文书，又获得了许多很有价值的文物，考察和发掘了许多古遗址。这都是他后来在法兰西学院中的主要资料来源。

四、伯希和西域探险之后的活动与学术成果

当然,西域科考探险也为伯希和带来了无限的荣誉与地位,成就了法国的一代伟大汉学家。伯希和自西域探险之后,于1909年10月24日返回巴黎,法国最高学府法兰西学院为他专门设立了“西域语言、历史和考古学讲座”。他在西域发掘到的文献与文物,便是该讲座的主要教材。1921年5月6日,他当选为法国科学院——金石和美文学科学院院士。他于1927年还被聘任为法国高等实验学院的研究导师。他于1928年任西方第一个亚洲学会——法国亚细亚学会的副会长,于1935年任该学会代理会长,于1936年正式出任会长。他于1940—1945年出任巴黎大学汉学研究所所长。伯希和于1914年应征入伍,曾参加过西伯利亚的战争,并出任法国驻华使馆的武官。他于1939年被选为中国中央研究院的通讯院士。他还先后分别被聘任为圣彼得堡科学院和其他多个国家科学院的院士、名誉院士或通讯院士。他还先后出任过法国伊朗学会会长、集美博物馆董事会的董事长、东方之友协会会长。伯希和于1921—1945年间,始终任西方权威汉学杂志——法荷联袂主编的《通报》的法方主编。他从此之后,足迹留遍全世界,其目的无非是讲学、访书和开会。他1914年入伍时,作为联络官曾在达达尼尔海峡服役,然后又从那里奔赴北京。他于1921年到达波士顿、1923年到伦敦,1925年到达开罗和俄罗斯,1926年到纽约,1928年到达马德里,1932年到达乌普萨拉,1933年重返北京,1935年再赴中国和日本,1936年到达哈佛和伦敦。他于1940年最后

一次到美国弗吉尼亚温泉,参加美国太平洋研究所召开的学术讨论会。在德国法西斯占领法国期间,伯希和也是忧国忧民,心情郁悒,积郁成疾。1945 年,德军撤退时,伯希和已经罹患癌症,到了生命的终点,但他还在自己任馆长的德纳里博物馆,升起了第一面法国国旗三色旗,由此可见他的一片爱国之心。1945 年 10 月 26 日,癌症的一次大出血,夺走了其生命,享年 67 岁。

伯希和逝世时,留下了大批遗稿和尚未杀青的著作。从 1945 年到 2008 年,其弟子和同事们,共整理出版了伯希和遗作 12 卷,其中 10 卷是有关西域史的。

1.《〈明史〉中的火者与写亦虎先》[26],TP,38,1948,81—292。

2.《蒙古秘史》[27],根据汉语对音本而复原的蒙古文本,1949 年版。

3.《圣武亲征录》[28]译注本,与韩百诗联袂署名,这是对元代佚名著作《圣武亲征录》的法文译注本,可惜只有第 1 卷,1951 年版。

4.《金帐汗国史札记》[29],这是对前苏联格列科夫和雅库鲍夫斯基出版的《金帐汗国史》一书所做的补充、纠误与评论,1953 年版。

5.《卡尔梅克史评注》[30],2 卷本,1960 年版。

6.《马可·波罗游记注释》[31],3 卷本,与 A·C·穆尔合著,分别于 1959、1963 和 1973 年出版。

7.《中亚和远东的基督教研究》[32],2 卷本,1973 和 1986 年版。

8.《西安府景教碑》[33],1996 年版。

9.《唐代吐鲁番的道路》[34],2002 年版。

10.《伯希和西域探险日记》[35],集美博物馆 2008 年版。

五、伯希和以及法国汉学界对于“西域语言”文献的研究

伯希和早期发表的不少著作就直接出自敦煌和西域各种文字的文书。他对摩尼教曾作过开拓性研究。他先后于1911年和1913年在《亚细亚学报》中，与沙畹合作发表一部汉文摩尼残教经的译注本。他于附录中发表了一种重要的波斯摩尼教残经(《波斯教残经》)，是由他本人自敦煌携归巴黎的㊱。这篇加入了大量注释的译文，又与50多种过去已经为人所知的，或者至少是已有人征引过的其他文献相比较，从而使此文至今仍是研究远东摩尼教的一篇重要论著。伯希和从其学术生涯的肇始，便对远东摩尼教颇感兴趣，曾汇辑过一批意义相当含糊的文献。中国天朝政府于7世纪末对中国西域的平定，为摩尼教徒们打通了东传的道路；一个世纪之后，回鹘人、蒙古人和突厥人都在某种程度上选择摩尼教为国教，由于伊斯兰教的阻挠，才最终阻止了该宗教的扩张。在敦煌重新发现的文献，可能是中国摩尼教的基本经文《二宗经》的片断，该经文于694年传入中国。伯希和1923年发表的一篇文章，甚至揭示了“明教”直到17世纪仍在福州地区保有残余势力㊲。

伯希和于1925年1月在《皇家亚洲学会学报》第1期中，发表了《新发现的两卷敦煌摩尼教写本》㊳，他于1903年就曾在《法兰西远东学院学报》第3期中发表过《摩尼与〈化胡经〉》一文㊴。他于同一期刊物上还发现了《摩尼与巴勒哈喇哈逊碑》一文摩尼教是唐代传入中国的三夷教之一，其命运多舛。摩尼教经文有西域多种胡族文字版本，其经文除了《残经》之外，还有《下部赞》和《摩尼光佛教法仪略》。伯希

和等人的研究,也是该领域的开山之作。他纠正了先前学者们将摩尼教与祆教相混淆的诸多观点。

伯希和于1908年从敦煌携归了几种非常珍贵和稀见的景教文献,如《尊经》(P.3847)和《大秦景教三威蒙度赞》(P.3847,它与《尊经》共成一卷)等。伯希和对于景教研究最终成果《西安府景教碑考》长时间存作手稿而未刊。直到1996年,才由福安敦(Antonion Forte)整理和增补后出版[40]。

伯希和一生中始终坚持对于景教的研究。如他于1911年发表的《景教僧享有的两个佛教尊号》[41]的论文,后来又先后于1914年作了一次有关七河景教碑的几个名词和"拂菻"一名起源的报告[42],《长安和洛阳的景教主教》[43]《845年之后在中国的景教徒》[44]等论文。景教也是唐代传入中国的另一种夷教。经过伯希和等人研究之后,才使学术界明确地将景教与佛教区别开了,开拓了宗教研究的一片新天地。

伯希和敦煌突厥—回鹘文写本共有25个编号,已由哈密屯(J. Hamilton,1921—2003年)辑录和译注,于1986年出版了两卷本的《9—10世纪的敦煌回鹘文文献汇编》[45],共发表了36个卷子的编号,其中包括伯希和敦煌回鹘文写本24个编号。另外还包括伦敦斯坦因特藏中的12个编号。其中有不少回鹘文写本因与汉文写本写在一起,故被编入了汉文写本目录之中,形成了双重编号。在此之前,哈密屯还于1971年单独发表了P.3509号回鹘文写本《回鹘文本善恶两王子的佛教故事》的转写和译注本[46]。此外,伯希和从敦煌千佛洞北区元代石窟中,还获得过360多件元代畏兀儿文的写本。对于敦煌回鹘文写本,究竟应该是如同哈密屯认为的那样,把它们断代为9—10世纪,还是如同某些德国学者们所认为的那样,把它们断代为元蒙时代,国际学术界尚有争论。因为王道士可能于斯坦因在千佛洞取走经卷之后,将他陆续零散地从敦煌其他地方搜集到的元代畏兀儿文晚期卷子，又都塞进藏经洞中去滥竽充数了，故使伯希和上当受骗。哈密屯先生先前曾受到了某些同行们的非难，但他始终顽强地捍卫自己的观点。此外，法国学者路易·菲诺(Louis Finot)、菲利奥札(Jean Filliozat)和为数不少的日本学者，也都从事过对这批写本的研究。

伯希和早在1920年就发表过《库蛮考》[47]，他认为中国古籍中出现的"库蛮(Comans)地区包括黑海、高加索和里海以北大平原"。该突厥部族来自西伯利亚，于11世纪西迁欧洲。经成吉思汗和蒙古之后，成为草原之主。他于1912年在《通报》中发表了《默啜可汗的公主及其与阙特勤的关系》[48]，于1914年又发表了《善恶两王子历史的回鹘文版本》[49]，这实际便是上文提到的哈密屯研究的P. 3509号回鹘文写本。该卷写本曾有过一种不完善的早期译本。它是一部受佛教启发的叙事故事，同时也是现知最古老的突厥文献之一。伯希和本人开创了该卷写本研究的先河。此外，伯希和对某些突厥文专用名词的考证，也很有学术价值，其中有许多也是具有开拓性的。如他针对突厥文"葡萄酒"的名称写了两篇小考证，即他分别于1914年在《通报》中发表的《鄂多利克游记中的葡萄酒的突厥文名称》和1926年于《通报》中发表的《突厥文中的葡萄酒的名称bigni或begni》[50]。他有关突厥文"驿站"的名称所做的考证《有关yam或am，驿站》[51]《玄奘书中"千泉"的突厥文名称》[52]《汉文中的"突厥"名称源流考》[53]《〈内心的喜悦〉一书中动物名表中的突厥文与蒙古文形式》[54]。伯希和对于古突厥碑铭的研究也成绩斐然，如《有关西域问题的九条札记》中的2—5条[55]。他发表的一篇很有份量的突厥学论文，是对突厥人先祖乌古斯汗传说的回鹘文本的研究[56]。伯希和于1921年报告了有关一部用藏文字母书写的回鹘文佛教教理问答书[57]。

在伯希和所获敦煌的西域"东伊朗文"写本中，有些是所谓"吐火罗"文书，亦被他称之为用"婆罗谜字母"书写的文书，还有这种文字的某些木简文书和题识等。它们主要是出自新疆的都勒都尔—阿乎尔和图木舒克。事实上，这其中主要是乙种吐火罗语或"龟兹语"（焉耆语为甲种吐火罗语），特别是P. 3533号。法国早期学者烈维、菲利奥札以及德国学者西格都对它们作过研究。近年来，法国年轻一代的优秀吐火罗语学者彼诺（Georges Pinault）系统地刊布和研究了这批写本。经他整理，伯希和龟兹文特藏共有2000件左右：旧编ASI－19，共141件文书和126个编号；新编NSI—508和某些残卷，共527件文书。此外，还有些只有数平方厘米的极小残卷，即新编第509—1166号，共658件文书；粘贴在卡片上的小残卷393个编号。

伯希和本人对于"吐火罗语"的文书和文献也作过不少首创性的研究。其中最具代表性的是他于1936年发表的《吐火罗语与龟兹语》[58]一文，它提出了许多在当时尚为全新的问题，也破解了西域史上的许多难解之谜。伯希和于1936年还发表过《论"吐火罗语"》[59]一文。近年来，无论是在中国还是西方，对于"吐火罗"语的研究已取得了重大进展。伯希和先生在这方面功不可没。

伯希和敦煌和西域梵文写本数量较大，而且出自西域者为多，属于敦煌写本者只有13个编号，它们基本均为佛教文献，其中不乏有些稀见佛典精品，特别是那些小部佛典。它们大部分都被编入伯希和敦煌汉文写本的目录中了。这批梵文写本早年曾由菲诺、菲利奥札和日本学者从事过研究。在20世纪的50—60年代，又由法国学者鲍利（B. Pauly）作了系统整理：《伯希和西域探险团所获高地亚洲梵文文献残卷》[60]（连载《亚细亚学报》,1957—1965年）。

伯希和搜集到的这批梵文写本,主要是佛经或与佛教有关的文献。伯希和本人也亲自对它们作过研究。它先后发表过《药师传》[61]、有关《〈道德经〉的一种梵文译本》[62]《一种东伊朗文本的〈金光明经〉》[63]《〈那先比丘经〉汉译本中的专用名词》[64]《论上坐部佛经汉译古佚本》[65]《印度对敦煌中国古代艺术的影响》[66]等文章。伯希和曾在高达尔（Godard）等人写成的《巴米羊的佛教遗迹》一书中撰写了《卧佛像与龙》《玄奘游记、传记和慧超游记之外汉文著作中的巴米羊》几节。他还发表了《达摩多罗（法救）的〈阿毗昙心论〉序言中的偈句》[67]。

伯希和敦煌粟特文写本共有30个编号,大都已由哈密屯与英国学者辛姆斯—威廉姆斯（Sims-Williams）联袂,于1990年出版了转写、译注和图版本《敦煌突厥—粟特文文献汇编》[68],书中发表了伯希和敦煌粟特文写本5个号,斯坦因写本3个号。其中部分卷子也有双重编号,被编成汉文写本P.3511—3521号。法国社会科学高等研究院魏义天教授2002年于法兰西学院出版了其专著《粟特商人史》,并将这部研究粟特人的高水平著作列入《法兰西学院汉学研究所文库》中了[69]。

伯希和本人也撰写过不少有关粟特文文献的文章。如他于1911年发表的《一种粟特文—汉文双语辞汇》[70]。他于1920年与高狄奥联袂根据粟特文写本、汉文本和藏文本而发表了《善恶因果经》,其中1—44页为粟特文本[71]。近年来,由于考古发掘的发展,中国国内与西方的粟特民族和语言的研究,形成了一种热门课题。这与伯希和等人早期的开拓性研究是分不开的。

伯希和也从新疆发掘到了一批佉卢文文书。对于佉卢文(Kharosthri,佉卢虱底),中国学术界有时又称之为“尼雅文”,属于闪语系的阿拉米文支系,也有人认为它属于梵文的大语族。在新疆的于阗和鄯善地区,都曾出土过佉卢文写本、简牍与碑刻等资料。它们连同吕推(Dutreuil de Rhins)于1890年搜集到的佉卢文《法句经》残卷,共同收藏在法国国家图书馆。烈维、德·拉古佩里耶(F. De Lacouperiet)和波兰裔法国学者普祖鲁斯基(Przyluski)均为该领域中的研究专家。

伯希和本人也曾对佉卢文文献作过研究。他于1903年曾对福兰阁(O. Franke)和彼舍尔(Pischel)的《喀什与佉卢文》[72],以及对哈勒维(J. Helévy)的《佉卢文字的摇篮》[73]两文做过书评[74]。

中国学术界,从对佉卢文的陌生到近年来涌现出了不少研究成果。伯希和与其他海外汉学界的先生们的先驱性著作的推动,是一重要因素。

学者们曾逐领域地论述过伯希和对西域古文字文献的释读。在人们称之为“东伊朗语”的范畴内,从塞语(sace)和现在所说的于阗语(khotanais,这是一种不规则的东伊朗方言)的解读,伯希和都是一名开先河者。他于1913年对于佛经《金光明经》(*Suvarnaprabhāsa*)一种残卷的翻译,它正是借助了该经文的梵文原本和保存下来的汉译本片断而译成的,从而使人从中更清楚地看到了这种难解的语言。

伯希和西域于阗文写本都被散编在汉文写本和藏文写本目录中了。据统计,它们共有近70个编号并已由法国学者哈密屯和格勒奈(F. Grenet)研究。英国贝利(H. W. Beilley)和德国恩默瑞克(E. E. Emmerik)等学者,则更是这方面的研究专家。此外,被柯诺称为“于阗文变异体”的一卷东伊朗语写本,有人亦称之为“图木舒克语”写本。实际上,于阗文属印欧语系伊朗语族东伊朗语支系,属“胡语”范畴,也有人认为它应属粟特语。

伯希和自己还从事过对于阗文写本的其他研究。如他于1920年发表了一篇有关于阗《昆伽罗论》的一种汉文写本的报告[75]。

于阗学于今天,已经成为“西域学”的一个重要分支了。虽然伯希和西域探险时,并未亲自经过于阗,但他在西域还是获得了不少于阗文写本,尤其是夹杂在其他文字卷子中的于阗文写本。伯希和与其他学者们的早期工作,是该学科的奠基之作。

伯希和长期关注中国与伊朗的关系史问题。他在法兰西学院开讲报告中,便阐述了伊朗怎样在数世纪期间,得以充当印度或近东与中国之间的媒介角色。从1903年起,伯希和便研究有关崇拜“天神”,也就是有关祆教的汉文历史文献。他后来还得以证明,2—3世纪的中国佛经译师大都是东伊朗身统的人,而他们又并非如同人们过去所相信的那样是突厥人。伊朗人还向东传播了景教,该宗教随阿罗本从公元7世纪起就传入了中国,不少于30部景教经文都被译成了汉文,著名的西安府汉文—古叙利亚文的大秦景教流行中国碑的碑文,由带有佛教尊号“僧”的景教徒景净(Adam,亚当)所述。它提供了有关这次传播的见证,汉文文献也提到在长江畔存在着该教派的一座教堂,西方人仅仅通过和德理(鄂多立克,Odoric de Pordenone)的暗示,才隐约知道它的存在。伯希和当时实际是欧洲唯一研究过这个问题的学者。

伯希和本人也利用这些所谓“胡语”文献及其相关资料而从事了中国与伊朗关系史的研究。这些研究实际上也是研究古丝绸之路的开山和经典之作。他于1911年12月9日在法兰西学院的“西域语言、历史和考证”讲座的开讲仪式中,所报告的内容便是《伊朗在西域与远东的影响》[76],实际上是宏观地论述了伊朗文明对中国的影响。1923 年，他又解释了玄奘《大唐西域记》中的几个波斯文名词[77]。他于 1924 年又解释了“阿尔泰语”中朱砂（辰砂）的波斯文名称[78]等等。

伊朗，特别是东伊朗，自古以来就与中国之间存在着丰富多彩、多方位和深层次的文化交流。无论是丝绸贸易还是袄教与摩尼教，无论是动植物，还是军事装备，这种交流在历史的长河中，从来未曾中断过，而其中起巨大作用的便是这些“东伊朗语言”。伯希和等西方汉学家对于这些“胡语”文献的考证，进一步丰富了中国与伊朗文化交流史的研究。

伯希和非常注重文化交流，对于可以通过表象而阐述古代亚洲民族各自历史的一切内容，都很感兴趣。他在中国与阿拉伯世界之间文化领域中作过研究，这就是《中国最古老的阿拉伯古籍》[79]。这由于夏德（Hirth）和柔克义（Rockhill）刊布的一批 13 世纪的汉文文献，而得到很大的便利。他对这些文献作了一种广加发挥的诠释。当他于 1925 年论述“犁靬”（犁鞬、犁轩）的名称时，又偶然地将其研究推向了埃及，这就是《犁鞬，大秦国的别名》[80]，因为“犁靬”在中国公元 2 世纪的历史中，系指地中海东岸的亚历山大城（Alexandrie）。他死后才于《通报》中发表的一篇长文《〈明史〉中的火者和写亦虎先》[81]，论述了出自于马来亚的穆斯林家族和自 16—17 世纪起便定居在中国中原的一名西域穆斯林。他还发表过《罗马东部的古代汉文路线图》[82]《埃及与远东的古老关系》[83]等有关中国与阿拉伯国家的论文。

伯希和利用这些西域文献，在法兰西学院的特设讲座中，对于西域的语言、历史、地理、宗教和民俗都作过许多至今仍不失其学术价值的研究。如《玄奘有关苏拉佗的传说的故事》[84]。伯希和曾作多次学术报告：《中国新疆的古代印度与中原文明》[85]《西域札记》[86]《帕依那波的阿卜达尔人》[87]《新疆的人口》[88]《高昌、火州与喀喇和卓》[89]《四天子理论》[90]《库车阿克苏和乌什—吐鲁番古名考》[91]《高地亚洲》[92]。

结束语

1. 法兰西学院的汉学讲座，最早使汉学研究堂而皇之地进入了西方大学的神圣殿堂，在西方开创了一个永铭文坛的好范例。它促使汉学研究和讲座，纷纷开设于欧美各大学。万事开头难，法兰西学院的这个讲座克服了重重困难，不间断地持续200年，史无前例。它充分地证明了文化交流往往是不受政局变化影响的强劲潮流，中法文脉世代相承，中法文化交流在诸多交流领域中，是最有生命力的领域，也是最受两国文化大众青睐的项目。它可以冲破人为藩篱的隔阂，按照文化发展本身的客观规律，而寻求各自的交流与合作对象。

2. 法兰西学院开设的汉学讲座，不仅影响了欧洲和整个中国域外的汉学研究，而且还促进了中西双方之间深层次、高水平和大视野的互相交流与彼此理解，进而又促进了中法，乃至整个中西民族各自文化的健康发展。由于法兰西学院的汉学讲座及其汉学大师们的辛勤耕作，在19世纪的西方国家中，已不再如同在18世纪那样，中国只有在贵夫人和阔太太们的沙龙中才会成为谈论的话题，一个“东方文化大国”的中国形象已初具雏形。汉学大师们的讲座内容，完全不同于当年因身负“护教”使命而难免偏颇的传教士汉学家们，也截然有别于那些在中国来去匆匆的和过多注重表面现象的游客、外交官和商客们。汉学讲座教授们的研究，主要是以中国的史乘典籍为基础的，属于经院式的研究范畴，具有更坚强的可信度和更深邃的文化内涵，比较准确地传授了博大精深的中国文明。

3. 伯希和在法兰西学院开设的“西域语言、历史和考古讲座”，释读了多种西域民族已消逝的语言文字及其古文献。他与其同时代的汉学家们的诠释，复原了西域的多种已湮灭的古文明，使已经消逝的城邦与国家的历史重见天日，这些授课与科研初步地勾勒出了中国与丝绸之路沿途诸民族或小邦王国之间交流的历史轨迹。伯希和对西域“胡族”文献和文物的研究论著，都是研究古丝绸之路历史的奠基性作品。它们对于自20世纪下半叶起，国际学术界掀起的丝绸之路研究风潮，从学术上作了充分的前期准备工作，至今仍是丝绸研究中的必备参考文献。

4. 伯希和对于西域历史、语言和考古诸学科的授课与研究，也有力地促进了中国学子们自清末以来兴起的西北史地研究的发展。中国学术界通过张星烺、向达、王重民、冯承钧、罗振玉和姜亮夫诸先师们的介绍，了解到了法国汉学界，特别是法兰西学院考据派汉学的研究成果后，再结合中国学术界已经渐成强势的文献考据和科学考察之风，借用他山之石而推动了中国的西北史地文献考证和疏注之风。甚至在中国促生了敦煌学、西域学、蒙古学、突厥学与丝路学等学科，而且它们也成了学术研究领域最早中外接轨的学科。

5. 西域和中亚始终是一个多民族群居和多宗教并存的地区，其历史上的沧海桑田的变迁甚为频繁。伯希和等汉学家不仅仅研究西域古代史，而且也非常关注近代史和当代的现实状况。他们与中国以及世界各国同行们的共同努力，使西域史上诸多错综复杂的问题得以明朗化，为维护这条中西交流通衢要道的安全与畅通，使丝路沿途各民族共同维护沟通欧亚大陆两极的这条道路各自做出了具有历史意义的贡献。

注释

①请参阅《法兰西学院年鉴,1993—1994》(Annuaire du Collège de France,1993—1994),1994年法兰西学院版。

②René Grousset,L'Histoire de Chine,Faillar,Paris,1942.

③Paul Pelliot,Carnets de route,1906-1908,Paris,Musée Guimet,2008.

④见伯希和为色纳尔先生所写的讣告,Paul Pelliot,Nécrologie,Emile Senart,1847-1928,Revue des arts asiatiques,5,1928,p6-8.

⑤Paul Pelliot,Carnet de Route,1906-1908,p384.

⑥ibid,p381.

⑦ibid,p42.

⑧指法国驻华公使吕班(Pierre Dubail,1845—1932年)分别于1898和1906年两度出任驻华公使,此前还曾于1893—1896年任法国驻上海总领事。

⑨Madeleine Hallade,Simone Gautier,Douldour-Âquour et Soubachi,planches,1967,Adrien Maisonneuve,Textes,Collège de France,1982.

⑩Toumchouq,textes,sous la direction de Louis Hambis,1961; planches,1964.

⑪Paul Pelliot,Les Routes de La région de Turfan sous les Tang,Paris,Institut des Hautes Etudes Chinoises,Collège de France,Paris,2002.

⑫Paul Pelliot,Grottes de Touen-Houang,Carnet de Notes,V1-6,Collège de France,1981-1992.

⑬Paul Pelliot,Carnet de Route,1906-1908,Guimet,2008.

⑭Joseph Fernand Grenard: Mission Scientifique dans La Haute Asie,1890-1895,3v.,Paris,1897-1898.

⑮Paul Pelliot: Les Abdal de Païnap,Journal Asiatique,1907,p115-139.

⑯伯希和最早期称之为"婆罗谜文",后期大都改称"吐火罗文"了。

⑰Eric Trombert:Les Manuscrits de Koutcha,Paris,2000.

⑱耶婆瑟鸡寺即克孜尔千佛洞。

⑲P. Pelliot,Tokharien et Kouchéen,JA 1934,I,P75;S. Lévi,Tokharien B,Langue de Koucha,JA,1913,Ⅱ,P358.

⑳(唐)玄奘、辩机原著,季羡林等校注:《大唐西域记校注》,中华书局1985年版,第61页。

㉑同上引(法)伯希和:《吐火罗语与龟兹语》,第75页。

㉒童丕:《库车的汉文写本》第81页;王炳华先生于《唐安西柘厥关故址并有关问题研究》中,引证此文书时录文有错字。特别原文书中作"柘厥"(Zhejue)而非

“拓厥”。因为王先生引证此文书时，这些文书尚未经专家们仔细整理发表。

㉓Paul Pelliot, Tokharien et Koutchéen, JA, CCⅩⅩⅣ, 1934 年 1 月-3 月，第 23—106 页。

㉔上引童丕书，第 61 页，第 27 号文书。

㉕（法）伯希和，1934 年文，第 75-93 页。

㉖Paul Pelliot, Le Hōja et Le Sayyid Husain de L'Histoire des Ming, TP, 1948, p81-292.

㉗Paul Pelliot, Histoire Secrète des Mongols, Paris, 1949.

㉘Paul Pelliot, Histoire des Campagnos de Gengis Khan, Tome I, Leide, 1951.

㉙Paul Pelliot, Notes sur L'histoire de la Horde d'Or, paris, 1950.

㉚Paul Pelliot, Notes Critiques d'histoire Kolmouk, paris, 1960.

㉛Paul Pelliot, Notes on Marco Polo, Vol 1-3, paris, 1973.

㉜Paul Pelliot, Recherches sur les chrétiens d'Asie contrale et d'Extrême-on'ent, paris vol 1-2, 1973 et 1984.

㉝Paul Pelliot, L'Inscriptions Nestoriennes de Si-ngan-fou, paris, 1996.

㉞Paul Pelliot, La Route de la region de Turfan, paris, 2002.

㉟Paul Pelliot, Carnet de route, 1906-1908, paris, 2008.

㊱Ed. Chavannes et Paul Pelliot, Un traité manichéen retrouvé en Chine, traduit et annoté, JA (Journal Asiatique), 1911, Ⅱ, p499-617; 1913, Ⅰ, p99-199, 261-394. 冯承钧先生将此文译作《摩尼教流行中国考》，主要是翻译了其后半部分。

㊲Paul Pelliot, Le traditions maniehénnes au Fou-kien, TP (Toung Pao), 22, 1923, p193-208.

㊳Ibid, Two new manichaeen manuscrits from Tun-Huang, JRAS, January, 1925, Ⅰ.

㊴Ibid, Mo-ni et BEFEO, 3, 1903, p318-327.

㊵Paul Pelliot, L'inscription Nestorienne de Si-Ngan-Fou, Collège de France, Institut des Hautes études chinoises, 1996.

㊶Paul Pelliot, Deux titres boudhiques portés par des religienx nestoriens, TP, 12, 1911, p664-670.

㊷M. Pelliot fait une communication sur quelques noms d'inscription de Semireč (Ⅰ) et sur l'origine du nom de Fou-lin, JA, Ⅺ, 3, 1914, p498-500.

㊸Paul Pelliot, L'evéque nestorien de Khumdan et Sarag, TP, 25, 1928, p91-92.

㊹Paul Pelliot, Les Nestoriens en Chine après 845, JRAS, 1933, p115-116.

㊺J. Hamilton, Manuscrits ouïgours du Ⅸ-Ⅹe siècle de Touen-huang, Iet Ⅱ, Paris

(Peeters),1986.
㊻J. Hamilton,Manuscrits Ouïgours de Touen-Houang,Le Conte boudhique du bon et du mauvais Prince en version ouïqoure,1971.
㊼Paul Pelliot,A propos des Comans,JA,Avril-juin,1920,p125-185.
㊽Paul Pelliot,La Fille de Mo-tch'o Qaghan et ses rapports avec Kül-tegin,TP,13,1912,p301-306.
㊾La version Ouïgoure de L'histoire des princes Kalyanamkara et Papamkara,TP,1914,p225-272.
㊿Paul Pelliot,Le nom turc du vin dans Odoric de Pordenone,TP,15,1914,p448-453;Le mot bigni cou begin? Vins en turc,TP. 24,1926,p61-64.
51Paul Pelliot,Sur Yam ou am,relais postal,1,p,27,1930,p192-195.
52Paul Pelliot,Le nom turc des"Mille Sources"chez Hiuan-tsang,TP,27,1930,p189-190.
53Paul Pelliot,L'Origine de T'ou-Kiue,nom chinois des Turcs,TP,16,1915,p687-689.
54Paul Pelliot,Les formes turques et mongoles dans la nomenclature zoologique du "Nuzhati-'l-Kulub",Bulletin of School of Oriental Studies,6,1931,p555-580.
55Paul Pelliot,Neuf notes des questions d'Asie Centrale,TP,26,1929,p201-265.
56Paul Pelliot,Sur la légende d'Uruz-khan en ecriture ouïgoure,TP,270,1930,217 358.
57M. Pelliot faie une communi cation relative ā un catéchisme boudhique ouïghour en écriture tibétaine,JA,Ⅺ,1921,p329-330.
58Paul Pelliot,Tokharien et Koutchéen,JA,224,1936,p23-106.
59Paul Pelliot,A propos du tokharien,TP,32,1936,p259-284.
60Benard Pauly,Sanscrits de haute Asie (Mission Pelliot),Société Asiatique,1957-1965.
61Paul Pelliot,Le Baisajraguru,BEFEO,3,1903,p. 33-37.
62Paul Pelliot,Autour d'une traduction sanscrite du Tao-tö-king,TP,13,1912,p351-430.
63Paul Pelliot,Un fragment du Suvamapra-bhasasūtra,Etudes linguistiques sur les documents de La Mission Pelliot,Ⅳ,Extraits des Mémoires de la Soeiété de linguistique de Paris,18,1913,p89-125.
64Paul Pelliot,Les noms propres dans les traductions chinoises du Milindapa ha,JA,

XI, 4, 1914, p379-419.

⑥⑤Paul Pelliot, Sur d'anciennes traductions chinoises Perdue d'oeuvres boudhiques de l'école des Sthavira, JA, 1923, 1, p162-163.

⑥⑥Paul Pelliot, Indian influence in the early Chinese art in Tun-huang. Indian art and letters, 2, 1926, p20-34.

⑥⑦Paul Pelliot, Les Stances d'une troduction de L'Abhidharmahrdayaśâstra de Dharmatrata, JA, 217, 1930, p267-272.

⑥⑧N. Sims-Williams et James Hamilton, Documents turco-sogdiens du IX-X e siècle de Touen-huang, 1990, School of oriental And African Studies.

⑥⑨Etienne de La Vaissiève, Histoire des Marchands sogdiens, Collège de France, Institut des Hantes études chinoises, 2002.

⑦⓪Paul Pelliot, Un bilingue sogdien-chinois, Mélange d'Indianisme, Paris, 1911, p329-331.

⑦①Paul Pelliot, Le sūtra des causes et des effets du bien et du mal, Paris, 1920.

⑦②O. Frank, R. Pischel, Kaschgar und die Kharosthri, Akademie des Wissenschaften, 1903, VII, p184-196.

⑦③J. Halévy, Le berceaude l'écritur kharostri, Revue Semitique, 1903.

⑦④BEFEO, 3, 1903, p342.

⑦⑤M. Paul Pelliot fait une communication sur une version chinoise de Vyakarana, JA, 1920, II, p354.

⑦⑥Paul Pelliot, Les influences iraniennesen Asie centrale eten Extrême-Orient, Revue Indochinoise, 13, 1912, p1-15.

⑦⑦Paul Pelliot, Les nom iraniens dans les memoires de Hiuan-tsong, JA, 1923, I, p162-163.

⑦⑧Paul Pelliot, Le nom persan du cinabre dans les langues "altaïques", TP, 24, 1925, p253-255.

⑦⑨Paul Pelliot, Li-kien, autre nom de Ta-ts'in (orient méditeranéen), TP, 16, 1915, p690-691.

⑧⓪Paul Pelliot, Les plus anciens monuments de l'écriture arabe en chine, JA Juillet-août, 1913, p177-191.

⑧①Paul Pelliot, Le Hōja et le Sayyid Husain de L'Histoire des Ming, TP, 1948.

⑧②Paul Pelliot, Note sur les anciens itinéraires chinois dan l'orient romain, JA, XI, 17, 1921, p5-8.

⑧3Paul Pelliot, Les anciens rapports entre L'Egypte et l'extrême-orient, Comte-rendu du congré international de géographie, Le Cajre, 1925, 5, p21-22.

⑧4Paul Pelliot, Note sur le relative ā la Légende de Sou-la-na, BEFEO, 3, 1903, p318-327.

⑧5Paul Pelliot, Conférence de M. Paul Pelliot, sur les civilizations hindoue et chinoise anciennes an Turkestan chinois.

⑧6Paul Pelliot, Notes sur L'Asie centrale, BEFEO, 6, 106, p255-269.

⑧7Les Abdal de Painap, 1907, 279, 80.

⑧8Paul Pelliot, les populatiuns du Tuvkestan chinois, Revue Lndochi noise, 11/12, 1909, p256-273.

⑧9Paul Pelliot, Qoco, Houo-tcheou et Qara-khodja, JA, mai-juin, 1912, p 579-603.

⑨0Paul Pelliot, La théorie des quatre fils du ciel, TP, 22, 1923, p97-125.

⑨1Paul Pelliot, Sur les anciens noms de Kučā-d'Aqsu et Uč-Turfan, TP, 22, 1923, p126-132.

⑨2Paul Pelliot, La Haute Asie, 1931.

戚印平

传教士的新衣——再论利玛窦的易服以及范礼安的“文化适应政策”

戚印平，浙江大学人文学院历史系教授、博士生导师，浙江大学中外关系史研究中心主任，宗教学会理事，中外关系史学会理事。先后担任香港中文大学访问教授、台湾清华大学客座教授、香港城市大学客座教授。目前主要研究方向为宗教传播与文化关系、东亚耶稣会史、中日关系史、日本文化史。著有《日本早期耶稣会史研究》(商务印书馆，2003)、《远东耶稣会史研究》(中华书局，2007)。

在大多数研究著作中，入华耶稣会士利玛窦(Matteo Ricci)1595年5月在江西樟树[1]改换中国儒服的举动，都被视为东西方文化交流中极具象征意义的标志性事件，而他头戴儒冠、身着长袍的标准形象以及与徐光启并肩驻足于中式祭坛前的理想图景，亦在某些惯性思维的推动下，衍生为“合儒、补儒”之传教策略的真实写照与合理依据[2]。

然而，利玛窦在其回忆录的一开始，就以历史学家的口吻告诫我们：

> 这样的事并不是常常发生的：大规模的远征和轰轰烈烈的壮举，年深日久趋于成熟，但其创始时的情况，对于生活在这些事件以后很久的人们，却完全是一本未曾打开的书，对这一事实的原因经常加以思索之后，我得出的结论是，一切事件，即使是后来获得巨大规模的事件，在开始时都是如此之微不足道，以致看起来好像没有任何希望会在后来发展成为重要的事情[3]。

利玛窦没有正面阐述哪些“微不足道”的小事在“年深日久”的往后演变成“轰轰烈烈的壮举”，也没有将它对应于自己的易服举动，但借着他的提醒，我们却不难发现其形象改变的以下细节：

其一，从严格意义上说，利玛窦在华期间的易服行为至少发生过两次，首次换装是他入华之初，用中国僧侣的异教服装改易象征清贫和圣洁的黑色修道服；其二，利玛窦再次易服是在他身着僧衣、以番僧模样示人的12年之后，从其

"每过佛堂，并不顶礼膜拜"的自白看，漫长时期后的易服行为未必是经人提示后的戏剧性突发事件，而更应该是深思熟虑的审慎决定；其三，因需要而易换服装是亚洲各国传教士广泛采取的策略行为，这一普遍现象间的复杂关联及相互作用，亦是影响利玛窦决策与行为的重要因素。从这一意义上说，重新考察利玛窦易服过程中的诸多隐情以及这一行为本身的真实含义，很可能为我们开启"一本未曾打开（细读）的书"。

一

从时间顺序上说，入华耶稣会士中的首位易服者，是1583年9月进入中国内地的罗明坚（Michele Ruggieri）神父。利玛窦明白告诉我们：

> 从他们（罗明坚等人）入境时起，他们就穿中国的普通外衣，那有点像他们自己的道袍；袍子长达脚跟，袖子肥大，中国人很喜欢穿[4]。

关于文中所言之"中国的普通外衣"，利玛窦未做进一步说明，但我们不难想象，这种"长达脚跟，袖子肥大"，而且有点像中国"道袍"的装束，不会是市井小民日常劳作时的利落短打，而应当是体面人（抑或文人士大夫）见官会客，或是在其他正式场合穿用的庄重服装。

由于缺乏材料，我们还不清楚罗明坚首次易服的来龙去脉，但令人吃惊的是，会见中国官员之后，这些福音传播者又极爽快地接受后者的建议，欣欣然改换异教僧侣装束。在1583年2月7日写给总会长阿桂委瓦（Claudio Aquaviva）神父的信中，罗明坚坦陈：

> 他（两广总督）愿我们穿中国和尚的服装，这与我们

神职的衣冠略有分别，如今我们正在做僧衣，不久我们将化为中国人“以便为基督能赚得中国人”（Ut Christo Sinas Iusrifaciamus）。[5]

由此可见，耶稣会士在入华之初的极短时间内就有过两次形象改变：罗明坚先是脱下传统的修道服，改穿“中国的普通外衣”；少顷，又服从中国官员的意志，再次改易“中国和尚的服装”。令人回味的是，罗明坚不仅没有对强加给他的异教服装表示反感和厌恶，而且还相信此举将有助于计划中的传教事业。据裴化行（Henri Bernard）神父所言：

巴范济（Francesco Pasio）和罗明坚不认为，要在中国获得社会地位，还有什么更好的办法；于是，他们就让人把头和脸都剃得净光，穿上非常得体的袈裟——是大襟式样的。[6]

无独有偶，抵达澳门不久的利玛窦也对中国官员的建议和罗明坚的新形象表示赞许。他在同年（1583年）2月13日写给罗马总会长的信件中写道：

……他们应该更换衣服，神父们以为这样很好，于他（两广总督）把北京和尚的服装赐给他们，这是他所能恩赐最体面的服饰了。[7]

关于利玛窦初入中国时的打扮，清人张尔岐《蒿庵闲话》卷一记曰：“利玛窦初至广，下舶，髡首袒肩，人以为西僧，引至佛寺……”[8]。对照前引诸文，所谓“髡首袒肩”尚有细考的余地：其中“髡首”之语，或可证明利玛窦已仿效罗明坚先例，“让人把头和脸都剃得净光”；又“袒肩”一词，虽然其意涵与裴文前述“大襟式样的”袈裟略有些差异，但它绝不会是耶稣会士的传统黑色修道服。

关于罗明坚与利玛窦为何毫无顾忌、敢于“自作主张”地做出易服决定，裴化行没有提供更多的内情，但他给出了一个重要佐证,即"从神学上说,我们觉得只有一种解释,就是,诺比利神父(Roberto de Nobili)在印度已明确给予的先例"[⑨]。他还告诉我们,那位在印度一身婆罗门装束(可能也是"髡首袒肩"的模样)的耶稣会士在1610年写过一篇长篇辩解,以经院哲学的典型方式,环环相扣地证明其改穿异教徒服装的合法性。

这里无暇细考诺比利繁琐考证的神学内涵与逻辑,但让人吃惊的是,这位印度的耶稣会士竟然在辩护词中一再援引日本及中国同行的类似行为作佐证,并且抱怨批评者们厚此薄彼的不公。其曰:

> 在日本和中国的耶稣会士穿和尚服,是一个先例,……人人都必须入乡随俗。……遵循这种做法,不一定就掀起轩然大波;即使有些人错误地大惊失色,人们也不必剥夺掉自己俗世的好处,更无须剥夺掉自己心灵的好处,尤其是只要人们能够很好地解释这种行为的动机。在遥远的印度南方各邦人们对这种做法大惊小怪,我一向深感诧异,因为,首先在中国,而后在其他地方,我们的神父采取同样的做法,并没有人指责他们令人骇异。[⑩]

由于缺乏更多的信息,我们还不清楚诺比利的抱怨是针对何人,但可以肯定的是,诺比利关于"首先在中国,而后在其他地方(易服)"的描述,有着时序颠倒的错讹[⑪]。事实上,耶稣会士"入乡随俗"的形象改变首先发生在日本,然后才是中国。考虑到耶稣会准军事化的组织结构、下级绝对服从上级的行为方式以及利玛窦传教时期的中国教区一直隶属于耶稣会日本副省管辖[⑫],我们有理由相信:如果说罗明坚和利玛窦等人的胆大妄为是因为有先例可循,那么其效法对象极有可能是日本教会内通行已久的习惯做法;或者干脆说,其朝秦暮楚的形象改变得到过上级部门的批准或默许，正因为如此，利玛窦等人的剃发易服才显得如此自然，仿佛水到渠成般地波澜不惊。

二

根据确凿的史料，最早意识到外在形象的社会效应、并刻意加以调整的耶稣会士，应该是在 1549 年 8 月 15 日进入日本的沙勿略(Francisco Xavisr)神父。

关于沙勿略在日本传教初期的服装，文献中大多语焉不详，但印证于他的街头传教方式及其行为举止[13]，沙勿略当时所穿"古老的法衣"[14]，应当是作为修会标准制服的黑色麻布长袍。

或因一再受挫的现实，决意调整策略的沙勿略首先决定改变修道士的衣着方式，在重返山口时，他特意换上了华丽的祭服去拜访领主，并获得出人意料的效果。"看到他身穿与最初来访时不同的服装，(大内义隆)部下诸将都对他待以上宾。此后也极为慎重地对福者神父弗朗西斯科(沙勿略)，表示出更甚以往的尊重"[15]。"王(大内义隆)看着穿上一身华服的神父非常激动。他拍着手说：'这位神父简直就是我们信仰的众神的生动写照'"[16]。根据记载，沙勿略的首次尝试取得了巨大成功，两个月后，大内义隆便颁发了传教许可令[17]。

关于这次亦可称为易服的形象调整，陆若汉(Joao Rodrigues Tcuzzu)神父曾有这样的记述：

> (沙勿略)从最初在山口遭到人们虐待以及京都之旅的经验可以明白，由于他们(传教士)身着粗糙的破衣，对这世上的东西采取完全轻视的态度，所以日本人

轻视他们，就像躲避来往乞食的乞丐那样躲避他们。日本人非常讨厌接近或与乞丐交往。视之为不洁之人而忌避他们。……这么说是因为日本人对作为他们教师的僧侣极为崇敬，他们只注意到装饰在外观上的东西，而且被僧侣们举行的仪式和外观所迷惑。……因为这个原因，神父（沙勿略）决定今后与以往不同，穿着更为合适、清洁的服装，为了对我主的爱，在不至于犯罪的限度内尽可能地依从日本人的习惯。[18]

平心而论，对比于利玛窦等人的大胆举动，沙勿略以华丽祭服示人还算不上真正意义上的易服，但“穿着更为合适、清洁的服装”“在不至于犯罪的限度内尽可能地依从日本人的习惯”等斟字酌句的准确定义，不仅意味着广泛适用的服饰新标准，同时也意味着更深层面上的行为新原则。换言之，这应当就是此后引发广泛争议的“文化适应政策”的最初源头。

根据弗洛伊斯（Luis Frois）的记述，当费雷拉（Gaspar Vilela）神父于1559年到京都地区传教时，一些年长的本地基督徒明确告诫神父，日本人通常是通过外观和服装来评价他们不熟悉的人，而僧侣们正是以其外表上的华美装饰来显示他们的身份和价值。所以，他们恳请神父们在访问将军时，尽可能地通过服装来展现传教士的威严。他们说，那些身处高位的人极为讲究，如果有人以平常服饰出现在他们面前，就被认为是对他的侮辱和无礼。机敏的费雷拉立即接受信徒们的建议，在随后对将军进行的几次礼节性访问中，神父精心设计了几套不同的服装组合。第一次在短白衣上套着“stola”（天主教等圣职人员披的圣带和长巾）。第二次在葡萄牙衣料制成的长修道服外罩上斗篷。第三次登门拜访时，费雷拉披上了用“Chamalote”（一种丝毛织物）制成的“Loba”

(前开襟的长袖上衣)和镶着古老霍尔木兹缎子的大斗篷,并戴上一顶庄重的帽子。他的随从弗洛伊斯神父也身着斗篷,脚上套着中国大官或权贵们使用的捻丝制的靴子。为了显示神父的地位,费雷拉故意乘轿前往,并有十五至二十个基督徒伴随而行[19]。

需要指出的是,上述服装新原则的确立与发扬光大,并非沙勿略等人的初衷,而是受制于无法改变的文化传统与社会现实,面对封建专制社会的强大压力,处于绝对弱势地位的耶稣会士通常没有多少选择余地。但另一方面,长期的外力重压也会导致修会内部的争议与分裂,从而酿成新的危机。据记载,关于服装问题的激烈争议爆发于1570年8月第三任教区上长卡布拉尔(Francisco Cabral)抵达日本之后,在随即于志岐召开的全体传教士会议上,付诸讨论的主要议题之一就是如何解决“在日耶稣会士过于奢侈”的问题。或因几乎全部与会者都对卡布拉尔的提议表示反对,他多年后仍对此耿耿于怀。卡布拉尔在1593年12月15日写给总会长的信中愤愤不平道:

> ……当时耶稣会士们身着丝绸,装饰华丽。……耶稣会士这样考虑,如果废除丝绸与华美装饰,身穿黑布的修道服,遵循我们的规则在谦逊与清贫中生活,那就会成为推进(改宗)的障碍,不仅无法进行改宗,而且还会使已有的成果减少。领主们也许会不再注意我们。他们顽固地坚信这一点,在我向他们提出反驳、对他们全体以及某些个人进行说教时,虽然在这一生活态度方面,我宣称这是管区长命令我实施的,但结果除了洛佩斯(Baltasar Lopes)神父之外,全体(修道士)都反对我。……在主的帮助下,神的律法很快恢复信誉,神父们穿上了黑布修道服,他们从日本的王以及领主们那里所获

得名誉与尊敬,也远胜于身着丝绸与华美装饰的时候。[20]

根据卡布拉尔此信,我们注意到此时传教士的新形象,已由当年沙勿略临时拼凑的典礼祭服演变为大量使用的"丝绸与华美装饰",尽管我们还不清楚它是指传教士私下的便衣,还是指社交场合的正式服装,但它的性质与目的,应当与沙勿略当年的创举如出一辙。有证据显示,卡布拉尔刻板僵硬的保守观点并未获传教士们的认同,虽然他以上长的权威严令修道士重披传统的黑布修道服,但一意孤行的强制命令不仅未能消除修会的内部矛盾,甚至还将争执与分歧扩散到日本信徒之中[21]。

因篇幅所限,这里不再详论这场余波荡漾的深刻争议,但需要留意的是,就在利玛窦初抵澳门的相同时期,混乱的日本教会因视察员神父范礼安(Alessandro Valignano)的到来而面貌一新。

从许多方面看,范礼安对于日本教区的首次巡视以及在此期间做出的众多决定,都对日本乃至整个远东教区产生了深刻影响。1580年,范礼安依惯例将耶稣会士的服装以及相关问题提交全体耶稣会士会议进行讨论。在听取了各方意见后,擅长于行政协调的视察员神父于1582年采取了堪称绝妙的裁定[22]。他在次年10月写给总会长的秘密报告中宣称:

日本人如此地爱好清洁,而佛教僧侣又尤其重视这一点,所以关于清洁的问题绝不可疏忽大意。因此,为了与日本人亲近,我们最初穿用丝绸衣服。但后来全部停止,现在是穿用长修道服和斗篷,即一种罩衫。这种服装与日本的风俗相同,是全黑的、带袖子的上衣,所以完全不用丝绸。所有这些服装都必须是清洁而得体的。……[23]

关于范礼安上述报告的良苦用心以及掩饰于巧妙修辞

之中的话外之意，我们或可做进一步的探讨，但对照前引沙勿略易服的相关记述，一脉相承的内在联系是显而易见的。所谓"所有这些服装都必须是清洁而得体的"的定义，不仅是重申沙勿略的决定，即"穿着更为合适、清洁的服装"，而且标志着由耶稣会远东教区最高上长再次确定的服饰原则。

需要指出的是，虽然服装问题的争议并未因此而平息[24]，但学者们普遍认为，范礼安对于日本教区的首次巡视以及在此期间制定的一系列规章制度，标志着"文化适应政策"的正式确立；考虑到范礼安当时作为耶稣会远东教区最高上长的地位以及与中国教区的特殊关系，其传教策略的基本原则波及中国、再由利玛窦创造性地加以发挥，也就在情理之中了。

三

相比于日本教会中持久的激烈争议，罗明坚和利玛窦在入华之初就频繁易服的举动算得上风平浪静，这一方面是缘于上级单位的既成先例，同时也因为他们所面对的政治压力远甚于日本同行。

从范礼安"岩石，岩石，你何时才能打开"的著名感叹可知，自沙勿略客死上川岛到罗明坚入居肇庆的近三十年间，耶稣会士一直为合法进入并定居中国内地不懈努力，而此前的多次碰壁和失败也早已使他们明白，实现梦想的难点不仅在于获得中国官员的入境许可，而且还包括如何消除他们对于外国人近乎根深蒂固的怀疑与猜忌。因此，为避免节外生枝，前功尽弃，罗明坚等人不得不入乡随俗，极为小心地隐瞒传播福音的真实目的。

根据利玛窦《中国札记》所记，当罗明坚在广州面见中国官员时，他闭口不谈进入中国的真正目的，而是极谦卑地请求道:他们是宗教团体的成员,因仰慕中华帝国之威名,才远涉重洋来到这里。他的唯一要求,只是有一小块土地,在那里建筑房屋和礼拜天主的教堂。以便安度晚年[25]。

或经事前的多次磋商与共识,当利玛窦于1583年9月10日在肇庆跪伏于知府王泮足下时,他亦以几近雷同的恳求之词再次提出类似申请:

> 他们在长官衙门中受到礼遇,长官(王泮)坐在他的官位上,当他们按习惯向他下跪时,他询问他们是谁,来自何方,来此何事。他们通过他们译员大致回答如下:"我们是一个宗教团体的成员,崇奉天主为唯一的真神。我们来自那西方世界的尽头,走了三四年才抵达中国,我们为它的盛名和光辉所吸引。"然后他们解释,他们请求允许他们修建一栋小屋作为住所以及一所敬神的小教堂,多少远离他们在澳门感到恼人的尘嚣以及商人的喧哗买卖。这就是他们的打算,他们想建立一个住所并在那里度过余年。他们极谦卑地恳求他不要拒绝他们的祈祷,并说明这样的一项施舍会使他们永远地对他感恩不尽的。[26]

从上述令人动容的陈词推测,利玛窦十分了解中国官员坐井观天、自以为是的文化心态,并有的放矢地将自己伪装成为一个清心寡欲,因仰慕中华文明而不惜远渡重洋的异国隐修者。而另一方面,对西方文化和宗教一无所知的中国官员,则很容易依据既有的思维框架,将这些"宗教团体的成员"理解为云游四方的外国和尚[27]。所以才自作聪明、越俎代庖,不仅大剌剌地教导起符合标准的僧侣形象,亲自绘图,以做说明,同时还慷慨大方的布施银两,以显示天朝上国之人的乐善好施[28]。

以现代人的角度看,中国官员的傲慢建议和居高临下的赏赐颇有些指鹿为马、强人所难的意味，但对于那些一再碰壁、始终不得其门而入，如今终于看到希望曙光的耶稣会士而言，他们显然无法拒绝两广总督和广州都司的建议。可以想象，对于跪拜于案前阶下、唯唯诺诺的罗明坚等人来说，这些“很和气的”老爷（曼达琳）的建议，实际上就如同命令一般，没有多少讨价还价的余地。

再换个角度，中国官员阴差阳错的荒唐举动未必不是耶稣会士瞒天过海、刻意为之的结果。投其所好的真正目的在于顺势而为，获得宝贵的生存机会。但是，当利玛窦等人终于如愿以偿后，他们便立即发现，如此不伦不类的外在形象会导致一系列意想不到的麻烦，并陷他们于百口莫辩的尴尬境地。利玛窦在《札记》随后的记述中告诉我们：

> 正在此时，肇庆地区向所属的十一个县城征收一笔常税以修建一座塔。……就在建塔的土地上，他们也规划修筑一座宏伟的寺庙。根据民族风俗，他们要在庙内立一尊长官的塑像，他任职以来博得了知识阶级和无知识的群众的颂扬。陪神父们一起来的那个兵士，还有他们居留几个月来结识的其他朋友，都向他们指出，该地是他们修建房屋的理想环境。……次日，他们向长官表明了他们的愿望，长官看来对这事感到高兴超出了他们所能想象。庙和塔以及该地的整个布局，都是在他的批准下进行设计的，是对他作为百姓的恩人一个献礼，而他对它之感兴趣正犹如那是他的私产一般。整个进程对他来说，由于外国教士的合适的家室，只有显得更为体面，更尊贵。……他们还被告知，划给他们的地方仅仅作为居室，以后会再给他们土皮建造宏伟的庙宇。他们由此得到的结论是，长官的印象以为他们渴望主持供奉他本人的那座庙宇所以肯出力；因此他们必须解释，

他们不拜偶像,上帝才是唯一的神。这使他有点惶惑,因为他大概认为,除了中国人已知外,再没有别的崇拜方式了。他跟他的随从商量了一阵,最后说:“那没有什么不同,我们修庙,他们可以把他们喜爱的神供进去。”㉙

仔细阅读这段文字,我们可以发现一个双向误解的有趣现象:虽然初来乍到的利玛窦已经换上了佛教僧侣的服装,但他尚未理解中国社会的宗教生态,尤其是佛寺与官府之间的复杂关系。从王泮欲言又止的暗示以及“要在庙内立一尊长官的塑像”等语推测,这座“在他的批准下进行设计的……私产,应当还兼有生祠的私人用途”。而王泮之所以答应教士们的请求,极有可能是他相信由洋和尚“主持供奉他本人的那座庙宇”,会使他“显得更为体面,更尊贵”。因此,尽管利玛窦一再声明“他们不拜偶像,上帝才是唯一的神”,但心怀鬼胎的王泮还是固执己见,甚至极为荒谬地宣称:“那没有什么不同,我们修庙,他们可以把他们喜爱的神供进去。”因为他实在很难想象,这些身着袈裟的外国和尚还能有什么“别的崇拜方式了”。也正因为如此,傻乎乎的知府后来还为教堂题赠“仙花寺”和“西来净土”的匾额。

在此后的岁月里,张冠李戴、阴差阳错的戏剧性场面不断呈现,而其中最为典型、亦最为人们津津乐道的戏剧冲突,应当是利玛窦在1589年“挂单”韶州南华寺的奇遇。关于利玛窦在寺中拒绝参拜六祖神像的著名故事,这里不再重复,但必须指出的是,与此前曲意逢迎中国官员的顺从态度不同,虽然利玛窦客随主便地参观了南华寺,但他却刻意保持与僧侣的距离,甚至拒绝在佛寺中居住。

另一个耐人寻味的细节是,利玛窦告诉中国官员,他更习惯于生活在知识阶层和官员们之间,并声称与他们相处“犹如在他们同侪之中一样”。我们不清楚此言是否能够证明他已经在考虑再次易服的可能性，但至少表明，利玛窦是在竭力撇清与佛教僧侣的干系。

与之相映成趣的是，与利玛窦唯恐避之不及的态度相比，南华寺僧人们前倨后恭的举动则显得颇为诡异。据利玛窦的记载，在利玛窦抵达之前，风闻此事的僧侣便断定这位外国同行的来访是一个阴谋。“这些异端的和尚早已听说过利玛窦，当他到达时，他们听说他是总督派来的，就断定说他被任命为该地之长，要按照正常出家人的清规纠正他们败坏了的德行。”[30]然而，当利玛窦抵达寺院时，曾一致决议不让利玛窦去看任何适宜居住的地方的主持者们“又要弄中国人的手腕，全身披上整齐的法衣，佯装着很高兴他到来，前去迎接他，把这地方指给他看。他们彬彬有礼地把整个寺院交给他，向他保证寺里的一切都归他处置”[31]。

因缺乏可资印证的其他佐证，我们不清楚南华寺的住持何以认定利玛窦是总督派来的“该地之长”，又为何在心有不甘的情况下盛装出迎，甚至准备将全部庙产拱手让人，但如果考虑到南华寺供奉的是禅宗六祖，而禅宗始祖达摩又与利玛窦一样，同为深目高鼻的异域之人，那么，这些僧侣主持们看似杞人忧天的担心并非全无道理。

我们当然会留意利玛窦的回忆录并未提到他的南华寺之行是否身穿中国官员恩赐的体面服装（事实上，利玛窦再次易服前的所有信件和多年后的回忆录均未提及他当时的服装样式），但既然他在多年后才正式提出易服请求，那么他此时依然身穿僧服是合乎情理的[32]；而如果情况真的如此，那么南华寺住持令人啼笑皆非的误解以及中国官员大惑不解的“沉默的惊愕”，或许就与利玛窦等人的那身行头有某些干系了。

四

仔细阅读利玛窦等人的记述，我们不难发现传教士一再面临的类似偏见与误解，这种偏见与误解是如此广泛与根深蒂固，以至于像没顶洪水一般，形成迫使传教士们就范的情境压力[33]；但同样可以想象的是，基于传播福音的坚定信念以及基督教信仰特有的排他性，利玛窦及其同伴决不会在长达十余年的时间内对层出不穷的戏剧性冲突麻木不仁或无动于衷，随着对中国社会以及宗教对手、即佛教僧侣的了解渐趋深入，萌发再次易服的强烈冲动是合乎逻辑的。

作为上述推测的佐证之一，我们注意在利玛窦再次易服的很早之前，就有人提出过类似建议。有意思的是，这位易服的首倡者居然是要求“废除丝绸与华美装饰”，并强令日本耶稣会士重新“身穿黑布修道服”的卡布拉尔神父，他在1584年12月5日（即利玛窦换上僧服的一年多之后）于澳门写给范礼安神父的信中写道：

> 神父您知道，他们僧侣才是官员们所轻视的，因为佛教人既不讲来世，也不谈灵魂不灭的道理，不善于管理庙宇，也不尊重他们的方丈。因此，开始重视与尊敬我们。……希望神父下令，少与葡萄牙人来往为妙，要使神父们都变成中国人，才能免除中国人的猜疑，因此，知府同样曾告诉过他们，要如此做才行。神父都该穿中国式的长袍，头戴高方帽，这已经说过。他们在申请书上，是要在中国内地，申请一块清净土地，远离葡萄牙商人之繁忙商务，专心学习文字，这都是罗明坚神父所写的。[34]

从字面上看，卡布拉尔信中关于传教士身穿“中国式的长袍，头戴高方帽”的词句是在转述肇庆知府郑一麟的建议，但鉴于他在日本耶稣会士服饰问题上的顽固立场以及信中上下文对于佛教僧侣的攻击，卡布拉尔显然是赞同这一主张的。

颇让人意外的是，卡布拉尔的建议在教会内部没有引起任何回应，但如果考虑到写信者与收信人之间的特殊关系，这一结果又是合情合理的。我们知道，卡布拉尔写作此信之时，是在他因传教策略与范礼安有分歧，于 1582 年被迫辞去日本教区上长的职务，并在 1583 年被“放逐”到中国教区、担任澳门住院和中国传教团上长之后不久。加之此信写作于他抵达澳门后不久对下属广东住院的首次视察，我们有理由相信，卡布拉尔此信的易服观点绝非是深入考察中国文化、并经反复斟酌后提出的慎重建议，而是基于他对佛教僧侣一贯的仇视，甚至是意有所指地影射利玛窦等人刚刚穿上的“最体面的服饰”。因此，尽管卡布拉尔信中的语气极为恭顺，但在范礼安看来，卡布拉尔“旧”事重提，或有些冥顽不化、借题发挥的挑衅意味。

或许是担心卡布拉尔的横生枝节会搅乱刚刚建立的中国教区，在他此信半年之后，当时正在印度的范礼安再次调整了中国传教团的领导机构，他取消卡布拉尔作为教团上长（监督）的职务。据利玛窦的记录，“他（范礼安）的第一步行动是任命葡萄牙人孟三德（Eduardo de Sande）神父为教团监督，……然后，他撤销澳门神学院对中国教团的管辖权，使之只受他本人和日本教区长的领导”[35]。当范礼安在 1590 年 6 月 25 日由澳门出发前往印度之际，他再度变更中国教区的行政机构。“临行前，他（范礼安）指定孟三德神父为澳门神学院院长，因为他非常熟悉中国教团的事情。当时教团是在澳门监督的管辖之下。而且，他看来是最宜于管理，宜于正当接济和促进中国事业的人选。"[36]换句话说，范礼安频繁的人事变动实际剥夺了卡布拉尔的所有权责，这位昔日声名显赫的日本教区上长实际上已沦为一名普通神父。

大多数学者相信，利玛窦在1592年春节前后于南雄拜访儒生瞿太素是导致他后来易服的重要契机[37]，但需要提醒读者的另一个巧合是，1592年也是卡布拉尔与范礼安长期对峙、力量对比发生重大变化的关键年代。众所周知，卡布拉尔在这一年时来运转，一直蛰伏于澳门住院的他前往印度果阿，随即又出任显赫的印度主教区上长一职。自此，卡布拉尔开始在与范礼安的争斗中占据了上风。1595年5月24日，身为印度管区长卡布拉尔当面要求范礼安辞去东印度管区的视察员之职。此后范礼安的身份出现疑问，在随后召开的顾问会议上，卡布拉尔主张范礼安担任日本准管区的管区长，尽管会议决议和总会长压缩了范礼安的权限范围，仅任命他担任日本（包括澳门与中国内地）的视察员[38]，但卡布拉尔仍不肯罢休，一再向罗马表示异议[39]。

由于缺乏资料，我们还不清楚修会高层的策略之争及其个人恩怨是否影响或在多大程度上影响到利玛窦的行为决定，但可以想象的是，作为学生，与范礼安关系特殊的利玛窦当然会了解那些不足向外人道的微妙之处，并尽力避免节外生枝的其他矛盾[40]。

关于这些外力因素的蛛丝马迹，我们或可从利玛窦自己的记述中获得线索。众所周知，预示利玛窦的形象改变有两段关键性的文字，其中之一，是他在1592年11月15日于韶州致总会长阿桂委瓦的信件。其曰：

> 到了南雄便立即拜会知府大人，也送礼给他。知府对我的来临感到高兴，最后还送我直到大门口。次日他率领他的部下向我回拜，并回赠礼物，这是中国人的习

惯。后来这里的绅士都一一来拜访我们,之后还以宴席招待。往往一天数席,应酬不暇,餐餐佳肴美酒。因此只能到一家坐下,吃一点,再到别家应酬。地方绅士官吏也非常抬举我们,不让我们步行,而用轿子抬着走,就如欧洲的显贵一般。这种荣誉对我们十分重要,否则在教外人中传教便无效力了。洋人、和尚和道士在中国并不受尊重,因此我们不能以和尚、道士之流出现,他们用轿子抬着我们走,也为方便前进,因为城中人口众多,都争相看洋和尚,这是过去他们不曾看见过的。如步行,根本走不过去,时间又短,不能使全城人都看见。因此我们不论到哪里去,常有很多群众跟在轿子后面或围着轿子前行。[41]

与此遥相呼应的另一条记录,是利玛窦稍后在澳门向范礼安当面提出的请求。

利玛窦神父对视察员神父说,他认为如果他们留胡子并蓄长发,那是会对基督教有好处的,那样他们就不会被误认作偶像崇拜者,或者更糟的是,被误认为是向偶像奉献祭品的和尚。他解释说,那些人按规定要剃得光光的,头发要剪干净。他还说,经验告诉他,神父们应当像高度有教养的中国人那样装束打扮,他们都应该有一件在拜访官员时穿的绸袍,在中国人看来,没有它,一个人就不配和官员、甚至和一个有教养的阶层的人平起平坐。[42]

比照这两段文字,其中的差异一目了然,前者委婉含蓄,后者直截了当。在写给总会长的信中,利玛窦以极大篇幅描述了在南雄与当地官绅的社交盛况,那种"一天数席,应酬不暇,餐餐佳肴美酒","用轿子抬着走,就如欧洲的显贵一般"招摇过市的大段描述,更像是营造一种氛围,而"这种荣誉对我们十分重要"，"因此我们不能以和尚、道士之流出现"等语，亦像是为计划中的易服行为铺陈造势。但在与视察员的私下面谈时，利玛窦的陈情就显得直言不讳了，所谓"神父们应当像高度有教养的中国人那样装束打扮，他们都应该有一件在拜访官员时穿的绸袍"，几乎是毫无保留地道出了酝酿已久的易服决定。

两次陈情的不同方式或许取决于不同的对象，但另一方面，它也暗示或透露出利玛窦为人处世的老练圆滑和复杂情境中难以言传的微妙关系。上书最高上长的委婉表述既可与面对顶头上司的直白要求遥相呼应，形成互动，又不会让后者陷于难堪的被动境地，从而留下充分的转圜余地，并最终达成策略调整的目的。

与之相映成趣的是，范礼安最终的批复也颇有玄机，在经过了周密部署和充分酝酿之后[43]，他在《写给澳门神学院院长的训诫》中，对此做出了如下指示：

> 中国的佛僧极受人鄙视，曼达琳对他们的评价很坏，所以我们的伙伴由于这些佛僧而使信用与名声受到很大损失。为此，我觉得在不长的时间中，与其说使用佛僧的名号，还不如采用文人的名号为好。为此，我觉得像佛僧那样剃发是不好而且并不恰当。正如以前葡萄牙人通常所做的那样，以及今天我们在印度的伙伴所做的那样，（中国）国内的人还是蓄起胡子、将头发留到耳际为好。同样，他们在每日访问时还是穿着规定的外套为好。关于其他事情，应像访问曼达琳和其他重要人物时所奉行的那样，按照中国人的传统习惯，作相应的打扮就行了。[44]

关于范礼安的上述指示，我们必须给予足够的重视，因为它是迄今为止、唯一可以确定的、由远东耶稣会最高上长对于传教士合适服装做出的明确指示[45];虽然范礼安以其一贯的行文风格,面面俱到地小心措辞[46],并未点明利玛窦可以改穿中国儒士的服装,但"与其说使用佛僧的名号,还不如采用文人的名号为好",以及"按照中国人的传统习惯,作相应的打扮就行了"等语,实际上已经批准了利玛窦的请求,允许他们因地制宜,放手去做了。

五

姗姗来迟的最终批准仿佛让久压的弹簧突然松脱了重荷,如愿以偿的利玛窦兴奋异常,在不到三个月的时间里,利玛窦以罕见的激情,接连向上级与各方朋友报告他的漂亮新装[47]。或许正是由于这一不同寻常的文宣造势,利玛窦高冠博带、美髯垂胸的新形象广为人知,它甚至在当时就引起欧洲同事的误会,以为"在中国的耶稣会神父极力想得到中国授予的科举学位"[48]。

关于利玛窦易服事件的影响,学者们多有探讨,但对于当时的利玛窦等来说,立竿见影的直接效应就是从未有过的社会地位。在南京和南昌,耶稣会士出门时乘坐轿子,也不再像以前那样低三下四地向官员"行跪拜礼";他们还经常参加学者的聚会,享受"文人学士"和"显贵官吏"的热烈欢迎。虽然信中如同社交明星一般"忙得喘不过气来"的繁忙情景可能有些夸张,但它至少证明,耶稣会士的新装成效卓著,凭着它的魔力,他们堂而皇之地登堂入室,顺利地融入当地的上流社会[49]。

就像历史多次重演的那样,外在形式的改变再一次模糊人们对现象本质的认知,正如宗教生活的某些相似之处曾经让人们将传教士误认为"番僧"那样,高冠博带的利玛窦又被许多不明底细且又自以为是的中国文人引为同道，甚至宣称利玛窦偷梁换柱、似是而非的道德说教，与中国古代圣贤的教导并无二致。

然而，与中国文人的无知相比，终日与之周旋的利玛窦却没有自我陶醉到忘乎所以。如果说他的首次易服还有些仓促或者是人在矮檐下不得不低头的无奈，那么他的二次易服则更像是处心积虑的公关策划和形象包装。事实上，就在易服之前，利玛窦就已经开始展开对于中国文化以及儒学经典的认真研究。在1593年12月10日于韶州写给总会长阿桂委瓦神父的信中，利玛窦声称：

> 今年我们都在研究中文，是我念给目前已去世的石方西神父听，即四书，是一本良好的伦理集成，今天视察员神父要我把四书译为拉丁文，此外再编一本新的要理问答。这应当用中文撰写；我们原有一本，但成绩不如理想。此外翻译四书，必须加写短短的注释，以便所言更加清楚，托天主的帮忙，我已译妥三本，第四本正在翻译中。这些翻译以我的看法在中国与日本为我们传教士十分有用，尤其在中国为然。四书所论述的伦理犹如第二位塞尼加的作品，不次于古代罗马任何著名作家的作品。在翻译妥后，我将寄给视察员神父，如不错，明年就会寄给你。[50]

由于缺乏足够的史料，我们还不清楚利玛窦如何翻译儒家经典四书，但通过他信中所说的那本教义书、即此后声名卓著《天主实义》，我们不难了解他对于中国儒家及其学说的基本看法。

根据学者们的研究，《天主实义》对于中国儒家的基本态度，可以用“容古儒”“斥新儒”之说来概括[51]，在利玛窦等耶稣会士看来，中国传统儒家尤其是先秦古儒，与基督教神学体系的自然理性颇有吻合或相通之处，而宋明以来的新儒，则是背忘古训，步入歧途了。所谓“吾天主，乃古经书所称上帝也。……历观古书，而知上帝与天主特异以名也”[52]，“余虽末年入中华，然窃视古经书不怠，但闻古先君子敬恭于天地之上帝，未闻有尊奉太极者。如太极为上帝万物之祖，古圣何隐其说乎？”[53]“二氏（佛教与道家）之谓，曰空曰无，于天主理大相刺谬，其不崇尚，明矣。夫儒之谓，曰有曰诚，虽未尽闻其释，固庶几乎！”[54]都明确表达了这种基本态度。

在晚年的回忆录中，已经无所顾忌的利玛窦说得更为坦率，他一方面称赞古儒的理性之光，声称古代中国人因此得到拯救，但同时又毫不留情地将儒学归于“迷信”之列，即“三种崇拜或宗教信仰体系”之一。其曰：

> 儒教目前最普遍信奉的学说，据我看似乎是来自大约五个世纪以前开始流行的那种崇拜偶像的教派。这种教义肯定整个宇宙是由一种共同的物质所构成的，宇宙的创造者好像是有一个连续体（corpus continuum）的，与天地、人兽、树木以及四元素共存，而每桩个体事物都是这个连续体的一部分。
>
> 因为他们既不禁止也不规定人们对于来世应该信仰什么，所以属于这一社会等级的很多人都把另两种教派和他们自己的教派合而为一。他们确切相信，如果他们容忍谬误并且不公开摒弃或非难虚伪的话，他们所信奉的就是一种高级形式的宗教了。[55]

可以肯定的是，即使在易换儒服多年之后，利玛窦仍不能认同身穿同样服饰的这一阶层普遍信奉的哲学理念，虽然他还在含糊其词，并极力掩饰其入华传教改宗的真正目的[56]。

以正常的道德角度看，人们或许会指责耶稣会士们竟然如此表里不一、口是心非的虚伪行径，但如果换一个角度，设身处地替他们着想,就不难体察不得已的苦衷。事实上,即便是易服之后,在社交场上春风得意、左右逢源的利玛窦仍然不敢透露他们乔装打扮的真正原因。在1595年10月28日于南昌写给高斯塔神父的信中,易换儒服还不到半年的利玛窦坦陈了他的奇遇:

> 我如今要谈我的梦,是到南昌后最初几天睡觉中所有的。当时我正因南京之行的不成功而忧忧不乐。又因旅途劳累而进入梦乡。看见迎面来了一个我不认识的人,对我说:"你就是在这里要消灭古传的宗教而宣传天主的宗教吗?"我听后非常惊讶,这人怎会知道我心内的事?便问他道:"你是魔鬼?或是神明?"他回答说:"我不是魔鬼,我是天主。"我闻声跪地叩拜,流泪哭谓:"主啊,您既然知道我的心事,为什么不帮助我啊?"他回答说:"你可以到那座城里去!"当时我懂是指北京而言——"在那里我要帮助你。"[57]

很显然,由于长期戴着面具生活,身心俱疲的利玛窦才会在梦中出现幻觉,但如此神秘体验也透露出入梦者深藏不露的真正用意:即易换儒服等所有努力都是为了计划中的北京之行;其目的不是渡化身穿同样服装的文人,而是便于接近号令天下的皇帝,因为这才是改宗中华帝国的唯一希望。

在许多相关著述中,耶稣会士习惯于结交社会上层的行为策略被批评为"上层路线",事实上,过深地卷入宫廷政治应当是导致耶稣会在欧洲被禁的重要原因之一。就此而言,利玛窦的计划符合耶稣会士的政治传统。但换一个角度看,在封建专制制度高度发达的远东尤其是日本与中国,在力量对比上始终处于绝对劣势的耶稣会士们别无选择,正如此后一系列禁教事件所证明的那样,如果违逆统治阶级的意愿,不仅宣教没有成功的可能,而且会丧失岌岌可危的生存空间。(日本)将军或(中国)皇帝的一声令下,就足以毁掉好不容易才获得的可怜成就。

从这一意义上说,无论是最初僧衣还是后来的儒服,耶稣会士朝三暮四的形象包装只有一个目的,那就是获得统治阶级(包括构成其社会基础的士大夫阶层)的认可,无论这外在标志有怎样的内在含义,在利玛窦等人眼里,都不过是打入上层社会并最终接近权力顶峰的通行证和护身符。

从罗明坚算起,入华耶稣会士至少有三次形象改变,从这一角度说,利玛窦二次易服的行为属性并无根本差异,其着眼点都在于它的社会效应,即为了获取或拓展生存、发展的政治空间;两次易服都不是自由意志的展现,而是迫于情境压力的无奈之举,是向社会上层和主流意识的屈从。传教士们一再更换的新衣,就是他们的通行证与护身符。我们甚至可以做这样的推测:如果得到清王朝的传教许可,或许有更多传教士不会介意像南怀仁那样再次易服,改穿清朝官员的皇袍马褂。

身穿儒服并不能使利玛窦成为真正的儒者,也不意味着他对儒学的认同,更不等同于接受儒家的政治理念。所谓容古儒、批新儒的选择性策略,其实质是阉割儒家忠孝伦理的道德前提,为上帝信仰的传播打开一条通道。作为排他性极强的一神论基督教神学及其传播者,利玛窦们不可能容忍凌驾于教权(教会)、甚至神权(天主)之上的封建皇权(天子)。也正因为如此,耶稣会士在士大夫中间的传道远不如他们宣扬的那样成就辉煌,而且不可避免地触发长达数百年的“礼仪之争”。从这一意义上说,徐光启所谓“补儒易佛”[58],“易佛”是真,而“补儒”既不是利玛窦的初衷,也是从未实现的文化神话,只是徐氏为消除文人士大夫戒备心理的文过饰非,至于将它进化到“合儒”“补儒”,甚至于“超儒”的境界,那就是现代理想主义者一厢情愿的自作多情了。

最后要补充的是，传教士的形象改变是耶稣会士们在远东地区、甚至于整个东方普遍采用的策略行为，而在幕后导演这一出出精彩剧目的关键人物，即"文化适应政策"（accommodatio）的真正制定者，则无疑是当时东印度教区的最高上长、耶稣会远东教区视察员神父范礼安。就像巨网中心的蜘蛛，这位被利玛窦称作"中国教区之父"[59]、被教会历史学家誉为"集亚历山大雄心和汉尼拔铁腕于一身"[60]的重要人物，是我们研究并破解许多历史迷局的关键所在。

注释

①关于利玛窦易服的时间与地点，有不同说法。鉴于易服时间和地点不是本文讨论的重点，这里取计翔翔先生的考定结论。参见计翔翔：《关于利玛窦戴儒冠穿儒服的考析》，黄时鉴主编：《东西交流论坛》，第二集，上海：上海文艺出版社，2001 年，第 6 页。

②由于持上述观点和类似描述的相关著述数量过多，这里无法一一列举。但事实上，这个诱人传奇的始作俑者可能是金尼阁（Nicolas Trigault）神父，他在一封注明时间为 1610 年的信件中，将中国传教团的简史明确地划分为两个阶段。在前一个阶段，中国的耶稣会士们穿着僧服。第二个阶段始于 1595 年，这时利玛窦采用了儒生的装束。他甚至宣称"从此之后，一切都开始发展，几乎到了繁花盛开的地步"。参见《利玛窦中国札记、附录、1978 年法文版序言》，（意）利玛窦：《利玛窦中国札记》，何高济等译，何兆武校，北京：中华书局，1983 年，第 660 页。

③《利玛窦中国札记》，第 1 页。

④《利玛窦中国札记》，第 168 页。

⑤《利玛窦书信集》，罗渔译，台北：光启出版社，1986 年，第 451 页。

⑥裴化行：《利玛窦神父传》（上），管震湖译，北京：商务印书馆，1993 年，第 82 页。

⑦《利玛窦书信集》，第 40 页。

⑧（清）张尔岐：《嵩庵闲话》，台北：台湾商务印书馆，1976 年，第 9 页。

⑨《利玛窦神父传》（上），第 82 页。

⑩《利玛窦神父传》(上),第83—86页。为行文简洁,引文调整了部分段落和标点符号,不一一注明。

⑪根据最新的研究成果,诺比利神父是在1605年5月20日才抵达印度,而他易换婆罗门服装一事应当发生在1606年11月传教马拉图地区之后(详见《诺比利:印度的利玛窦,宗教对话的先驱者》,(美)鄢华阳等著;顾卫民译:《中国天主教史历史译文集》,广西师范大学出版社,2010年,第104—105页),而此时距利玛窦易换儒服,已经过去十余年了。如此看来,裴化行在此暗示利玛窦易服是受到诺比利影响的表述并不正确。

⑫陆若汉在其《日本教会史》中明言:"(耶稣会)神父们为未信者的改宗而设立的中国传教区,从属于日本管区,是由日本的本会上长们创设并组织的传教区,所以从传教开始的1582年到1619年为止的37年间,是由他们统辖并管理的,所属的要员和其他必需品也无一不是由他们补充的。日本管区在澳门拥有曾经负责中国全境的、该日本管区主要的神学院,时至今日,上长们仍在该神学院中培养被派遣到这两个传教区的主要成员。这一中国传教区的设立,以及该传教区在日本(管区)管理下37年间所获得的发展,被包括在日本管区的一般历史中。"罗德里格斯(Rodrigues Tcuzzu,Joao,陆若汉):《日本教会史》(下),土井忠生等译,《大航海时代丛书》第一期,X,东京:岩波书店,1979年,第222页。

⑬陆若汉这样描述沙勿略在抵达日本鹿儿岛后首次传教的情形:"镇上有被称为福昌寺的宏伟寺院,它属于禅宗宗派的僧侣所有。寺院面前是广场,广场边有一座山门,与围绕着寺院的围墙相连,还有登上寺院的石级。神父来到那里,为了使大家看到他的形象,听到他的声音,他坐到石级的最高一层。他眼望天空,为了驱赶恶魔、不使它们妨碍圣言的效用,神父对自己和听众划了十字。神父打开用我们的文字(罗马字)书写的有关信仰玄义的书,高声朗读记写于其中的玄义。书中的内容已经得到翻译,通译弥次郎向听众进行说明。在读到与圣使徒们宣教完全相同的神圣玄义时,神父一而再、再而三地不断重复。"《日本教会史》(下),第370—371页。

⑭陆若汉记述道:"福者神父(沙勿略)穿着古老的法衣,上面套着古老的长袍,手里拿着公教要理书,只带了一名随从前往(会见山口领主大内义隆)。"《日本教会史》(下),第422页。几乎相同的记录还见于沙勿略前往京都的旅行:"当时那地方正值严冬,由于猛烈的风以及霜和冰,让人无法忍受。道路险峻,上面还有不断降落的深雪。神父在衣服上只套了件单薄的法衣,根本无法阻挡时时袭来的寒气。"《日本教会史》(下),第432—433页。

⑮《日本教会史》(下),第449页。

⑯弗洛伊斯(Luis Frois):《日本史》,(日本)柳谷武夫译,东京:平凡社,1987年,第一册,第101页。

⑰参见松田毅一主编:《十六、十七世纪耶稣会日本报告集》,第三期第一卷,东京:同朋舍,1994年,第271页;村上直次郎译注:《耶稣会士日本通信》(上),《新异国丛书》,第一辑,Ⅱ,东京:雄松堂书店,1984年,第144页。

⑱《日本教会史》(下),第447—448页。

⑲《日本史》,第三册,第66—67页。

⑳高濑弘一郎译:《耶稣会与日本》,1,大航海时代丛书,第2辑,东京:岩波书店,1988年,第124—125页。考虑到卡布拉尔此信的写作时间以及他当时的身份(详见下文),以上所言恐有旁敲侧击的其他意含。

㉑据弗洛伊斯《日本史》的记载,当卡布拉尔巡视京都教区时,一位老资格的日本信徒曾劝诫他说:"传教士应当穿着上等服装,虽然一开始看起来有些别扭,但不久就会习惯了。"而河内的另一位教督徒武士却表示了不同看法:"应该让人们知道,神父们放弃了丝绸(衣服)而改穿朴素的棉布服装,这不会引起异教徒的嘲笑。"他甚至鼓励卡布拉尔说:"您是我们的榜样。神父们不应该拒绝穿着特别的服装,它可以让神父们显得与众不同。不必担心脱下丝绸衣服而丧失人们的尊敬,或者妨碍神的教义的传播。"(日本)松田毅一:《南蛮史料的发现——由此所见的信长时代》,东京:中央公论社,1964年,第88—90页。

㉒范礼安首次巡视日本教区期间的协议会先后召开于1580—1581年。提交会议讨论的第十九项议题名为"我们会员应使用的服装"。在1583年1月做出的裁定中,范礼安否决了丝绸材质的使用,详细规定了黑布长衣、外袍以及袜子样式等服饰细节,但允许耶稣会士在某些场合因地制宜,酌情调整,模仿或采用符合日本风俗的样式。详见井手胜美:《基督教思想史研究序说——日本人的基督教受容》,东京:鹈鹕社,1995年,第428—429、464—466页。

㉓《日本巡视记》,(日本)松田毅一译注,东京:平凡社,东洋文库,1985年,第121页。

㉔关于这一点,我们亦可从卡布拉尔始终挥之不去的怨恨中得到印证,他在1596年12月10写给总会长助理的信中仍对当年之事耿耿于怀:"在距今二十七八年前我被派遣到日本、并访问那里时,我们的会员看重名誉,他们都身着丝绸,有大批随从簇拥着。因为在他们看来,为了基督教的利益以及圣职人员的尊严,这样做是合适的。当时,神的律法在日本成为最下贱的东西。有名誉者没有人想接受这一律法。……我为除去这些弊端、推行耶稣会的会宪与规则做

了不少努力。但当时会员们认为:用这种方法,不仅不会有人成为新的基督徒,已经成为信徒的人也会重返异教。因为没有一个领主会身着黑布,连一个家臣也不带的”。参见《耶稣会与日本》(上),第173页。

㉕《利玛窦中国札记》,第155页。

㉖《利玛窦中国札记》,第160页。

㉗关于这一点,萧若瑟神父亦有相同认识。他说,当年在肇庆接待罗明坚的地方官“以为西士弃俗修道,绝色不婚,是与桑门释子无异,命居肇庆府东天宁寺中;时神父剪发秃首,披袈裟以示弃俗之意颇类僧人,故时人称神父为西僧或番僧。”萧若瑟:《天主教传行中国考》,河北:献县天主堂,1931年,第111页。

㉘据裴化行考证。罗明坚在1583年2月12日寄回澳门的信件中,还提到了另一位中国官员的相同愿望以及慷慨解囊。其曰:“……两天前我们去见他(按:广州都司),他对待我们很和气,赠银一两作为布施;我们谈及服装,他当即自己画了个帽子,说道总督和所有的官员都希望我们穿北京‘神父’的服装……‘这种神父是很受尊敬的’。这就是叫我们同化为中国僧侣(或称和尚)”。《利玛窦神父传》(上册),第82页。

㉙《利玛窦中国札记》,第163—164页。

㉚《利玛窦中国札记》,第237页。

㉛《利玛窦中国札记》,第237、238页。

㉜《利玛窦中国札记》的英译者也持相同的观点,其序言明确指出:“他穿了六年僧袍,然后才换上哲学家的衣袍,哲学家是中国最高的知识阶层。”《利玛窦中国札记·英译者序言》,《利玛窦中国札记》,第33页。美国学者邓恩认为,在利玛窦改换儒服之前,“他们一直穿着佛教和尚通行的服装”。参见邓恩:《从利玛窦到汤若望》,余三乐、石蓉译,上海:上海古籍出版社,2003年,第3页。

㉝黄明沙修士在1591年11月12日于韶州致孟三德(Duarte de Sande)神父信中声称,当麦安冬神父去世后,不仅无奈地接受披麻带孝的传统中式葬礼,而且还有身着丧服的僧侣来向他致意。其曰:“翌日一早,我们的友人知道了麦神父的逝世后,如同神父所知道的,有些是这里的地方绅士;都穿上了丧服,或带孝致哀,放声大哭,对麦铎之卒感到悲痛,视同他们的亲戚一样,因此,我们感到甚有安慰。最使我们感触到的是一位刘先生,他是位不出门的老人,他也穿了官式的丧服,比任何人都显得更悲恸。还有僧侣的方丈,以及其他主要的僧侣也都丧服致哀。倍受我们的境况,只能给他买一个便宜的棺木;但我们的友人潘先生协助了我们,化了四两银子,买了一个较好的棺木,有人想为他举行一些中国的礼仪,如拿些酒菜供在棺木前等。”《利玛窦书信集》,第504页。相

同的情况还可见于苏如望神父的丧礼。利玛窦在1607年10月18日致罗马总会长阿桂委瓦神父信中说:“南昌会院的苏如望神父升天去了。我们并不像中国人风俗那样感到难过,举哀为我们不太相称。但是中国朋友却表示异常悲哀,在苏铎习惯接待宾客的大厅中,搭了一个灵柩台,外盖一黑幕,好似他的遗体就在其中。致哀者跪地,四次叩头;有的还放声大哭,如丧考妣。……有的还为神父戴孝,家人问起时,他们则回答是为他们的‘师傅’穿孝”。《利玛窦书信集》,第347—348页。

㉞《利玛窦书信集》,第471页。

㉟《利玛窦中国札记》,第189页。

㊱《利玛窦中国札记》,第245页。

㊲计翔翔:《关于利玛窦戴儒服穿儒服的考析》,第8页。

㊳切希里克(Hubert Cieslik):《日本耶稣会士礼法指针·解说》,矢泽利彦、筒井砂译,《基督教文化研究系列》,5,东京:上智大学基督教文化研究会刊,1970年,第34—35页。关于范礼安这一职务变动,还可见证于《龙华民1598年11月于韶州写给罗马耳瓦烈神父的信》,《利玛窦书信集》,第516页。

㊴卡布拉尔在1596年12月10日于果阿写给耶稣会总会长助理阿尔瓦雷斯(Joao Alvares)的信中直言不讳的攻击道:“还在当地的范礼安神父并不想放弃日本与中国的视察员,所以该神父(指1595年10月被任命为印度管区视察员的皮门塔(Nicolau Pimenta)神父)仅仅是印度的视察员。总会长必须对(视察员任职年限)加以明确规定(这么说是因为一个人不可终生占据拥有绝对权威,在一管区内的权限超越总会长的视察员一职)。皮门塔神父也希望如此。由于他的人格是谦虚而不喜欢发号施令,所以我们都受到感化。与此相反,范礼安神父性格值得批判,他常常以高压态度下达命令,对我们来说,成了极为恶劣的榜样。因为这一原因,范礼安在住院内外的人们中没有博得名声。”《耶稣会与日本》,1,第169页。

㊵我们不应忽视如下事实,范礼安本人和罗明坚、由他钦点入华的利玛窦以及后来接任中国教区上长之职的龙华民、接任巡视员之职的巴范济,都是意大利人。考虑到当时西、葡两国的保教权之争、不同修会及其与罗马教廷之间的明争暗斗以及范礼安家族与教皇保罗四世的亲密关系(关于范礼安家族与保罗四世的友谊以及他被任命为“极遥远广大地区”的东印度教区巡视员(1573年)后在耶稣会葡萄牙管区和宫廷引发争议,可参见松田毅一:《亚历山大·范礼安的生平》,《日本巡察记》,(日本)松田毅一译,解题Ⅰ,东京:平凡社,1973年,第237—248页),这些身居要职者的特定身份及其微妙之处,在当时是任

何人都很清楚的。对此,利玛窦在1583年2月13日于澳门写给总会长的信中并无忌讳,他说:"'罗明坚神父在这里住了三年,同院神父几乎使他变成了殉道士,百般为难他。……远东教务视察员神父对澳门会院长对这个传教区的权力,大加限制'。我相信因为我们三人皆为意大利人,不必为我们有什么特殊的安排"。《利玛窦书信全集》,第41页。

㊶《利玛窦书信集》,第123—124页。

㊷《利玛窦中国札记》,第276页。

㊸范礼安首先向总会与教廷汇报利玛窦的请求。他告诉我们:"视察员神父认为这些请求是非常合理的,所以一一予以批准,并且亲自负责把每项请求都详细报告给罗马的耶稣会总会长神父,也报告给圣父教皇"。《利玛窦中国札记》,第276页。除此之外,他还就此事征求了塞尔凯拉(Luis de Cerqueira)主教的意见。参见费赖之:《在华耶稣会士列传及书目》,冯承钧译,北京:中华书局,1995,第34页;荣振华:《在华耶稣会士列传及书目补编》,耿升译,北京:中华书局,1995年,第125页;邓恩:《从利玛窦到汤若望》,第34页。

㊹高濑弘一郎:《基督教时代的文化与诸相》,东京:八木书店,2002年,第264—274页。

㊺范礼安《写给澳门神学院院长的训诫》没有标注时间,但考虑澳门神学院成立于1594年底,而范礼安本人又于同年11月15日离开澳门,前往印度,因此,训诫的实际写作时间应当是在1594年11月前后。而澳门神学院首任院长孟三德在收到范礼安的书面命令后,应当是通过与内地传教士的固定联系渠道,即每年4月的广州商品交易会,将范礼安的决定告知利玛窦,如此算来,利玛窦在1595年5月再次易服也就是水到渠成的自然之举了。

㊻对照于《耶稣会宪章》中关于会员服装的规定,我们可清晰体会到范礼安谨慎行文,避免以往争执的用心。《宪章》第577条规定:"服装还须有以下三个特征:第一、与身份相符;第二、与滞留地习俗相适应(L);第三、不得与清贫誓愿相违背,丝绸或昂贵质地的服装违背了该誓愿。(M)为了神的更大荣光,诸事应保持谦虚,坚守与卑贱者相符的姿态。"在关于特征二、三(L)及(M)解释中,《宪章》又补充道:"(L)或者说,至少不应与之截然不同"。"(M)此点是指由会员之家(会所,译注)给予服装者。如会员之家的一员身着昂贵服装或类似之物时,不得加以禁止。而某人因某种环境或需要着用优质服装或与身份相符的服装,也不在禁止之例。但此类服装不能普遍使用。……"。参见罗耀拉:《耶稣会会宪》(SAINT IGNATIUS OF LOYOLA THE CONSTITUTIONS OF THE SOCIETY OF JESUS TRANSLATED, WITH AN INTRODUCTION AND A

COMMENTARY, BY GEORGE E. GANSS, S. J. THE INSTITUTE OF JESUOT SOURCES St. LOUIS, 1970),中井允译,东京:耶稣会日本管区出版,1993 年,第 175 页;The Constitutions of the Society of Jesus, Translated, with an Introduction and a Commentary by George E, Ganss, S. J., The Institute of Jesuit Sources St. Louis, 1970, p258。译文参照的英译本,得到李庆先生协助,特致谢意。

㊼这些信件包括 1595 年 8 月 29 日写给澳门神学院院长孟三德神父的信件;1595 年 10 月 7 日在南昌写给同窗的班契神父的信件;1595 年 10 月 28 日于南昌写给耶稣会某神父的信件;1595 年 10 月 28 日写给高斯塔神父的信件(《利玛窦书信集》,上,第 153、167—168、177、186 页);1595 年 11 月 4 日写给总会长阿桂委瓦神父的信件(《利玛窦中国札记》,第 202 页)。为节省篇幅,这里不一一引用。

㊽《利玛窦中国札记》,第 277 页。

㊾在写给孟三德神父信中,利玛窦向他的顶头上司报告了他在南京和南昌因此获得的不同待遇。他说:"……我穿了拜客特有的服装去(徐大任)他家,因为他是第一次看见我穿着儒服,就很高兴地接待了我,而不要我行跪拜礼,就好如从前,当他还没有升官时,一样行礼。又叫我坐在他的面前,这是很大的面子,并好多次向我敬茶"。《利玛窦书信集》,第 158 页。在前引 1595 年 11 月 4 日写给总会长阿桂委瓦神父的信中,利玛窦也有类似的描述。其曰:"从此我们决定放弃'僧'这样的称呼,这是我们初来中国直到最近常用的。僧和我们的托钵会兄弟们差不多,在中国并不太受重视。……因此在视察员神父的指示下,换上儒者的服装,把胡须留下,不几月我的胡子便长的相当长。我们要佣人及我们的神学生称我们为'先生',并非为了尊敬,而是更换地位,我们已多次声明,我们是神学家与儒者(Predicatori litterati)。所谓儒者,目前在中国到处都有,我们以此名义出入文人学士的场合。显贵或官吏多喜欢和我们往来,而不太容易和僧人交往,不但南京如此,中国其他各地也莫不如此。自我开始称"儒家"后,现在很少人以"僧人"看待我们了"。《利玛窦书信集》,第 202—203 页。

㊿《利玛窦书信集》,第 134—135 页。

51参见孙尚杨:《基督教与明末儒学》,北京:东方出版社,1994 年。

52利玛窦:《天主实义》,朱维铮主编:《利玛窦中文著译集》,上海:复旦大学出版社,2001 年,第 21 页。

53《天主实义》,《利玛窦中文著译集》,第 17 页。

54《天主实义》,《利玛窦中文著译集》,第 15 页。

⑤5《利玛窦中国札记》,第101—102、105页。

⑤6明末思想家李贽就曾表示怀疑道:“但不知到此何为,我已经三度相会,毕竟不知到此何干也。意其欲以所学易吾周孔之学,则又太愚,恐非是尔。”李贽:《续焚书》,北京:中华书局,1975年,第35页。又沈德符为之转圜之词,称“若以为窥伺中华,以待风尘之警,失之远矣”(沈德符:《万历野获编》,卷三十《大西洋》)之语,亦从另一侧面表明了中国士人对利玛窦奇特态度的怀疑。

⑤7《利玛窦书信集》,第185—186页。

⑤8王重民辑校《徐光启集》(上),上海:上海古籍出版社,1984年,第66页。对此,金尼阁神父提到了类似的另一种说法,他告诉我们说:“在被问到基督教法的主要内容是什么的时候,徐光启博士就非常确切地用了四个字来概括:‘驱佛补儒’,也就是说‘它驱逐(佛教)偶像并补足儒生的教法’”。参见史若瑟(史若瑟实为误译,应是华人耶稣会士施省三):《利玛窦中国札记1978年法文版序言》,《利玛窦中国札记》,附录,第663页。

⑤9《利玛窦书信集》,第319—320页。

⑥0(日本)矢泽利彦:《中国与基督教》,东京:近藤出版社,1977年,第61—62页。

郭　物

匈奴之前的草原霸主：考古与文献中的独目人

郭物，中国社会科学院考古研究所副研究员，考古所边疆考古研究中心（边疆民族与宗教研究室）新疆队副队长。主要研究方向为新疆考古、欧亚草原考古及中西文化交流考古。曾应邀赴美国、俄罗斯、德国、法国、日本、韩国、乌兹别克斯坦和土库曼斯坦参加学术会议并开展田野考古工作。2008 年 8 月—2009 年 8 月为哈佛燕京访问学者。

一、导言

在这个美好的早上，我有幸来到国图文津讲坛，与大家分享一下我这个考古人的一些考古发掘成果，以及一些初步思考的心得。大家对考古比较感兴趣，通过一些发掘，能把大家带到久远的过去，而且在这个过去里还能看见很多东西。我今天讲的内容可能大家不太熟悉，大家可能更熟悉匈奴，提到匈奴的话，大概在座的各位都知道，但是如果提到独目人，可能知道的人就少一点。

我今天讲的主题是游牧社会，就是骑马的这拨人对整个中国历史的影响，实际上它对整个欧亚大陆的古代历史、整个南边的农耕文明社会影响都非常大。但是人们也不是自古以来就会骑马，真正骑马放牧、打仗，其实不是特别早。大约在公元前1300至前1000年左右，相当于殷周的时候，骑马这件事才开始慢慢在草原上实践。真正开始在草原上形成战斗力，应该是周平王东迁的时候。文献上记载，中国人知道骑马打仗厉害，并且想学，都是到了战国赵武灵王“胡服骑射”，那时候才知道骑马作战太厉害了，咱们也得学，不然就打不过，这已经到了战国时期。早期都是用马拉的战车。

今天就讲一下欧亚草原上最早开始骑马的人建立的小王国，通过考古的探索，证明它其实非常强大。在中国历史上，匈奴、大月氏都非常有名，大家都很清楚，我今天不讲大月氏，这也是非常有意思的话题，我今天讲比大月氏还早一点的人群，就是所谓的独目人。独目人有点像神话里面的社会，在西方文献以及中国文献中都提到过，但都不太清楚。也有可能考古学家已经发现了这些人的文化遗存，但没有确定文化属性，当然这也不是定论，考古学上有很多都没有定论，也是拿出来跟大家一起探讨。今天要给大家讲的这群人，不管是不是独目人，但是时代和地域是比较明确的，是肯定存在过的，我们来看看他们所取得的成就以及历史价值。

二、文献记载中的独目人

我们要讲的这个时代是公元前15世纪到公元前3世纪，这个大范围内，就是青铜时代末期到早期铁器时代，之后便进入有文献记载的历史时期，在这之前都叫史前。史前有旧石器时代、新石器时代，今天要讲的时代就是青铜时代和早期铁器时代中间的一小段——公元前11世纪到公元前8世纪，这期间草原上的人开始慢慢学会了骑马放牧和骑马作战。之后的大月氏、匈奴大家都比较清楚，我要给大家集中讲的是大约公元前9世纪到公元前5世纪的独目人，可能叫“独目人时代”吧。要讲的地域范围可能大家稍微生疏一点，不在中国内陆，在新疆的天山以北，阿尔泰山、蒙古的西北部，还有图瓦一带，包括哈萨克斯坦的一部分。

来看看文献里面是怎么说独目人的。“独目人”，名字就比较特别。西方文献里是有记载的，而且记载的比较有意思，西方历史学家希罗多德的《历史》中，引述前7世纪末期希腊的诗人阿瑞斯提尔斯的叙事诗，诗里记述了他在欧亚草原旅行的见闻。他在诗里面说，他曾在阿波罗（太阳神）的鼓励下跑到了伊塞顿人的地方，过了伊塞顿人就是独目人。"Arimaspae"就是独目人，然后是守护黄金的格里芬人，最后直到海滨的希波尔波利安人。他说独目人太厉害了，当年独目人都统治过这些人群，并且独目人突然强大的时候赶走了伊塞顿人，就像多米诺骨牌似的，伊塞顿人又把斯基泰人赶跑了，斯基泰人又跑，又把黑海北岸地区今天乌克兰、北高加索地区的金麦里人赶跑了。这一段首先是希罗多德记载的，他是一个比较严谨的历史学者，所以相对来说是比较可信的。另外这段里面还有一个比较可信的点是斯基泰人，斯基泰人是比较明确的，历史上有这种人，考古也发现过他们的文化遗存，而且文献里面有大量的记载，包括他们跟波斯打仗，对斯基泰人的了解是比较清楚的。对于这段记载，一是这个学者是比较可信的，二是所记载的斯基泰人确为真实存在，那么基本上可以推断他所说的独目人比较可信。

从过程来看，独目人应该就住在欧亚草原东边。独目人有点神话的感觉，但是根据希罗多德的记载，他们还是确确实实存在的。按照他的记载，独目人突然扩张，把伊塞顿人赶跑，伊塞顿人把斯基泰人赶跑，斯基泰人分两拨，最后他们建立了斯基泰国家，第二王国，是非常有名的一个社会。很早的事情东西方文献里的记载有时是互相能对应的，所谓的"独目人"在中国文献里面也有记载。比如《山海经》，虽然《山海经》有点神话的感觉，但是它提过有"一目国"，而且这个一目国还跟"鬼国"联系。鬼方是商代北方的一个方国，甲骨文和铜器上都发现过有"鬼方"的记载，独目人也是在北，所以传说、文献和出土材料能够对应上。虽然说《山海经》的真实性仍需讨论，但是里面记载的内容有些跟西方文献是能对应上的，特别说一目国跟鬼国是有联系的。文献对于远古的记载是非常少的，正因为如此，考古才有很大的空间去做工作，对于没有文献记载的史前史，考古要发挥很大作用。以前考古学是二级学科，现在提为一级学科，因为特别是在史前史这一部分，它的作用是不可替代的。

三、考古发掘所见的独目人及其文化

（一）俄罗斯图瓦地区的考古发现

近20年，在俄罗斯的图瓦，就是唐代的唐努乌梁海这个地方，有重要的考古发现。它的位置在阿尔泰山东边的萨彦岭，在一个山谷里面。这个山谷很宽大，周围都有山，山谷里分布着巨大的古墓。因为中间有个大的村子叫阿尔然，这个谷地被考古学家叫作阿尔然。这里分布的墓葬的规模很令人震惊，农耕文明的皇帝陵墓非常壮观，比如陕西有汉代茂陵、阳陵等大规模皇陵，唐代也有，但这个山谷里的墓葬还是很壮观。这个地方的每个墓挖完了以后都是七八十米直径，有一连串这样的墓。

经过考古发掘研究，这个地区的墓葬可以分三个阶段，第一个是起步阶段，也就是从原来大致定居养牛，但是不骑马放牧，到骑马游牧，通过转移草场养牛养羊，主要是靠羊。这个阶段发现的东西不是特别多。

这个谷地非常大。很早的时候就发掘了一个最大的墓葬，时代在公元前9世纪末，也就是公元前800年左右，大概在平王东迁时期。这座墓非常大，是在地面上用木头建起来的，但是已经被盗了，尽管如此，但也发现了一些东西，发现了鹿石上面的一些图案。现在可以从这些图案中先记住三种动物，一个是鹿，踮脚尖的鹿；一个是野猪，比如在剑上的野猪；还有一个是雪豹。这三种动物，是她们最崇拜最喜欢的三种动物。这是比较独特的文化面貌，就像人的面貌一样具有独特性，这三种动物就是它的文化代表。一方面是这三种动物，另外一方面是他们表达这三种动物的形式和风格。考古就是靠认这些特定的器类和器物风格来进行研究，来确定文化属性。除了刚才介绍的被发掘过的最大的一号墓，实际上它分布着一系列墓葬，是一个有预先布局的王族墓地，所以这个地方叫作“国王谷”。一号大墓的位置在山谷的正中间，是用木头在地面上搭建的，国王和王后就葬在这里，周围有一些陪葬的人，还有一些陪葬动物，墓穴周围每个格子里当时都有很多东西，包括一些马之类的，有一些被盗了，但也出了一些东西。

2000 年到 2003 年，俄罗斯的冬宫——艾尔米塔什博物馆和德国考古研究所合作，在这里挖了最东边的二号墓，它的直径大概有 80 米。说句题外话，考古有时候也靠运气，当然考古之前也会做一些勘探，大致了解下面埋的什么东西，但是有时挖墓的时候你不知道下面是什么东西，因为可能古代就被盗了，而且草原上的墓葬太明显了，都是显眼的大土堆，很容易被盗，所以十挖九空。当时去挖掘的考古队也说，外观太好的先不挖，他们就挑了一个不太起眼看起来破破烂烂的去挖，就是二号墓，结果挖掘后真的有重大考古发现。这座墓原来的堆子也不高，大概一两米高，像个大饼子。挖开以后，正中间是有大墓坑的，中间有两个，角落上有一个。草原上这些王族，这些游牧人，他们可能也知道以后的人肯定会盗他们的墓，所以就摆了个迷魂阵——正中间挖两个坑，但是是空的，挖下去什么也没有，东西都在北边上的坑里，这样可以一定程度上避免被盗。

在古代，这座墓肯定被盗过，因为中间被挖过，盗墓的人想着挖下去会有东西，一看没有，没有那就算了，因为工作量太大了，古代也没什么车，而且他也没想到会埋在边上，所以就没盗到真正的墓室，结果留到了今天。这是考古学家的福气，也是社会大众的福分，现在可以看见墓葬完整的样子。我们为什么讨厌盗墓的？盗墓的进去就取他想要的东西，把里面弄得乱七八糟，实际上这些东西当时放的位置是最重要的信息，这个信息如果没有了，就很难进行一些考古学研究，所以盗掘是可恨的也是非法的，我们要谴责，反对肆意盗墓。

墓葬的周围还有一些祭祀的小圈，很讲究，像汉代茂陵、唐代乾陵，都有很多陪葬墓，这座墓也差不多。这座墓中间大的是主要的墓堆，周围有一大圈各种各样的祭祀圈，大概需要人去上坟吧，清明节中国人上坟，他也一样，在墓前进行活动、仪式，之后就摆个圈，杀只羊，烧一烧。他们还用土堆出一些形状，虽然现在还没研究清楚。考古的一步重要工作是记录遗迹现象，很多现象当时不知道不代表以后不知道，我们的工作就是把它尽可能完完整整地记录下来，留待以后研究。

经过复原的墓主夫妇合葬墓，随葬品有点男女分别的意思，从男女墓主中间画一条纵贯墓葬的线可以发现，原来大致有一个轴线，东半边基本都是跟男性有关系的随葬品，比如殉葬的战马，一些男性殉葬人；西半边是女主人的一侧，随葬品基本上是女性的东西，还是很讲究的，可以看出是经过细致考虑的。这座墓外面有一层椁，里面还有一层木椁，木椁外出土了两件铜鍑，是草原上最重要的青铜器，相当于商周文明里面的铜鼎，说明墓葬的级别很高。铜鍑这个东西也是受中国影响，在中国北方出现以后传过去的。墓里面的情况就是这样，一男一女。墓主人头部的装饰是黄金和绿松石做的；另外，他们把最崇拜的东西放在最顶上，最崇拜的鹿，金鹿，就放在头顶。男的左耳朵戴一个耳环，这个耳环也是他们文化特有的，别的文化即使有也不是这个样子，发掘者认为可能受了亚述的影响；他的脑门上挂着一只小的黄金做的雪豹，帽子上有4匹金马；脖子上戴着一个大金项圈，好几公斤重；还有一个刻符，上面全是精细的雕饰和各种动物，有狼、野猪、鹿、骆驼、马和山羊等动物形象；他身上披的缀满了小雪豹的披肩，雪豹是他们最喜欢的动物之一。

游牧文化最大的特点是什么呢？就是动物纹，或者叫动物风格艺术。他们特别喜欢动物，就用黄金、白银、铜这些贵金属来做成各种各样的动物奔跑或者打斗场面，然后镶宝石，这是他们最重要的艺术。另外，在草原上游牧，最保值也最方便携带的就是黄金。牛羊都是会生老病死，而且很容易死，所以他们一旦有钱就把它换成黄金、贵金属、宝石，做成很漂亮的东西。他的佩剑也很讲究，铁的剑身，柄是黄金做的。那时出现的铁是比较早的，公元前7世纪人工铁刚刚出现的时候是很珍贵的，可能价值也不亚于黄金，那个时候中国也是刚出现铁。他装弓箭的箭囊装饰也是黄金做的，另外还有铜镜，还挂了金银装饰。他配的武器叫作斧头，战斧，也是嵌金的，他的马鞭也是黄金装饰的，都非常精致。这些武器拿来战斗也不太可能，只是一种权力的象征，就相当于中原文明里面的玉钺、铜钺，这是一种权力的象征，它做得很漂亮，表示这个人身份地位很高。

女主人也是随葬同样的东西，但是稍微有点区别，更女性化一点。女的两耳都戴耳环，也有奔马；她也配剑，但是稍微纤细一点，也非常漂亮；还有刀；特别是她的项圈也是更轻巧一点，装饰了动物纹；她还戴了一个像小铜镜的黄金做的东西；还有梳头的梳子，这把梳子特别有意思，跟新疆吐鲁番洋海墓地发现的一模一样，只不过吐鲁番出土的梳子因为不是王族墓，所以是木头做的，这把也是木头的，但是包了金，所以推断这些人跟现在吐鲁番地区是有联系的。我们根据这些随葬品做了墓主人的复原图,可以还原当时墓主的穿戴情况。

周围这些石圈里也有很多东西,有一些马具,还有十几匹马堆在一个马坑里。马身上的马具也很讲究,非常精美,马具一般来说大同小异,但是这副有特别精细的浮雕,还有包金,级别比较高。还有鹿石,就是一个石柱子上面有一些图案,像一个人的样子。这跟我们在新疆的发现能联系上,有可能它们是由同一拨人做的,这是一个证据。另外还有殉葬的人,这些人的随葬品也很高级,也不是普通人。

阿尔然国王谷最西边的那座墓时代要稍微晚一点,可能在6世纪,形制也差不多,不同之处在于石堆周围堆了一圈湖底掏出的淤泥,还多了围墓沟,围墓沟下面也是用淤泥垫底的。这座墓的陪葬墓里也出了一些东西,马具、铜箭头。这些墓时代这么早,规模这么大,根据多年的经验,墓主一般应该是王族,游牧部落或游牧王国的首领才可能有这么大的墓地,这个推断应该是没有问题的。

(二)新疆地区的考古发现

再来看看新疆的考古发现,阿勒泰青河县三道海子遗址,这是我负责发掘的一个遗址。它的位置就在新疆阿尔泰山山顶的谷地里面,三道海子就是三个有湖的山谷。这个地方在整个阿尔泰山里面位置比较重要,正好是翻越阿尔泰山的一个中间位置,各方面联络都比较方便。另外,这里景色也很独特,所以这些游牧人就把这里选为一个重要的遗址,来做什么呢?我们来看看它具体作什么用途。这个地方只有6月中旬到8月底可以去,现在是牧民的夏牧场,牧民7月5日就把牛羊赶进来,到8月26日、27日就又赶下去。这里有三个大的石堆,石堆的结构跟之前的墓葬就不太一样了,中间最大的基本结构是中间有个扁平的大石堆，高14米。外面有4个呈放射状的辐条，一般指向东南西北，不是正方向。外面有一个石圈连起来，像一个汽车的方向盘，是十字形的，从天上俯瞰，规模很大，光是辐条就有5米宽，石圈的直径有210米，里面石碓的直径有76米。俄罗斯学者评价说这个石围石堆是欧亚草原上，从黑海，或者从波罗的海，一直到太平洋，整个欧亚草原上最大的一个石构建筑遗址。石堆周围有鹿石，这是最大的一个鹿石，是竖着的鹿石，这个山谷里面有很多这种鹿石，为什么叫鹿石呢？石头上刻了鹿，飞鹿，所以就叫鹿石，有的变形了也没有鹿了。我们在这里已经做了两年工作了，这三个石堆遗迹基本在一条直线上。

我们发掘了西边这个第二大石堆遗址，这是我们第一年做的工作，基本把这个遗迹中间的地方全部发掘完。它应该不是墓葬，没发现墓，特别中间这个部分发现一些人的碎骨头，应该是把一个人的头砸碎了，然后撒在正中间，死者是一个四十多岁的男性，这应该是一种祭祀性质的遗址，它周围也是红色的祭祀圈。这里也有鹿石，有个槽，有个耳朵，这是项链，他的右手有一把战斧，左手边有一个弓囊，正面有一把宝剑。这个跟刚才阿尔然看到的鹿石是一样的，它们应该是同一拨人做的东西，只不过那个是墓葬，这是祭祀遗址。那么去年发现重要的东西是很多石板，放在辐条上，跟鹿石上刻的是一模一样的东西，这是第一次发现，一般就把它解释为一个武士拿着盾牌，石板是模仿盾牌做的，我们就叫盾牌石。盾牌作为一种防御作用放在祭祀里面，应该说它有一种辟邪、防卫的功能，也从另外一个侧面说明遗址的性质。这在别的地方都没有发现，只有这个最高等级的礼仪性祭祀遗址里有发现。

另外还发现在这块盾牌石上的这个圆圈不在正中间，在边儿上，方向是朝西一点的，大概跟天文有关系，太阳西落嘛，而且这些盾牌里面也的确发现画的星星月亮，所以它的确跟天象联系起来了，因为古代的人确实会借用宇宙的力量。另外也发掘了几个祭祀遗址，像墓葬，实际上什么也没有，最多有几块动物骨头，所以这个山谷里基本都是祭祀遗址。

新疆别的地方也发现类似的遗址，新疆北疆都发现，特别是天山以北，包括天山，说明它不是孤立的现象。都出现了带有雪豹，还有野猪形象的器物。新疆这个地方是欧亚大陆的桥头堡，在文化上也能表现出来。鹿石总共分三大类，这个地方三类鹿石都有，另外还有把三类特点融合到一块儿的混合型的鹿石。三道海子的鹿石，非常漂亮，鹿是飞鹿，它的嘴是鸟嘴，它也算是沟通天地的一种神兽，游牧人相信有天堂。比如说，一进入萨满状态，他要上天去沟通，下地去沟通，死后也要升天，所以他就用鹿，相当于中原文明中的龙，作为一种升腾的神兽。

其实整个鹿石就是一个武士的模型，鹿石可能最早起源于蒙古的中部一带，最早的鹿石是这样的：人的形状比较明显，比如耳朵、腰带，关键有腰带，腰带上还挂着武器，短剑、驾车用的弓形器。到了新疆，这里的鹿石把这些特点都融合到了一起，另外还创造了一些自己独特的特点。图瓦地区的鹿石，第一类是典型鹿石，鹿的形状比较风格化、美化，鹿的嘴也是鸟嘴，第一类是最早的。第二类是写实风格的鹿石，野猪、鹿的形象都很写实。第三种鹿石上面没什么动物，上面最多有武器，这种鹿石传播比较广，到黑海北岸都有，所以叫欧亚类型的鹿石。新疆则是这三类鹿石都有，他们把这些特点融合起来了。鹿石文化是它的一种文化软实力，这些精美的鹿石跟它的宗教信仰意识形态有关系，它的含义到底是什么呢？能猜测的是沟通天地，但是它到底是什么意思，实际上今天也没完全弄清。不过今天北方游牧民族草原上还有萨满文化，也就是跳大神，它们还是有那个精神，一直保存到今天。

新疆发现的这些东西，基本应该是同一拨人制作的，或者受其影响出现的，比如这种轮辐式的祭祀建筑，石头遗址，还有这种动物纹样，鹿石，甚至还有铜镀。

（三）新疆周围地区的考古发现

我们看一下新疆周围地区。这种石构建筑在整个蒙古地区都有，特别是这个轮辐状的东西，所以推测是同一拨人建造的。蒙古也有所发现。俄罗斯阿尔泰地区的发现也是大致相似的。哈萨克斯坦发现了雪豹、野猪形状的艺术品，卷曲状的雪豹，都很相似，特征比较明确。这就是文化软实力，它通过一套文化、一套信仰，一套它自己创造的意识形态，再加上它的武力，扩张到了很多地方，统治了很大的地方，而且很多地方也不是完全靠武力，是靠它的文化吸引力和影响。神鹿、雪豹和野猪，耳环，发现的到处都是。一般认为鹿朝上走，上天堂。认为野猪朝下走，因为它老拱土嘛，它去地下世界。雪豹则是这个地区天地之间最敏捷凶猛的动物，而且出没于高山雪岭，比较神秘。

（四）独目人及其文化的发展与兴盛

根据这些东西分布的状况，了解到它直接统治的一个区域，后来又扩张了，大概在公元前 9 世纪到前 7 世纪，它统治一个很大的区域，就是它的文化因素分布的地区。它的文化影响是很大的，东边一直到赤峰一带，西边一直到哈萨克斯坦的整个北边，甚至更远的北边，文化辐射力很强。那么早期的一个草原文化，影响甚至都大于同时代的周王朝，周王朝的影响力也没这么大，因为草原上没有太多的障碍，所以它影响非常大。

从考古的角度，这些人留下的东西叫作艾迪拜尔文化，或者是三道海子文化，它的兴盛也是多方面原因造成的。一是这个地方各种气候、地形都有，自然条件比较复杂，所以有足够强度的挑战性，有丰富的机遇。另外它继承了早一个时期的畜牧文化的成果，比如养羊、养牛，马也已经驯化了，在这个基础上，这里就有条件生存繁衍；另外刚好这个时候，公元前 9 世纪，气候变湿冷了，在这个地区的表现之一就是树一下就少了，粮食不好种了，但是草长得特别好，那时候有牛、羊、马了，它就要想办法适应这种气候和环境的变化。他们不断摸索实践出游牧这种方式。游牧的生活主要是靠羊，绵羊或者山羊，骑着马放羊，再配一点牛。原来主要是圈养，就是固定生活在一个地方，稍微在周围活动，而游牧生活就要长距离逐水草，怎么逐呢？有两种方式逐，一种是低纬度跑到高纬度，主要是根据气温的变化，夏天的时候在低纬度，主要是顺着地平的大草原朝北跑，跑到凉快的、高纬度、草长得好的地方，这些人主要在哈萨克斯坦的大草原上，他的游牧方式主要是从南边跑到北边，有时候赶着羊会迁徙 1000 多公里，就为了逐水草到凉快的地方；还有就是根据海拔高度，冬天在山脚生活，然后慢慢随着季节不断地朝山顶走，就是不同的牧场，春牧场、夏牧场、秋牧场、冬牧场，这样逐水草，像天山、阿尔泰山、昆仑山附近这些人就是根据海拔迁移，叫山地游牧。因为天气变化了加上被逼无奈，再加上它原来现成的畜牧经济的成果，他们就探索出游牧经济这种生活方式，从公元前 9 世纪开始渐渐成熟起来。另外由于可以骑马了，联络性就大了，可以走门串户，打仗也厉害了，战斗力也提高了，所以这时就跟原来松散的社会结构不太一样了，草原上开始出现大的部落联盟，部落联盟再大一点，还出现了游牧王国，独目人应该就是最早的游牧人建立的王国。这些人不但利用强大的军事力量来统治征服不同地域，另外还发明了一些文化，用宗教意识形态，包括建造礼仪中心，来团结人、凝聚人，统治广大地域中的不同人群。

三道海子文化是比较先进的、比较早的游牧文化了，相当于西周晚期和东周时期。稍微晚一点还有其他一些文化，整个草原上出现很多这种游牧性质的文化。其实东周时期北边的戎、狄，他们的游牧色彩还不是特别浓，那时候打仗还是用战车，还没骑马。到了战国，这边人也学会游牧经济，才开始骑马打仗，我们也才开始学他们骑马打仗。

三道海子文化的人群控制地域很大，基本是把阿尔然图瓦当作王族的墓葬区，三道海子基本是一个夏天宗教崇拜中心，实际上应该冬天、秋天、春天，各个季节都有，像匈奴每年有规定的日子举行集体的祭祀。每年三次集会的日期，《史记》说是正月、五月及秋季，《后汉书》为正月、五月及九月，两者皆为一致。大致上，正月的集会是个小集会，在单于庭，参加的人是匈奴诸长。五月的大会最富宗教色彩，在龙城，参加的人数很多，不限于诸长，主要是为祭其先祖、天地及鬼神。秋季的集会在蹛林，秋季马肥，又复大会，稽查人口、牲畜数，以验年成之丰歉。这个三道海子应该就是夏天的宗教祭祀中心。它跟天山地区的人还是有很大的联系，包括跟周围的文化扩张互动，其实商周文明跟北边的各种方国，鬼方，共方都有互动，到了西周的严允，到了春秋战国就是戎、狄，到了秦汉就变成匈奴了，匈奴前面是大月氏，每个朝代北边都有一个让人提心吊胆的游牧国家。汉代北边是匈奴，魏晋北边是柔然、鲜卑，鲜卑是直接就冲下来建立北魏，唐代北方的突厥，宋元时期蒙古族直接下来，清也是满族又下来了，所以南北一直是相互融合沟通交流，但也互相对抗。后来中原人发明了火药，又有了滑膛枪、滑膛炮，有了枪炮以后，游牧民才算是没办法，他骑马也对付不了枪和炮。但总的来说北方还是很强大，现在也很强大。在整个文明过程中，北方从古到今都是一个让农耕区人们头疼的地区。不过，农耕区的文化相对要发达，另外长远看，经济和军事上也更有潜力和持续力。从中国历史看，北方民族要么就是被中原的文化融合了，要么就是农耕民族要强大一点，比如匈奴被汉朝赶跑了，突厥也被唐朝赶跑了。

四、独目人的历史作用和意义

最后来看看他的历史作用和意义。首先，他促进了历史的发展，从公元前8世纪以后，草原社会也复杂化了，上下分化，出现特别富有的统治阶级，到处扩张，军事化，游牧化，同时草原上的物质文化也比较统一了。主要是三大类，一是动物风格艺术；二是武器，弓箭、战斧，短剑，再加上个矛；三是马具，马上的马衔、马镳等。强大的独目人把人群一拨一拨往西赶，他在草原上出现并不断扩张征伐，然后出现了很多游牧小王国。第二，这些人可能还做贸易，比如黄金，“阿尔泰”就是“黄金”的意思，所以可能他们把三道海子作为祭祀地点，也可能是通过这个礼仪活动来收取大家上供的黄金。第三，它对中国也是有影响的，那时气候也变了，游牧文化比较强大，所以导致农耕地区受影响，粮食收成也不好。那时候西周不行了，申侯和曾侯联合犬戎把西周给弄垮了，周朝没办法就跑到洛阳去建都，即所谓的周平王东迁。犬戎在黄河流域北方地带，它的西北方就是独目人，犬戎能为害西周，这应当是一个大背景。第四，中国北方的有些文化因素可能是通过独目人传播出去的，甚至传到黑海，那边发现的有些头盔、铜镀，还有卷曲状的动物纹，大概跟中国的文明有关系，慢慢影响了他们。还有很多东西从那边传到中国，比如冶铁技术，西亚是最早开始冶铁的地方，春秋时期中原出现了很多金柄铁剑，可能和这些草原上的游牧人有关系。

不管他们是不是独目人，公元前9世纪到前6世纪在阿尔泰山、萨彦岭、图瓦、蒙古西北以及新疆地区，突然出现一个强大起来并建立统治、组织社会的一拨游牧人群，他们突然扩张，而且影响的范围很大。他们的出现代表了草原进入游牧时代，在这之前主要是靠牛拉车，马拉战车，这样一个畜牧社会，这时进入了骑马放牧的游牧社会。又因为游牧活动性强，战斗力高，这个社会的人群分化，社会复杂化，出现了占有很大资源的统治阶级，甚至游牧国家就此形成，但它的国家形式跟中原不太一样，主要是靠部落联盟的方式。另外他们强大了，这时农耕文明也强大，夏商周、秦汉，中原那时也进入了帝国时代，所以农耕跟游牧这个南北对立加剧了。随着游牧民族发明的马具，马鞍、马镫等相继出现，交通方便了，草原打开了，随着草原文明与中原文明的沟通、交流、贸易，草原丝绸之路逐渐形成。整个旧大陆的东方和西方，最初是通过草原丝绸之路，在草原上沟通来往。到了汉武帝时，通过河西立州郡县，建立绿洲为支撑的官道，丝绸之路才正式开辟。在那之前，都是通过草原这些王国往来形成的通路。这也就是说从独目人开辟的游牧时代一直到大月氏、到匈奴，他们促成了一个特别积极的成果——东西方的相互沟通。

农牧社会的二元对立是古代社会历史进程中最重要的一对矛盾，以农耕、游牧经济为主导的南北世界的博弈，造就了人类波澜壮阔的征战、交流、融合的历史。如果要去看历史的话，一定不能光看文明古国、农耕区文明，也要看看北方的游牧民族，他们其实对历史的发展起了很大作用，不管是好的或是坏的影响，他们的确推进了历史进程，这也是我今天讲座主要想说明的一点。